Häufige Abkürzungen zu Obadja und Jona

RBach, Aufforderungen	–, Die – zur Flucht und zum Kampf im alttestamentlichen Prophetenspruch: WMANT 9 (1962)
JRBartlett, Edomites	–, The Moabites and the –: Peoples of Old Testament Times, ed. DJWiseman (1973) 229–258
JRBartlett, Rise	–, The – and Fall of the Kingdom of Edom: PEQ 104 (1972) 26–37
JABewer	–, Obadiah: ICC (1911.³1948)
JABewer	–, Jonah: ICC (1912.³1951)
MBurrows, Category	–, The Literary – of the Book of Jonah: Festschr HGMay (1970) 80–107
GHCohn, Jona	–, Das Buch – im Lichte der biblischen Erzählkunst: SSN 12 (1969)
AFáj, Stoic Features	–, The – – of the Book of Jonah: AION 34 (1974) 309–345
GFohrer, Obadja	–, Die Sprüche –s: Studia Biblica et Semitica (Festschr ThCVriezen 1966) 81–93
EMGood, Irony	–, – in the Old Testament (1965)
AJepsen, Anmerkungen	–, – zum Buche Jona: Festschr WEichrodt (1970) 297–305
JJeremias, Kultprophetie	–, – und Gerichtsverkündigung in der späten Königszeit: WMANT 35 (1970)
OKaiser, Wirklichkeit	–, –, Möglichkeit und Vorurteil. Ein Beitrag zum Verständnis des Buches Jona: EvTheol 33 (1973) 91–103
CAKeller	–, Joël, Abdias, Jonas: CAT XIa (1965)
UKellermann, Edom	–, Israel und –. Studien zum Edomhaß Israels im 6.–4. Jahrhundert v.Chr.: HabilSchr Münster (1975)
GMLandes, Kerygma	–, The – of the Book of Jonah: Interp 21 (1967) 3–31
JDMagonet, Form	–, – and Meaning. Studies in Literary Techniques in the Book of Jonah: Diss. Heidelberg (1973)
KMarti	–, Das Dodekapropheton (1904)
JMMyers, Edom	–, – and Judah in the Sixth-Fifth Centuries B.C.: Near Eastern Studies in Honor of WFAlbright (1971) 377–392
GvRad, Jona	–, Der Prophet – (1950) = GvRad, Gottes Wirken in Israel – Vorträge zum Alten Testament, hg. OH Steck (1974) 65–78
ThHRobinson	–, Hosea bis Micha: HAT I/14 (³1964)
WRudolph	–, Joel–Amos–Obadja–Jona: KAT XIII/2 (1971)
HSchmidt, Jona	–, –. Eine Untersuchung zur vergleichenden Religionsgeschichte: FRLANT 9 (1907)
LSchmidt, De Deo	–, – –. Studien zur Literarkritik und Theologie des Buches Jona, des Gesprächs zwischen Abraham und Jahwe in Gen 18,22ff. und von Hi 1: ZAW Beih 143 (1976)
JDSmart	–, Jonah: IB VI (1956)
USteffen, Mysterium	–, Das – von Tod und Auferstehung. Formen und Wandlungen des Jona-Motivs (1963)
JAThompson	–, Obadiah: IB VI (1956)

MWagner, Aramaismen	–, Die lexikalischen und grammatikalischen – im alttestamentlichen Hebräisch: ZAWBeih 96 (1966)
HWWolff, Anthropologie	–, – des Alten Testaments (1973.³1977)
HWWolff, Studien	–, – zum Jonabuch (1964.²1975)

Dem Benutzer unbekannte *Abkürzungen* erklärt im allgemeinen Siegfried Schwertner, Internationales Abkürzungsverzeichnis für Theologie und Grenzgebiete (Berlin/New York 1974).

Die Abkürzungen der *biblischen Bücher* und die Schreibung *biblischer Eigennamen* folgen dem Ökumenischen Verzeichnis der biblischen Eigennamen nach den Loccumer Richtlinien (Stuttgart 1971).

Biblischer Kommentar Altes Testament
Gesamtübersicht **Stand: April 1977**

Nr.	Verfasser	Titel	Band	Lieferung
I/1	Claus Westermann	Genesis 1–11	2.A. 1976	
I/2	Claus Westermann	Genesis 12ff.	in Vorb.	
II	Werner H. Schmidt	Exodus	–	1
III	Rolf Rendtorff	Leviticus	in Vorb.	
IV		Numeri		
V	Lothar Perlitt	Deuteronomium	in Vorb.	
VI	Rudolf Smend	Josua	in Vorb.	
VII	Rudolf Smend	Richter	in Vorb.	
VIII	Hans Jochen Boecker	Samuel	in Vorb.	
IX/1	Martin Noth	Könige I 1–16	1968	
IX/2	Rudolf Smend	Könige I 17ff.	in Vorb.	
X/1	Hans Wildberger	Jesaja 1–12	1972	
X/2f.	Hans Wildberger	Jesaja 13ff.	–	7–10
XI	Karl Elliger	Deuterojesaja		1–5
XII	Siegfried Herrmann	Jeremia	in Vorb.	
XIII/1	Walther Zimmerli	Ezechiel 1–24	1969	
XIII/2	Walther Zimmerli	Ezechiel 25–48	1969	
XIV/1	Hans Walter Wolff	Dodekapropheton 1, Hosea	3.A. 1976	
XIV/2	Hans Walter Wolff	Dodekapropheton 2, Joel/Amos	2.A. 1975	
XIV/3ff.	Hans Walter Wolff	Dodekapropheton 3, Obadja/Jona	1977	
XV	Hans-Joachim Kraus	Psalmen. Neubearbeitung	5 A. 1977f	
XVI/1	Friedrich Horst	Hiob 1–19	3.A. 1974	
XVI/2	Ernst Kutsch	Hiob 19–42	in Vorb.	
XVII	Otto Plöger	Sprüche	in Vorb.	
XVIII	Gillis Gerleman	Ruth/Hoheslied	1965	
XIX	Aarre Lauha	Prediger	in Vorb.	
XX	Hans-Joachim Kraus	Klagelieder (Threni)	3.A. 1968	
XXI	Gillis Gerleman	Esther	1973	
XXII	Klaus Koch	Daniel	in Vorb.	
XXIII	Robert Bach	Esra/Nehemia	in Vorb.	
XXIV	Odil Hannes Steck	Chronik	in Vorb.	

Hans Walter Wolff · Dodekapropheton 3

Biblischer Kommentar
Altes Testament

Begründet von
Martin Noth

Herausgegeben von
Siegfried Herrmann und Hans Walter Wolff

Band XIV/3
Hans Walter Wolff
Dodekapropheton 3
Obadja und Jona

Neukirchener Verlag

Hans Walter Wolff

+ (22.10.93)

Dodekapropheton 3
Obadja und Jona

1977

Neukirchener Verlag

Umschlag- und Einbandgestaltung: Kurt Wolff, Düsseldorf
Gesamtherstellung: Breklumer Druckerei Manfred Siegel
Printed in Germany – ISBN 3-7887-0509-4

CIP-Kurztitelaufnahme der Deutschen Bibliothek

Biblischer Kommentar: Altes Testament / begr. von Martin Noth. Hrsg. von Siegfried Herrmann u. Hans Walter Wolff. – Neukirchen-Vluyn: Neukirchener Verlag.
NE: Noth, Martin [Begr.]; Herrmann, Siegfried [Hrsg.]
Bd. XIV. Dodekapropheton.
3. Obadja und Jona / Hans Walter Wolff.
1. Aufl. 1977.
ISBN 3-7887-0509-4
NE: Wolff, Hans Walter [Mitarb.]

In der Hoffnung
für Jonas
und alle meine Enkelkinder
auf ihrer Lebensfahrt
zur See und nach Ninive

Vorwort

Merkwürdige Nachbarn sind Obadja und Jona im Zwölfprophetenbuch. Beide treibt die Frage um, was Gott mit den Völkern im Sinne hat. Bei beiden geht es zugleich um das Verhältnis zwischen Israel und der Völkerwelt. Die Kirche wird vom Alten Testament her in die unablässige Spannung Israels hineingezogen: Wie wirken Gottes Menschheit im ganzen und das Volk Gottes im besonderen aufeinander ein?

Diese Frage wird von Obadja und Jona höchst ungleichartig beantwortet. Der Unterschied hängt sicher mit der Verschiedenheit der geschichtlichen Stunde, des geschichtlichen Adressaten und des geschichtlichen Auftrags der beiden Zeugen zusammen. Allein das Nebeneinander der beiden kleinen Prophetenbücher schärft dem Leser einige Grundfragen ein: Was ist denn heute und hier zur Spannung zwischen Menschenwelt und Gottesvolk zu bedenken? Wem und wie ist das eine oder das andere zu sagen?

Obadja spricht gegen Edom, den kleinen, brüderlichen Nachbarn, – Jona zu Ninive, dem fernen Mittelpunkt der grausamen Weltmacht. Das Buch Obadja sammelt nur Prophetensprüche, – das Buch Jona wählt zur Verkündigung die Form einer kunstvollen Erzählung. Obadja hat das leidende Gottesvolk im Auge, das von der Weltmacht fast ausgelöscht ist, – der Erzähler des Jonabuchs ringt mit einem selbstsüchtig frommen Israeliten, der Gottes Erbarmen keinem anderen gönnt.

Zu den aktuellen Problemen der heutigen Prophetenforschung hoffe ich – neben mancherlei Einzelheiten – zwei weiterführende Beobachtungen anregen zu können.

In Obadja meine ich den Typ eines »Kultpropheten«, wie er in den Gottesdiensten der Exilszeit gewirkt hat, deutlicher zeichnen zu können, als es bisher möglich war. Ich sehe ihn überlieferte Prophetensprüche aufnehmen, interpretieren und aktualisieren. Eine Form der »Textauslegung« ist zu erkennen, die aufs stärkste bis in die Gegenwart nachwirkt. Mir bestätigt sich, wie beharrliches exegetisches Fragen geeignet ist, wesentliche Probleme aufzudecken und Lösungsbeiträge zu finden.

Im Jonakommentar öffnete sich mir – angeregt durch neuere amerikanische Arbeiten – der Blick für die verschiedensten Typen des Komischen. Vorausgesetzt war dabei die Einsicht, daß die biblische Botschaft sich nicht nur der Form des Geschichtsberichts, sondern auch der freien Dichtung bedient. Merkwürdig lange fiel es manchen Auslegern schwer, die Freiheit und Weite in der erzählerischen Gestaltung der Botschaft von Gottes Barmherzigkeit im Jonabüchlein zu bemerken. So halten einige Prediger bis heute die Gemeinden in der Sklaverei des »Historismus« gefangen. Solche Engführung verkürzt in der Regel auch die Botschaft. Der

Jonakommentar ist bestrebt, dem biblischen Text selbst die literarische Gattung und deren Aussage abzulauschen. Solche Arbeit hatte mich schon in meinen »Studien zum Jonabuch« 1964 dazu genötigt, in dieser Erzählung die frühe Gestalt einer lehrhaften Erzählung zu finden, die die Kunstformen der modernen Novelle meisterhaft vorwegnimmt. Nun aber führt die Einzelerklärung insofern einen Schritt weiter, als sie auf die verschiedensten Spielarten des Humors im Jonabuch aufmerksam macht: Groteske, Ironie und Satirik werden vom Erzähler in feinen Nuancen in den Dienst seiner verhaltenen Verkündigung eingestellt. Eben mit den wechselnden Tonarten des Komischen ergötzt er nicht nur seine Leser, sondern erleichtert auch die Erkenntnis von Gottes liebevollem Lachen über einen engstirnigen Frommen. Es ist mein lebhafter Wunsch, daß endlich auch die letzten »Historisten« die Freundlichkeit des Gottes Israels bemerken möchten, die die Botschaft von Gottes Güte für alle Menschen auch in die Form der novellistischen Humoreske kleiden kann.

Zum ersten Mal richtet sich in diesem Teil des Biblischen Kommentars die Schreibung der biblischen Eigennamen nach der Vereinbarung, die die katholische Deutsche Bischofskonferenz und der Rat der Evangelischen Kirche in Deutschland beschlossen und die die großen Bibelgesellschaften der beiden Konfessionen als »Ökumenisches Verzeichnis der biblischen Eigennamen nach den Loccumer Richtlinien« veröffentlicht haben. Im Einzelfall wird zunächst mancher Leser befremdet sein, wenn er etwa auf »Elija« und »Ijob« stößt. Aber im ganzen – Grenzfälle bedürfen noch weiterer Klärung und Korrektur – meinen wir im Biblischen Kommentar das Bestreben unterstützen zu müssen, daß die biblischen Namen im Laufe der Zeit von allen, die deutsch sprechen, nach sorgfältigen philologischen Grundsätzen einheitlich ausgesprochen und geschrieben werden. Im Zusammenwachsen der Christenheit geht es auf die Dauer nicht an, daß dieselben Propheten dort Abdias und Aggäus und hier Obadja und Haggai heißen.

In diesem dritten Band des Dodekapropheton-Kommentars ist die im ersten Band (Hosea) zusammengestellte Literatur zum Ganzen des Zwölfprophetenbuchs neu und erheblich erweitert geboten (s. u. S. 8ff.). Die bibliographische Arbeit hat im wesentlichen Umfang Herr cand. theol. Jürgen Tubach geleistet. Herr Tubach fertigte auch die Register an. Ich danke ihm sowie Herrn Privatdozenten Dr. Frank Crüsemann, Herrn Dr. Christof Hardmeier und Frl. Ellen Widulle für Hilfe beim Lesen der Korrekturen. Frau Erika Leister danke ich für die Herstellung des gesamten Manuskripts.

Heidelberg, im Oktober 1976 — Hans Walter Wolff

Inhaltsübersicht

Der Prophet Obadja

Der Prophet Jona

Der Prophet Obadja

Einleitung

§ 1. Die Stellung des Buches im Kanon

Im hebräischen Kanon ist das Buch Obadja zwischen Amos und Jona eingereiht. Von der Chronologie her läßt sich diese Anordnung nicht verstehen, selbst wenn man annimmt, daß ihre Väter Obadja mit dem gleichnamigen Haushofmeister Ahabs (1Kön 18,3ff.) identifiziert hätten, wie es der babyl. Talmud Sanhedrin 39b tut. Denn dann müßte Obadja als Zeitgenosse Elijas aus dem 9. Jh. nicht nur Jona vorgeordnet werden, der im 8. Jh. unter Jerobeam II. auftrat, sondern auch Amos, ja selbst Hosea, die beide erst unter dem gleichen König wie Jona wirkten.

Nun zeigte sich uns schon bei Joel, daß dieses junge Buch, das den Sammlern des Zwölfprophetenbuchs relativ nahe stand, aus thematischen Gründen Amos vorgeordnet wurde (s. BK XIV/2,2). Die inhaltlichen Bezüge greifen aber von Joel über Amos hinaus ins Obadjabuch hinein. Die Ankündigung des nahenden Tages Jahwes für alle Völker (Joel 4,2.14) findet sich in Obd 15a wörtlich wieder und wird in V. 16f. weitergeführt; die spezielle Bedrohung Edoms, die in Joel 4,19 nur kurz angedeutet und begründet wird, ist von Obadja im ganzen Buch breit entfaltet. Die sekundäre Bearbeitung der Amosüberlieferungen hat in Am 9,(11-)12 einen Spruch eingebaut, der jetzt ein spezielles Brückenstück zwischen Joel 4 und Obadja darstellt. Denn wenn dort gesagt wird, die zerfallene Hütte Davids werde »den Rest Edoms und aller Völker in Besitz nehmen«, dann wird einmal ein Bezug zwischen Jerusalem, Edom und allen Völkern hergestellt, wie er Joel 4 noch unbekannt ist, und zum anderen wird genau das Thema angesprochen, das in Obd 16–21 breit ausgeführt ist (zum Stichwort ירשׁ aus Am 9,12 vgl. Obd 17.19f. und u.S. 46f.). So erscheint also grob gesehen Obd 1–14 als Kommentar zu Joel 4,19 und Obd 15–21 als Kommentar zu Am 9,12.

G hat die erste Hälfte der Bücher im Dodekapropheton umgestellt, so daß den drei großen Büchern Hosea, Amos und Micha die drei kleineren Joel, Obadja und Jona folgen. Doch hier dürfte nicht der Umfang der Bücher allein bestimmend gewesen sein, zumal das größere Jonabuch auf Obadja folgt (dazu u.S. 53f.). *G* gibt auch anderwärts ein gewisses Interesse an der Chronologie zu erkennen (s.BK XIV/2,1). Darum wird sie in der ersten Hälfte des Zwölfprophetenbuchs die drei in ihrer Überschrift datierten Bücher den drei nicht datierten vorgezogen haben. Im übrigen behalten die inhaltlichen Bezüge ihre Bedeutung: Obadja ergänzt Joel 4, und Jona entspricht dem nach Obd 1 unter die Völker entsandten Boten.

§ 2. Die Zeit Obadjas

Von den Sprüchen des Obadjabuches sind nur V. 11–14 eindeutig zu datieren. Hier ist von den Tagen die Rede, in denen Fremde das judäische Heer abführten und auch über die Deportation der nichtmilitärischen Bevölkerung Jerusalems und ihrer Führungsschicht entschieden (s. zu V. 11bα u.S. 23f.); bei diesen Vorgängen waren Edomiter schadenfrohe Schaulustige; sie suchten auch Fluchtversuche zu verhindern (V. 14). Diese und ähnliche Bemerkungen können sich insgesamt nur auf die Zeit unmittelbar nach der Eroberung Jerusalems durch die Babylonier im Jahre 587 beziehen (zum Datierungsproblem s.u.S. 24). Sie finden ihre Bestätigung durch ähnliche Äußerungen in Klgl 4,21f.; Ps 137,7; Ez 25,12–14 und 35,5ff., an deren Bezug zum gleichen Zeitgeschehen nicht gezweifelt wird. Die Sätze Obadjas sind aber so selbständig, konkret und unerfindlich, daß man daraus nur auf ihren unmittelbaren Bezug auf die Ereignisse der Katastrophentage schließen kann. Es empfiehlt sich darum nicht, sie viele Jahre nach 587 anzusetzen.

In den vorangehenden Worten ist ein Hinweis auf das Verhalten Edoms während und nach der Eroberung Jerusalems 587 höchstens in V. 9f. angedeutet (s.u.S. 34). Der Spruch über die Selbstsicherheit Edoms in V. 3 wird weit besser verständlich, wenn er sich auf den Rückzug Edoms aus einem antibabylonischen Bündnis (vgl. Jer 27,3) zwischen 594 und 587 bezieht (s.u.S. 30; der edomitische Rückzug könnte vielleicht mit dem des ägyptischen Heeres zusammenhängen, das nach Jer 37,5ff. Jerusalem zu Hilfe geeilt war; vgl. Noth, GI 258; SHerrmann, Geschichte Israels, 1973, 346f.). Deshalb ist damit zu rechnen, daß im Obadjabuch neben und mit den Sprüchen aus der Zeit unmittelbar nach 587 auch solche aus der Zeit kurz vor 587 aufgenommen worden sind. (Zur Überlieferungsform und zum Zusammenhang von V. 1–14.15b s. § 3.)

Schwieriger sind die Datierungsprobleme der Worte in V. 15a.16–21. Der Anklang einiger Sätze an Joel läßt an nachexilische Zeit denken (s. zu V. 15a.17a BK XIV/2,4.10). Deutliche Unterschiede zu der Verkündigung in V. 1b–14, der auch V. 15b zuzuordnen ist (s.u.S. 19), sind zu erkennen. Edom wird nicht mehr wie dort angesprochen; seine Vergehen werden nicht mehr erwähnt; nur Gericht über Edom wird ausgerufen (V. 18; vgl. 21), aber auch über »alle Völker« (V. 15a.16f.). Während in 1b.7 die Völker zu Gerichtsvollstreckern über Edom von Jahwe herangezogen wurden, ist jetzt das »Haus Jakob« (Juda) das Instrument gegen die Völker (V. 17) und seltsamerweise auch zusammen mit dem »Haus Josef« (Nordisrael) gegen Edom (V. 18, vgl. 20 und u.S. 45).

Doch zwingen diese Differenzen nicht unbedingt dazu, die Worte Obadja abzusprechen, zumal andere Beobachtungen Verwandtschaft mit V. 1–14.15a erkennen lassen. So bleibt das Hauptthema in V. 18.21 Edom. Als Gerichtsregel kehrt das jus talionis wieder (vgl. V. 16a mit 15b, V. 17f. mit 14 und u.S. 43). Israel als Gerichtswerkzeug Jahwes und das Zusammengehen der Überlebenden des Nord- und Südreichs findet sich auch schon in exilischen Ezechielworten (Ez 25,14; 35,10; 37,15ff. u.u.S. 45f.). Der aufgewiesenen Unterschiede wegen wird man die Sprüche in V. 15a.16f. und 18 aus einer späteren Stunde des Wirkens Obadjas herleiten müssen als V. 1b–14.15b; vielleicht wäre V. 21 an 15b anzuschließen (s.u.S. 43).

So sind mit größerer Wahrscheinlichkeit nur die Nachträge in V. 19f., vor allem V. 20, aus späterer Zeit, wahrscheinlich aus dem 5. Jh., jedoch keinesfalls erst aus der Makkabäerzeit (s.u.S. 43f.).

§ 3. Die Funktion Obadjas

Von Obadja wissen wir außer seinem Namen nichts Biographisches. (Zur Namendeutung s.u.S. 26.) Wir können nur versuchen, aus seinen Sprüchen auf die Eigenart seines Wirkens zurückzuschließen. Gesichert erschien bisher vor allem, daß er sich zum Verhalten Edoms bei den babylonischen Deportationsmaßnahmen nach der Eroberung Jerusalems äußerte (s. § 2). Bei welcher Gelegenheit und in welcher Funktion trat er auf?

Die Eigenart seiner Sprüche und parallele Vorgänge lassen vermuten, daß er als Kultprophet innerhalb besonderer gottesdienstlicher Veranstaltungen wirkte. Wir wissen aus Sach 7,3.5; 8,19, daß in Jerusalem nach 587 jährliche Klagegottesdienste an den Tagen der Eroberung der Stadt und des Tempelbrandes stattfanden (s.u.S. 24). Das Buch Klgl bietet uns vor allem Klagegebete, die bei dieser Gelegenheit in den Trümmern des Jerusalemer Heiligtums angestimmt wurden (s. HJKraus, BK XX 12ff.). Es zeigt uns zugleich, daß die Klagen nicht ohne Antwort blieben, ja, daß solche Antworten speziell auch das Gericht über Edom ankündigten, wie Klgl 4,21f. zeigt (vgl. auch Ps 60,3–7 und 8–10, UKellermann, Edom 220ff. und u.S. 27f.). In Obadja können wir einen solchen Kultpropheten erkennen, der der zerschlagenen Notgemeinde auf dem Zion den Erhörungszuspruch zukommen ließ, vor allem in der Form der Gerichtsdrohung an ihre Feinde.

Doch nun fanden wir den Bezug auf die Katastrophe Jerusalems nur in V. 11–14 (zur besonderen Form der Anklage s.u.S. 22). Die Worte schlossen nur mit der allgemeinen Vergeltungsdrohung in V. 15b (s.u.S. 38), ohne eine inhaltlich bestimmte Gerichtsansage, es sei denn, V. 21 sei der ursprüngliche Abschluß dieser Rede (s.u.S. 42f.). Damit erhebt sich die Frage, ob V. 11ff. als Einzelspruch verstanden werden kann oder wie er sich zu den vorangehenden Sprüchen verhält. Folgende Beobachtungen lassen an einen ursprünglichen rhetorischen Zusammenhang denken. Die Anrede Edoms findet sich nicht erst in V. 11–14.15b, sondern schon durchgängig ab V. 2; sie wird nur in V. 6 und 8 vorübergehend durch die 3. pers. abgelöst. In den vorangehenden Sätzen herrscht die in V. 11ff. vermißte gezielte Drohung vor, und zwar in verschiedener Gestalt in V. 2.4.6f.8–10; inhaltlich sind hier die den Vergehen Edoms in V. 11–14 entsprechenden Strafen angesagt (s.u.S. 38).

Besonders merkwürdig ist nun, daß die inhaltlich und formal voneinander recht verschiedenen Drohworte in V. 2–4.5f.7.8.9f. nicht eigentlich gegeneinander und gegenüber V. 11ff. abgesetzt sind. So wie das anredende »Du« fast alle miteinander verbindet, so auch das »Ich« der Jahwerede (V. 2.4.8.13). Abgrenzende Formeln zeigt nur der erste Spruch, der mit der Botenformel (V. 1b, s.Textanm. V. 1b) eröffnet und mit der Gottesspruchformel in V. 4b abgeschlossen wird. Diesem Spruch geht mit der Aufforderung zum Kampf eine ungewöhnliche Eröffnungsformel voraus: »Eine Kunde haben wir von Jahwe vernommen« (V. 1b). Darin ist der Hinweis zu erkennen, daß der Prophet sich im Hören auf älteres Prophetenwort mit der Gemeinde zusammenschließt, der er auf ihre Klagegebete antwortet. Das folgende Wort (V. 1bβ–4) ist als älteres Prophetenwort auch durch die Parallele Jer 49,14–16 wahrscheinlich gemacht (s.u.S. 27f.). Mit seiner besonderen Eröffnung und der im Obadjabuch singulären Rahmung als Gotteswort ist dieser überlieferte Spruch gleichsam als der Text ausgewiesen, der im folgenden zunächst expliziert wird.

Diese Erklärung und Weiterführung geschieht durch Aufnahme überlieferter Sprüche. Dadurch, daß sie in Frageform geboten werden, ist ihre Interpretationsfunktion deutlich. Wiederholtes »nicht wahr?« (V. 5.8) und »wie?« (V. 6) erinnert die Gemeinde an zuvor vernommenes Wort. In V. 5 ist in rhetorische Frage umgesetzt, was Jer 49,9 als Aussage überliefert wird. Vgl. im einzelnen weiter u.S. 21f.. Auch der Übergang zur 3. pers. in V. 6 und V. 8 scheint durch die Aufnahme überlieferten Spruchgutes zur weiteren Verdeutlichung bedingt zu sein. Das ist in V. 8 am deutlichsten, wo die Eingangsformeln eines neuen Spruches mit »nicht wahr?« bekräftigend und weiterführend an die voraufgehenden Drohungen in V. 7 angeschlossen werden. Zunehmend löst sich die Rede von überkommenem Gut, wie denn auch die Parallelüberlieferungen von Jer 49,7ff. zurücktreten. Die Ansprache geht mit V. 9f. von dem in V. 5–8 explizierten Grundtext V. 1b–4 zu der ausführlichen Schuldanzeige in V. 11–14 über. Jetzt erfährt die leidende Gemeinde, daß es ihre gegenwärtige Not ist, die Gottes angekündigtes Strafhandeln wenden will. Wir sehen also ein kultprophetisches Erhörungswort als eine Rede ausgebaut, in der ein früher ergangener Gottesspruch durch Erinnerung an andere bekannte Worte expliziert und in die gegenwärtige Lage hinein appliziert wird. Die Form der Anrede an Edom, die nach der Eröffnung in V. 1b die ganze Rede von V. 2–14.15b beherrscht, entspricht einer »Ausdruckshandlung« (s.u.S. 25), in der der Prophet sich dem Wohngebiet der Bedrohten zuwendet.

In den späteren Sprüchen weisen besonders die Anrede an die Jerusalemer und die Ichrede Jahwes in V. 16a auf einen kultprophetischen Erhörungszuspruch hin.

Wenn auch die Abschlußformel »denn Jahwe hat gesprochen« in V. 18bβ oder gar V. 21 von Obadja stammt (s.u.S. 48f.), dann wäre auch die Niederschrift vom Propheten herzuleiten. Daß die Überschrift in V. 1a nur den Namen Obadja bietet und keinerlei Angaben über seine Person und seine Zeit, zeigt jedenfalls, daß die Niederschrift mindestens von Zeitgenossen, wenn nicht von ihm selbst vorgenommen wurde. Doch zur Frage des Umfangs und der Ergänzungen der Niederschrift sind literarkritische Erwägungen notwendig. Jedenfalls ist nicht auszuschließen, daß der Kultprophet, der überliefertes Gotteswort auslegte, selbst auch Schreiber war.

§ 4. Die Entstehung des Obadjabuches

Wenn auch zwei Drittel des Obadjabuches als eine einheitliche Rede und dementsprechend als eine geschlossene Niederschrift verstanden werden können (vgl. § 3 zu V. 1–14.15b), so zeigt doch das kleine Buch im ganzen einen komplizierteren literarischen Entstehungsprozeß. »Über Edom« in V. 1 ist wie in Jer 49,7 als selbständige Überschrift über das ganze Büchlein zu verstehen und charakterisiert es als eine Sprüchesammlung (s.u.S. 26).

In V. 15 ist eine erste literarische Naht zu erkennen. Während V. 15b schon wegen der Anrede in 2.sg. zu den voraufgehenden Sätzen gehört, ist V. 15a dem Wort über »alle Völker« in V. 16a zuzurechnen (s.u.S. 19). Die versehentliche Umstellung von V. 15b und V. 15a im Prozeß des Abschreibens ist besser zu verstehen, wenn V. 15a.16 zunächst am Rande eines Blattes hinzugefügt wurde, auf dem V. 1–14.15b schon niedergeschrieben war. Deiktisches כִּי in V. 15a ist eine bekannte Anknüpfungspartikel an einen vorliegenden Text (s.u.S. 42).

Diese Zufügung dürfte außer V. 15a.16 mindestens auch V. 17 umfaßt haben, da die Sätze nahtlos verbunden sind. V. 18 bringt einen vom Inhalt her deutlich erkennbaren neuen Spruch, der mit והיה (»dann«) lose angefügt wird. Daß er zur gleichen literarischen Wachstumsschicht gehört wie V. 15a.16f., ist durch die Abschlußformel כי יהוה דבר markiert. Hier liegt die zweite deutliche Nahtstelle vor. Denn dieses Sätzchen findet sich häufiger am Schluß von literarischen Zusätzen; vgl. Jes 22,(24–)25; 25,(6–)8; Joel 4,(4–)8 und u.S. 46. Damit ist ein mindestens vorläufiger Abschluß der Edomspruchsammlung Obadjas gegeben.

Denn V. 19f. zeigen klar ihren Nachtragscharakter. Im Unterschied zu den vorangehenden Sprüchen sind diese Verse von vornherein als literarische Nachträge entstanden. Zum Stichwort וירשו aus V. 17b lassen sie einen insgesamt dreistufigen Interpretationsvorgang erkennen. Die ersten beiden Stufen in V. 19 führen aus, welche Gebiete die Restgemeinde auf dem Zion neu in Besitz nehmen wird; sie werden zuerst mit den Landschaftsbezeichnungen benannt und in den Ergänzungen nach ihrer Bewohnerschaft und politischen Zugehörigkeit (s.u.S. 47). Die dritte Stufe in V. 20 erweitert die Subjekte der Landnahme nach V. 17f. und spricht von den Exilierten des Nord- und Südreichs und von den ihnen zugedachten Gebieten (s.u.S. 47f.).

Problematisch bleibt die literarische Zuordnung von V. 21. Der rhythmisch gestaltete Vers wirkt durchaus nicht wie ein literarischer Kommentar nach Art von V. 19f., obwohl er an V. 17a anklingt. Sollte er ein später Zusatz sein, dem vor allem am Zeugnis vom Königtum Jahwes liegt, wie wir es in ähnlicher Weise in manchen nachexilischen Texten finden (s.u.S. 49)? Doch dazu steht er der Edom-Thematik und der von der Rettung auf dem Zion in der Botschaft des Kultpropheten Obadja zu nahe (s.u.S. 48f.). Insbesondere erinnert die Rede vom »Gebirge Esau« an die Hauptrede Obadjas (V. 8f., vgl. dagegen »Haus Esau« in V. 18, aber auch V. 19a) und der Satz vom Hinaufzug an die Aufforderung zum Kampf in V. 1bβ. Wie der Auftakt V. 1bβ redet auch dieser Schlußvers nicht Edom an. Da in V. 1b–14.15b überhaupt nicht gesagt wird, was die Bedrohung Esaus für die Zionsgemeinde bedeutet (vgl. dagegen Klgl 4,21f.; Ez 25,13f.), erscheint es mir erwägenswert, daß V. 21 ursprünglich den Abschluß des großen Erhörungszuspruchs Obadjas bildete. Er könnte mit der letzten literarischen Wachstumsschicht, dem Nachtrag von V. 19f., von seinem ursprünglichen Platz hinter V. 15b als eindrucksvoller Buchschluß redaktionell versetzt worden sein.

§ 5. Die Botschaft Obadjas

Beurteilt man die Sprüche Obadjas vom idealistischen oder materialistischen Hochsitz moralischen Urteils herab, so findet man eitel niedrigen Haß und ungezähmten Nationalismus. Wer aber in die geschichtliche Stunde hinuntersteigt, der findet ein klägliches, trostbedürftiges Volk in einer ruinierten Stadt. Nur wer sich ein Bild von den Trauergottesdiensten in den Trümmern Jerusalems nach den Katastrophenzeiten von 587 zu machen versucht, kann die Verkündigung des prophetischen Sprechers zu verstehen beginnen.

Nicht Haß gegen Edom wird hier gepredigt, sondern die strafende Gerechtigkeit Gottes. Wie Israel sie in jenen Jahren erfahren hat (V. 16aα), so muß sie auch Edom (V. 15b) und so müssen sie alle Völker erleben (V. 16aβ). Edom steht im Vordergrund der Botschaft Obadjas. Wenn es auch nicht wie Babylon die militärische Hauptverantwortung am Zusammenbruch Jerusalems und Judas trug, so lud es doch als Brudervolk Schuld auf sich (V. 10.12). Statt Bündnistreue und Hilfsbereitschaft zu erweisen (vgl. Jer 27,3), kollaborierte es mit der feindlichen Großmacht und gesellte sich zu deren Hilfstruppen (V. 11). Mit Blicken, Worten und Taten bis hin zum Mord verging es sich an denen, die in großen Trecks verschleppt wurden (V. 12–14.9f.11). Die alte Selbstsicherheit (V. 3) nahm niederträchtige Formen an. Solche Schuld erfährt entsprechende Strafe: die Hochmütigen werden selbst verachtet (V. 2.4), die Plünderer werden ausgeraubt (V. 5f.), die Treulosen von ihren Freunden verachtet (V. 7), die Mörder vernichtet (V. 9f.). Jahwe selbst bürgt dafür (V. 1b.2.4.8). Doch kann auch neben anderen Völkern (V. 1b.7) Israel das Werkzeug seines Wirkens werden (V. 18.21). So werden die Zerschlagenen ermutigt zu der Hoffnung, daß Letzte Erste und die Ersten zu Letzten werden.

Was Edom erfahren muß, ist beispielhaft für alle Völker, unter denen das Gottesvolk leiden muß (V. 15a.16f.). Edom als Prototyp der feindlichen Welt findet sich nicht nur bei Obadja (s.u.S. 43). Wie von Edom wird Israel von vielen Nahen und Fernen bedroht (vgl. Ez 36,5; Ps 60,8–10). Der Zornesbecher Jahwes, den Jerusalem zuerst trinken mußte, wird unter ihnen allen die Runde machen; mehr noch als das Gottesvolk werden sie ihn bis zur bitteren Neige schlürfen müssen (vgl. zu V. 16 u.S. 45). Harte Worte von völliger Vernichtung fallen (V. 16b.18). Sie unterstreichen in trübster Zeit das Unglaubliche, daß Gottes Hand alles völlig verändern kann. Andere Worte deuten mehr darauf hin, daß die Völker zwar ihre (feindselige) Selbständigkeit verlieren, daß sie aber in die Lebensordnung der geretteten Zionsleute einbezogen werden (V. 16b.21). Der Weg der Hilfe für das verstörte, leidende Gottesvolk führt zum offenbaren Königtum Jahwes (V. 21). Daß die Herrschaft Gottes am Ende die große Erfahrung Israels und aller Völker sein wird, das soll die seufzende Gemeinde jetzt schon in den Schluchten ihrer Verzweiflung aus prophetischem Munde hören. Denn Gott selbst hat ihm dieses Wort anvertraut.

Zur Bedeutung der Botschaft Obadjas für die heutige Gemeinde s.u.S. 39 und 50f.

§ 6. Literatur

1. Darstellungen und Untersuchungen zur alttestamentlichen Prophetie: S. die Literaturübersichten bei GFohrer, Neuere Literatur zur alttestamentlichen Prophetie: ThR 19 (1951) 277–346; 20 (1952) 193–271. 295–361; 28 (1962) 1–75.239–297.301–374; 40 (1975) 193–207.337–377. – RRendtorff, προφήτης : ThWNT VI, 796–813. – RMeyer-JFichtner-AJepsen, Propheten II: RGG^3 V, 613–633. – RRendtorff, Prophetenspruch: RGG^3 V, 635–638. – GvRad, Theol AT II (Die Theologie der prophetischen Überlieferungen Israels) (1960.^{6}1975). – AJHeschel, The Prophets (1962). – JLindblom, Prophecy in Ancient Israel (^{2}1963). – GFohrer, Die Propheten des Alten Testaments I-V (1974–1975).

2a. Zur Geschichte der Auslegung des Dodekapropheton: WWerbeck, Zur Auslegungsgeschichte (des Zwölfprophetenbuches): RGG^3 VI, 1970. – CyrillvAlexandria, In Duodecim Minores Prophetas commentariorum: MPG 71 (1864) 72 (1864) 9–364. – TheodorvMopsuestia, Commentarius in Duodecim Prophetas Minores: MPG 66 (1864) 105–632. – TheodoretvKyros, Commentarius in Duodecim Prophetas: MPG 81 (1864) 1545–1988. – HesychiusvJerusalem, Epitome Duodecim Prophetarium: MPG 93 (1865) 1339–1370. – Barhebraeus, In Duodecim Prophetas Minores scholia, ed BMoritz (1882). – Hieronymus, In Duodecim Minores Prophetas Commentariorum: MPL 25 (1884) 810–1578. – HaimovHalberstadt, Enarratio in Duodecim Prophetas Minores: MPL 117, 9–294. – RupertvDeutz, Commentariorum in Duodecim Prophetas Minores: MPL 168 (1893) 9–836. – GDiettrich, Îšô‘dâdh's Stellung in der Auslegungsgeschichte des Alten Testaments an seinen Commentaren zu Hosea, Joel, Jona, Sacharja 9–14 und einigen angehängten Psalmen veranschaulicht: ZAW Beih 6 (1902). – GKrause, Studien zu Luthers Auslegung der kleinen Propheten: BHTh 33 (1962). – Īšō‘dad v. Merw, Commentaire d'Īšo‘dad de Merv sur l'Ancien Testament IV (ed Cvanden Eynde): CSCO 303/4 (1969) 92–99/118–126.

b. Kommentare zum Dodekapropheton: FHitzig-HSteiner, Die zwölf kleinen Propheten: KeH (1838.^{4}1881). – HEwald, Die Propheten des Alten Bundes I-III (1840–41.^{2}1867–68). – CFKeil, Biblischer Commentar über die zwölf kleinen Propheten: BC III/4 (1866.^{3}1888). – TKCheyne (Hos) 1884; SRDriver (Joel Am) 1897. ^{2}1934, (Mich) 1882. ^{2}1895; PTPerowne (Obd) 1898, (Hag-Mal) 1893; HCOLanchester (Jon) 1915; ABDavidson (Nah-Zef) 1896. ^{2}1920; WE Barnes (Hag-Mal) 1917: CBSC. – JKnabenbauer-MHagen, Commentarius in prophetas minores I/II: CSS II/24 u.25 (1886.^{2}1924). – CvOrelli, Die zwölf kleinen Propheten: KK V/2 (1888.^{3}1908). – GHutcheson, Verklaring van de twaalf kleine Propheten (1892). – JWellhausen, Die kleinen Propheten: Skizzen und Vorarbeiten Nr. 5 (1892.^{3}1898=^{4}1963). – HGuthe (Hos Am Mich-Hab); KMarti (Joel Obd Hag-Mal); JRothstein (Zef); EKautzsch-ABertholet (Jon): HSAT II (1894.^{4}1923). – GASmith, The Book of the Twelve Prophets: ExpB (1896/98.^{2}1928). – WNowack, Die kleinen Propheten: HK III/4 (1897.^{3}1922). – MHirsch, Die Zwölf Propheten (1900). – RFHorten (Hos-Mich) 1904; SRDriver (Nah-Mal) 1906: CeB (repr. 1922). – KMarti, Das Dodekapropheton: KHC (1904). – EBPusey, The Minor Prophets I-VIII (1906/7). – WRHarper (Am Hos) 1905.^{3}1953; JMPSmith (Mich Zef Nah); WHWard (Hab); JABewer (Obd Joel) 1911.^{3}1948; HGMitchell (Hag Sach); JMPSmith (Mal); JABewer (Jon) 1912.^{3}1951: ICC. – AvanHoonacker, Les douze petits Prophètes: EtB (1908). – HGreßmann, Die älteste Geschichtsschreibung und Prophetie Israels (Am Hos) 1910.^{2}1921;HSchmidt-HGunkel, Die großen Propheten (Mich Zef Nah Jon)

1914.^{2}1923; MHaller, Das Judentum (Joel Obd Hab Hag Mal) 1914.^{2}1925: SAT II/1–3. – OProcksch, Die kleinen prophetischen Schriften: EzAT I (1910), II (1916.^{2}1929). – BDuhm, Die zwölf Propheten, in den Versmaßen der Urschrift übersetzt (1910). – Ders., Anmerkungen zu den zwölf Propheten: ZAW 31 (1911) 1–43.81–110.161–204. – PRießler, Die kleinen Propheten (1911). – ESellin, Das Zwölfprophetenbuch: KAT XII/1 u.2 (1922.$^{2\cdot3}$1929–30). – FLCeuppens, De kleine Profeten: Het Oude Testament (1924). – GWWade (Mich Obd Joel Jon) 1925; EAEdgehill-GACooke (Am) 1914.^{2}1926; GGVStonehouse (Zef Nah); GWWade (Hab) 1929; SLBrown (Hos) 1932: WC. – GLRobinson, The Twelve Minor Prophets (1926). – LHKBleeker (Hos-Am) 1932, (Joel-Mich) 1934; GSmit (Hab-Mal) 1926, (Nah) 1934: Text en Uitleg. – HWRobinson (Hos Am); WGWatson (Joel Obd); WCGraham (Jon Nah Zef); JEMcFadyen (Mich Hab Hag Sach Mal): Abingdon BC (1929) ed FCEiselen, ELewis, DGDowney. – JRidderbos, De kleine Profeten I (Hos-Am) 1932.^{2}1952, II (Obd-Zef) 1935.^{2}1950, III (Hag-Mal) 1930.^{2}1952: KVHS. – JKroeker, Die Propheten oder das Reden Gottes: Das lebendige Wort (1932). – ThHRobinson (Hos-Mich) 1936; FHorst (Nah-Mal) 1938: HAT I/14 (^{3}1964). – AJepsen, Das Zwölfprophetenbuch: BhG (1937). – JLippl (Hos Jon Mich); JTheis (Joel-Obd) 1937; HJunker (Nah-Mal) 1938: HS VIII 3. Abt. 1/2. – HFrey (Am) 1958, (Hos) 1958.^{2}1961; RvUngern-Sternberg (Mich) 1958; RvUngern-Sternberg-HLamparter (Hab Zef Jon Nah) 1960; HFrey (Hag-Mal Obd Joel) 1941.^{5}1963: BAT XXIII/1–3, XXIV/4. – SMowinckel-NMessel, De Senere Profeter oversatt: De Gamle Testamente (1944). – BMVellas, EPMHNEIA, I (Am) 1947, II (Hos) 1947, III (Mich Joel Obd) 1948, IV (Jon Nah Hab Zef) 1949, V (Hag-Mal) 1950. – SMLehrman (Hos-Zef); SGoldman (Obd-Mich); ECashdan (Hag-Mal): SBB (1948.^{2}1952). – FNötscher, Zwölfprophetenbuch oder Kleine Propheten: Echter-Bibel (1948). – JABewer, The Book of the Twelve Prophets I/II: HAB (1949). – AWeiser (Hos-Mich) 1949.^{5}1967; KElliger, Nah-Mal: 1950.^{6}1967: ATD 24 u.25. – JCoppens, Les douze petits Prophètes (1950). – GAFKnight (Jon Rut) 1950.^{2}1956, (Hos) 1960; JMarsh (Am Mich) 1959; JHEaton (Obd Nah Hab Zef) 1961; DRJones (Hag Sach Mal) 1962: TBC. – MSchumpp, Das Buch der zwölf Propheten: HBK X/2 (1950). – EOsty (Am Hos) 1952.^{2}1960; AGeorge (Mich Zef Nah) 1952.^{2}1958; JTrinquet (Hab Obd Joel) 1953.^{2}1959; AFeuillet (Jon) 1951.^{2}1957; AGelin (Hag Sach Mal) 1948.^{3}1960: SB(J). – SBullough (Obd Mich Zef Hag Sach): The Westminster Version of the Sacred Scriptures (1953). – DRyan (Am Hos Sach Mich); SBullough (Obd Nah Hab); MNLCouve de Murville (Joel); NArbuckle (Jon Zef); AMarsh (Hag Mal): CCHS (1953.^{2}1969) ed RCFuller-LJohnston-CKearns. – DDeden, De kleine Profeten I (Hos-Mich) 1953, II (Nah-Mal) 1956: BOT XII. – CvanGelderen-WHGispen (Hos) 1953; GAAalders (Obd Jon) 1958; JLKoole (Hag) 1967: COT. – GRinaldi (Am) 1953, (Hos-Jon) 1960; GRinaldi-FLuciani (Mich-Mal) 1969: SB (T). – JBergdolt (Hos-Am) 1955; JFichtner (Obd-Mich) 1957; EWeissenstein (Nah-Zef) 1957; KDBuchholtz (Hag-Mal) 1960: SBh. – AVaccari (Am-Zef); GBernini (Hag-Mal): SB(F) VII (1955). – NHSnaith (Am Hos Mich) 1956; SLEdgar (Joel Obd Jon Nah-Mal) 1962: Epworth Preachers' Commentaries. – KFThLaetsch, The Minor Prophets (1956). – JMauchline-HCPhillips (Hos); JAThompson-NFLangford (Joel Obd); HEWFosbroke-SLovet (Am); JDSmart-WScarlett (Joel); REWolfe-HABosley (Mich); CLTaylor, jr.-JTCleland (Nah); CLTaylor, jr.-HThurman (Hab Zef); DWThomas-WLSperry (Hag); DWThomas-ThCSpeers (Sach 1–8); RCDentan-JTCleland (Sach 9–14); RCDentan-WLSperry (Mal): IB VI (1956). – RAugé, Profetes menors: La Bíblia, versió dels textos originals i commentari Montserrat XVI (1957). – THenshaw, The latter Prophets (1958). – ÉDhorme, La Bible, L'Ancien Testament II: Bibliothèque de la Pléiade (1959). – GCMorgan, The Minor Prophets (1960). – MGCordero, Biblia comentada III: BAC (1961). – JMyers (Hos-Jon) 1960; JHGailey (Mich-Mal) 1962: LBC. – LASchökel-JMValverde, Doce Profetas menores: Los Libros Sagrados (1966). – ADeissler (Hos Obd); MDelcor (Joel Jon) 1961; Deissler (Zef Hag Mal); Delcor (Mich Hab Sach) 1964: SB(PC) VIII/1 u.2. – HWWolff, Dodekapropheton 1 (Hos) 1961.³1976, 2 (Joel Am) 1969.²1975: BK XIV/1 u.2. – PRAckroyd (Hos Hag Sach); LHBrokkington (Joel Obd Jon Mal); JPhHyatt (Am Nah-Zef); DIWvThomas (Mich): PCB (1962) ed MBlack-HHRowley. – JSteinmann-AHanon (Mich Zef Joel Nah Hab): ConBib (1962). – EJacob (Hos); CAKeller (Joel Obd Jon); SAmsler (Am) 1965; RVuilleumier (Mich); CAKeller (Nah Hab Zef) 1971: CAT XI/a u.b. – JMarsh (Am Mich) 1965; GAFKnight (Hos) 1966: Torch Bible Paperback (= TBC 1959.1960). – JPLewis, The Minor Prophets (1966). – WRudolph (Hos) 1966, (Joel-Jon) 1971, (Mich-Zef) 1975: KAT XIII/1–3. – PJKing (Am Mich); DJMcCarthy (Hos); RTAMurphy (Nah-Zef); CStuhlmueller (Hag-Mal); GFWood (Joel Obd); JCMcGowan (Jon): JBC (1968) ed REBrown-JAFitzmyer-REMurphy. – SMGozzo (Mich Hab) 1968, (Sach) 1969, (Obd Hag Mal) 1970: Verba Vitae 25, 29, 33. – Starý Zákon/překlad s vykladem: 14. Dvanáct proroků (Das AT / Übers. mit Kommentar: 14. Die zwölf Propheten, 1968). – CHauret, Amos et Osée: VSal.AT 5 (1970). – JAMotyer (Am); JBHindley (Hos); DWBRobinson (Obd Jon); RACole (Joel); GLArcher (Mich); AFraser (Nah); LEHStephens-Hodge (Hab); DJWiseman (Hag); JTCarson (Zef): New Bible Commentary (³1970) ed DGuthrie. – HMcKeating, The Book of Amos, Hosea and Micah (1971): CBC X. – EOsty-JTrinquet, Les Petits Prophètes (1972).

3. Zum Text des Dodekapropheton: a. hebräisch: MRahmer, Die hebräische Tradition in den Werken des Hieronymus. Zweiter Teil: Die Commentarien zu den XII kleinen Propheten. I Hosea: MGWJ (1865) 216–224. 460–470; (1867) 103–106; (1868) 413–427. – FBuhl, Einige textkritische Bemerkungen zu den kleinen Propheten: ZAW 5 (1885) 179–184. – ABEhrlich, Randglossen zur hebräischen Bibel V (1912) 163–363. – SBFreehoff, Some text rearrangements in the Minor Prophets: JQR 32 (1941–42) 303–308. – EV(ogt), Fragmenta Prophetarum Minorum Deserti Iuda: Bibl 34 (1953) 423–426. – HGese, Die hebräischen Bibelhandschriften zum Dodekapropheton nach der Variantensammlung des Kennicott: ZAW 69 (1957) 55–69. – JTMilik, Discoveries in the Judean Desert II (1961).

b. griechisch: KVollers, Das Dodekapropheton der Alexandriner: ZAW 3 (1883) 219–272; 4 (1884) 1–20. – LZSchuurmans-Stekhoven, De Alexandrijnsche Vertaling van het Dodekapropheton (1887). – LTreitel, Die Septuaginta zu Hosea, MGWJ 41 (1897) 433–454. – OProcksch, Die Septuaginta Hieronymi im Dodekapropheton: Festschr Univ. Greifswald (1914). – AKaminka, Studien zur Septuaginta an der Hand der zwölf kleinen Propheten: Schriften d. Ges. z. Förd. d. Wiss. d. Judent. 33 (1928). – JZiegler, Die Einheit der Septuaginta zum Zwölfprophetenbuch: Beilage z. Vorlesungsverzeichnis der Staatl. Akademie zu Braunsberg im W. S. 1934–35. – Ders., Beiträge zum griechischen Dodekapropheton (1942). – Ders., Duodecim prophetae: Septuaginta Vetus Testamentum Graecum vol. XIII (1943). – Ders., Studien zur Verwertung der Septuaginta im Zwölfprophetenbuch: ZAW 60 (1944) 107–131. – Ders., Der griechische Dodekapropheton-Text der Complutenser Polyglotte: Bibl 25 (1944) 297–310. –

Ders., Der Text der Aldina im Dodekapropheton: Bibl 26 (1945) 37–51. – FDingermann, Massora – Septuaginta der kleinen Propheten: Diss. Würzburg (1948). – DBarthélemy, Redécouverte d'un chaînon manquant de l'histoire de la Septante: RB 60 (1953) 18–29. – PKahle, Die im August 1952 entdeckte Lederrolle mit dem griechischen Text der kleinen Propheten und das Problem der Septuaginta: ThLZ 79 (1954) 81–94. – DBarthélemy, Les devanciers d'Aquila. Première publication intégrale du texte des fragments du Dodécaprophéton: VTSuppl 10 (1963).

c. lateinisch: APanyik, A critical and comparative study of the old Latin texts of the Book of Ezekiel and the Minor Prophets: Thesis Princeton University (1938). – MStenzel, Das Dodekapropheton der lateinischen Septuaginta, Untersuchungen über die Herkunft und die geschichtliche Entwicklung der lateinischen Textgestalt des nichthieronymianischen Dodekapropheton: Diss. Würzburg (1949). – Ders., Das Dodekapropheton in Übersetzungswerken lateinischer Schriftsteller des Altertums: ThZ 9 (1953) 81–92 (= Teil 5 der vorgen. Diss.). – Ders., Die Konstanzer und St.Galler Fragmente zum altlateinischen Dodekapropheton: Sacris Erudiri 5 (1953) 27–85. – Ders., Altlateinische Canticatexte im Dodekapropheton: ZNW 46 (1955) 31–60.

d. syrisch: MSebök (Schönberger), Die syrische Übersetzung der zwölf kleinen Propheten: Diss. Leipzig (1887).

e. koptisch: EQuatremere, Daniel et les douze petits prophètes: Notices et extraits de la Bibl. impér. 8 (1810) 220–290. – HTattam, Duodecim prophetarum minorum libros in lingua aegyptiaca vulgo coptica seu memphitica (1836). – ASchulte, Die koptische Übersetzung der kleinen Propheten: ThQ 76 (1894) 605–642; 77 (1895) 209–229. – CWesseley, Duodecim prophetarum minorum versionis Achimimicae (1915). – WTill, Die achmîmische Version der zwölf Kleinen Propheten: Coptica 4 (1927). – WGrossouw, The Coptic Versions of the Minor Prophets: Monumenta biblica et ecclesiastica 3 (1938). – JZiegler, Beiträge zur koptischen Dodekapropheton-Übersetzung: Bibl 25 (1944) 105–142.

f. äthiopisch: JBachmann, Dodekapropheton Aethiopum. Heft 1 Der Prophet Obadia; Heft 2 Der Prophet Maleachi (1892). – OLöfgren, Jona, Nahum, Habakuk, Zephanja, Haggai, Sacharja und Maleachi äthiopisch: Arbeten utgivna med understöd av Vilhelm Ekmans Universitetsfond 38 (1930).

4. Einzeluntersuchungen zum Dodekapropheton: GRichter, Erläuterungen zu dunklen Stellen in den kleinen Propheten: BFChTh 18, 3–4 (1914). – KBudde, Eine folgenschwere Redaktion des Zwölfprophetenbuchs: ZAW 39 (1921) 218–229. – REWolfe, The Editing of the Book of the Twelve: ZAW 53 (1935) 90–130. – ThHGaster, Notes on the Minor Prophets: JThS 39 (1937) 163–165. – GRDriver, Linguistic and Textual Problems: Minor Prophets: JThS 39 (1938) 154–166. 260–273. 393–405. – AJepsen, Kleine Beiträge zum Zwölfprophetenbuch: ZAW 56 (1938) 85–100; 57 (1939) 242–255; 61 (1945–48) 95–114. – ABruno, Das Buch der Zwölf (eine rhythmische und textkritische Untersuchung) (1957).

5. Kommentare zu Obadja: CPCaspari, Der Prophet Obadja (1842). – CAWSeydel, Vaticinium Obadjae: Diss. Leipzig 1869. – JBachmann, Der Prophet Obadja (1892). – JHalévy, Le livre d'Obadia: RSEHA 15 (1907) 165–183. – SOJsopescul, Übersetzung und Auslegung des Buches Abdias: WZKM (1914) 149–181. – HCOLanchester: Obadiah and Jona (1918). – BKutal, Liber Prophetarum Amos et Abdiae (1933). – UMasing, Der Prophet Obadja I: Einleitung in das Buch des Propheten Obadja (Tartu 1937, Korrekturbogen). – JMRinaldi, In librum Abdiae: VD (1939) 148–154.174–179.201–206. – HVeldcamp,

Het gezicht van Obadja (1957). – JWWatts, Obadiah, A Critical Exegetical Commentary (1969).

6. Gesamtdarstellungen zu Obadja: EPhilippe, Abdias: DB(V) I (1895) 20–23. – HWinckler, Obadja: Altorientalische Forschungen II/3 (1901) 425–432. – WVolck, Obadja, Prophet: RE³ XIV (1904) 246–248. – MHaller, Obadja und Obadjabuch: RGG¹ IV (1913) 853–854. – GABarton, Obadiah: JE IX (²1925) 369f. – WWCannon, Israel and Edom. The Oracle of Obadiah: Theology 15 (1927) 129–140.191–200. – MHaller, Obadja: RGG² IV (1930) 613. – JASelbie, Obadiah: DB(H) III (¹¹1950) 577–580. – WVollhorn, Obadjabuch: RGG³IV (1960) 1547–1548. – JMuilenburg, Obadiah: IDB III (1962) 578f. – ASHerbert: Obadja. Obadjabuch: BHHW II (1964) 1323–1325. – ÉBonnard, Abdias: DBS VIII (1969) 693–701. – ELipiński, Obadiah: EJ XII (1971) 1304–1306.

7. Datierungsprobleme: BCCresson, Israel and Edom. A Study of the Anti-Edom Bias in Old Testament Religion: Diss. phil. Duke University, Durham, N.C. (1963). – BDiebner-HSchult, Edom in alttestamentlichen Texten der Makkabäerzeit: Dielheimer Blätter z. AT 8 (1975) 11–17.

8. Literarhistorische Probleme: ACondamin, L'unité d' Abdias: RB 9 (1900) 261–268. – JMPSmith, The structure of Obadiah: AJSL (1905/6) 131–138. – HBekel, Ein vorexilisches Orakel über Edom in der Klageliederstrophe – die gemeinsame Quelle von Obadja 1–9 und Jeremia 49,7–22: ThStKr 80 (1907) 315–343. – GAPeckham, An introduction to the study of Obadiah (1910). – SOJsopescul, Historisch-kritische Einleitung zur Weissagung des Abdias: WZKM (1913) 141–162. – WRudolph, Obadja: ZAW 49 (1931) 222–231. – AJFreeman, The Obadjah Problem: Diss. Southern Baptist Seminary, Louisville (1950). – MBič, Zur Problematik des Buches Obadja: VTSuppl 1 (1953) 11–25. – EOlávarri: Cronológia y estructura literaria del oráculo escatológico de Abdias: EstBíbl (1963) 303–313.

9. Zu Form und Überlieferung: ThHRobinson, The Structure of the Book Obadiah: JThSt 17 (1916) 402–408. – GFohrer, Die Sprüche Obadjas: Studia biblica et semitica Theodoro Christiano Vriezen dedicata (1966) 81–93.

10. Zur Geschichte Edoms: FBuhl, Geschichte der Edomiter (1893). – ThNöldeke, Edom: EB II (1901) 1181–1188. – RHPfeiffer, Edomitic Wisdom: ZAW 44 (1926) 13–25. – HGrimme, Der Untergang Edoms: Welt als Geschichte 3 (1937) 452–463. – KGalling, Das Gemeindegesetz in Dt 23: Festschrift ABertholet (1950) 176–191. – VMaag, Jakob-Esau-Edom: ThZ 13 (1957) 418–429. – MNoth, Edomiter: RGG³ II (1958) 308–309. – JRBartlett, The Edomite Kinglist of Genesis XXXVI 31–39 and 1 Chron. I 43–50: JThSt 16 (1965) 301–314. – BGBoschi, Sagezza di Edom: Mito e realtà: RivBib 15 (1967) 357–368. – JRBartlett, The Land of Seir and the Brotherhood of Edom: JThSt 20 (1969) 1–20. – RdeVaux, Téman, Ville ou Région d'Édom: RB 76 (1969) 379–385. – JMMyers, Edom and Judah in the Sixth-Fifth Centuries B.C.: Near Eastern Studies in Honor of WFAlbright, ed. HGoedicke (1971) 377–392. – MWeippert, Edom, Studien und Materialien zur Geschichte der Edomiter aufgrund schriftlicher und archäologischer Quellen: Diss. Tübingen (1971, masch.). – JRBartlett, The Rise and Fall of the Kingdom of Edom: PEQ 104 (1972) 26–37. – Ders., The Moabites and Edomites: Peoples of Old Testament Times, ed. DJWiseman (1973) 229–258.

11. Einzelprobleme zu Obadja: MHaller, Edom im Urteil der Propheten: ZAW Beih. 41 (Festschr KMarti 1925) 109–117. – MBič, Ein verkanntes Thronbesteigungsfestorakel im AT: ArOr 19 (1951) 568–578. – JGray, The Dia-

spora of Israel and Judah in Obadiah V. 20: ZAW 65 (1953) 53–59. – BCCresson, The Condemnation of Edom in Postexilic Judaism: Studies in Honor of WFStinespring (1972) 125–148. – AJBraver, The Name Obadiah – Its Punctuation and Explanation (hebr.; engl. summary): Beth Mikra 54 (1973) 418–419. – ELipiński, Obadiah 20: VT 23 (1973) 368–370. – UKellermann, Israel und Edom – Studien zum Edomhaß Israels im 6. – 4. Jh. v.Chr.: HabilSchr Münster i.W. (1975). – PKMcCarter, Obadiah 7 and the Fall of Edom: BASOR 221 (1976) 87–91.

12. Zur Botschaft Obadjas: JvanGilse, Tijdbepaling der profetie Obadjah: NThT (1913) 293–313. – JTheis, Die Weissagung des Abdias (1917). – REGaebelein, The servant and the dove: Obadjah and Jonah, their messages and their work (1946). – AHEdelkoort, De profetie van Obadja: NedThT 1 (1946/7) 276–293. – GMennenga, Obscure Obadiah and his message: Reformed Revue 12/3 (1959) 24–32. – RACoughenouv, A View of Value from a Servant of Yahweh: Reformed Review 24 (1971) 119–123.

13. Sonstiges zu Obadja: AStifter, Abdias: AStifter Studien hg. MStefl (1956) 5–104. – KWeinberg, Biblische Motive in Stifters Abdias: Horizonte. Emuna 7 (1972) 32–38.

Edoms Vergehen

(1–14.15b)

Literatur HBekel, Ein vorexilisches Orakel über Edom in der Klageliederstrophe – die gemeinsame Quelle von Obadja 1–9 und Jeremia 49, 7–22: ThStKr 80 (1907) 315–343. – WRudolph, Obadja: ZAW 49 (1931) 222–231. – UMasing, Der Prophet Obadja Bd. I: Einleitung in das Buch des Propheten Obadja (Tartu 1937) (420 S.). – RBach, Die Aufforderungen zur Flucht und zum Kampf im alttestamentlichen Prophetenspruch: WMANT 9 (1962). – GFohrer, Die Sprüche Obadjas: Studia Biblica et Semitica (Festschr ThCVriezen 1966) 81–93. – JMMyers, Edom and Judah in the Sixth-Fifth Centuries B.C.: Near Eastern Studies in Honor of WFAlbright ed. HGoedicke (1971) 377–392. – JRBartlett, The Rise and Fall of the Kingdom of Edom: PEQ 104 (1972) 26–37. – Ders., The Moabites and Edomites: Peoples of Old Testament Times, ed. DJWiseman (1973) 229–258. – AJBraver, The Name Obadiah – Its Punctuation and Explanation (hebr.; engl. summary): Beth Mikra 54 (1973) 418–419. – UKellermann, Israel und Edom. Studien zum Edomhaß Israels im 6. – 4. Jahrhundert v.Chr.: HabilSchr Münster (1975). – PKMcCarter, Obadiah 7 and the Fall of Edom: BASOR 221 (1976) 87–91.

Text **1 Die Prophetie[a] Obadjas. ‘’[b]**
Über Edom.
Kunde vernahmen wir[c] von Jahwe,
ein Bote[d] ist unter die Völker gesandt[e].
Auf! Laßt uns gegen es[f] antreten zum Kampf!
[b]So hat [der Herr][g] Jahwe gesagt[b]:
2 Gib acht!
Klein mache ich dich unter den Völkern.
[a]Ganz verachtet[a] wirst du sein.
3 Dein vermessener[a] Geist[b] täuscht dich,
der (du) in Felsenklüften hausest[c],
der seinen[d] Wohnsitz ‘in der Höhe baut’[e],
der zu sich selber[f] spricht:
»Wer stürzet mich zu Boden?«[g]
4 Baust[a] du (auch) wie ein[b] Adler in der Höhe
[c][oder wenn zwischen Sterne gesetzt][c] dein Nest,
so hole ich dich (doch) von dort herunter, Spruch Jahwes.
5 Wenn Diebe über dich kommen,
[a][wenn nächtliche Verwüster, wie wirst du zum Schweigen gebracht][a]
nicht wahr?[b] sie stehlen, bis sie genug haben.
Wenn Winzer über dich kommen,
nicht wahr?[b] sie lassen eine Nachlese übrig.
6 Wie ‘wird’[a] Esau durchsucht,
werden seine Verstecke durchstöbert![b]
7 Bis zur Grenze treiben sie dich.
Alle deine Verbündeten betrügen dich[a].

Dich überwältigen deine Freunde[b] [dein Brot][c].
Sie legen[d] eine Fußangel[e] unter dich.
[f][Keine Einsicht gibt es bei ihm][f]
8 Nicht wahr? an jenem Tage – Spruch Jahwes,
da rotte ich aus die Weisen von Edom
und die Einsicht vom Gebirge Esaus.
9 Da brechen deine[a] Helden zusammen, Teman,
so daß[b] jeder vom Gebirge Esaus vertilgt wird.
Wegen des Mordes[c] 10 [wegen Gewalttat][a] an[b] deinem Bruder Jakob
wird dich Schande einhüllen;
du wirst endgültig vernichtet.
11 Am Tage, da du dabei[a] standest,
am Tage, da Fremde sein Heer abführten,
da Ausländer seine Tore[b] betraten
und über Jerusalem das Los warfen[c],
da warst auch du wie einer von ihnen.
12 Und du solltest doch nicht (schadenfroh) herabsehen[a] auf den Tag[b] deines Bruders,
am Tage seines Mißgeschicks[c],
du solltest dich nicht freuen über Judas Söhne
am Tage ihres Untergangs,
du solltest deinen Mund nicht aufreißen[d]
am Tage der Bedrängnis.
13 Du solltest nicht ins Tor[a] meines Volkes[b] treten
am Tage seines 'Elends'[c],
gerade du solltest dich nicht ergötzen[d] an seiner Not[e]
am Tage seines Zusammenbruchs,
du solltest nicht nach seinem Besitz 'greifen'[f]
am Tage seines 'Untergangs'[g].
14 Auch solltest du dich nicht an den Fluchtweg[a] stellen,
seine Entronnenen umzubringen,
und nicht seine Entkommenen ausliefern
am Tage der Bedrängnis.
15b [a]Wie du getan hast, wird dir getan werden[b];
deine Tat kehrt auf dein Haupt zurück[c].

1a *G* (ὅρασις) wird von σ' (εκστασις) als prophetisches Widerfahrnis gedeutet 1
und somit sachgemäß vor dem verengenden Verständnis als visio (*V*) auf Grund des folgenden Textes bewahrt; *T* ("נבואת ע) trifft den hiesigen Sinn wie in Jes 1,1 (vgl. Esr 6,14*M*) am besten: »Prophezeiung«. – **b** Die Botenformel befremdet an der überlieferten Stelle, denn V. 1bα spricht zunächst noch von Jahwe in 3.pers.; bβ ist von bα nicht zu trennen, da der Sprecher hier wie dort in 1.pl. erscheint. Dagegen vermißt man die Formel im Übergang zur Ich-Rede Jahwes in V. 2. Sie könnte dort von einem Abschreiber vergessen (auch zwischen Jer 49,14 und 15 fehlt sie), am Rande nachgetragen und so an die gegenwärtige Stelle geraten sein; vgl. Jer 49,7 und u.S. 26. – **c** *G* (ἤκουσα) ist als Fehldeutung von *M* auf den Propheten oder als Angleichung an Jer 49,14 (שָׁמַעְתִּי) zu erklären. *M* ist durch die 1.pl. in bβ und durch die Geschichte der Redeform gesichert (vgl. Jer 6,24 u.u.S.

27f.). – **d** *G* (καὶ περιοχὴν εἰς τὰ ἔθνη ἐξαπέστειλεν) sieht, da sie als Verbform
שָׁלַח liest, in צִיר ein Objekt, das den (»umfassenden«) Botschaftsinhalt bezeich-
net; in Jer 49,14 übersetzt *G* (29,15) den gleichen hebräischen Text ähnlich (καὶ
ἀγγέλους εἰς ἔθνη ἀπέστειλε), sieht aber im Objekt »Boten« (pl., wie σ'); α' kor-
rigiert in Obd und übersetzt αγγελιαν. ציר findet sich außer in Obd 1 und Jer
49,14 als Subjekt nur noch in Spr 13,17; 25,13, als Objekt in Jes 18,2; 57,9. – **e** Zu
G s.o.Textanm.d. Jer 49,14 bietet pt.pass.k statt 3.m.sg.pf.pu. – **f** עָלֶיהָ entspricht
Jer 49,14, wo das suff. 3.sg.fem., auf בָּצְרָה in 13 bezogen, paßt. Auch *G* übersetzt
durchweg ἐπ' αὐτήν (Ausnahme ἐπ' αὐτόν erst G^{86} im 9.–10.Jh.), *V* aber adver-
sus eum. Verständlich wird *M* als Zitat aus einer Obd 1 und Jer 49,14 gemeinsa-
men Vorlage. Direkte Abhängigkeit von Jer 49,14 ist wegen der sonstigen Va-
rianten unwahrscheinlich (s.o.Textanm.c-e.). Auch ist im überlieferten Obd-
Zusammenhang das suff.3.fem. auf לאדום in 1bα^1 bezogen; אדום als Land ist
auch in Jer 49,17; Ez 25,13; 32,29; 35,15; Mal 1,4 fem.; vgl. Ges-K § 122h. In den
ab V. 2 folgenden masc. Formen ist Edom als Volk = Esau (V. 8f.) gedacht. Als
lectio difficilior bleibt עליה wahrscheinlicher als עָלָיו oder gar נַעֲלֶה (neben קומו
ונקומה; vgl. Jer 49,14; 6,4.5; 31,6; 49,28.31; anders GFohrer 85; WRudolph
301f.). – **g** אדני kann als Ersatz der Aussprache des Tetragramms nachgetragen
sein (CAKeller 253), wie es auch im Amosbuch häufig als Nachtrag zu finden ist;
2 s.BK XIV/2 Textanm. Am 1,8b; vgl. ferner WZimmerli, BK XIII 1250f. – **2a–a**
Jer 49,15 bietet בָּאָדָם statt אתה מאד; es besteht kein Anlaß, jenen Text zu über-
nehmen, zumal *M* durch *G* gestützt wird (σὺ εἶ σφόδρα); in Jer 49,15 erklärt sich
בָּאָדָם in b als eine durch die Parallele zu בַּגּוֹיִם in a naheliegende Variante ver-
wandten Traditionsgutes, die auch dem Fünfer-Rhythmus (3+2) des dortigen
3 Kontextes entspricht. – **3a** Das nomen regens bezeichnet hier die Eigenschaft des
nomen rectum und steht so statt Adjektivum (BrSynt § 71a). – **b** לב meint hier die
Gesamtpersönlichkeit mit ihrem Selbstbewußtsein; vgl. HWWolff, Anthropolo-
gie 77.89f. – **c** Zum י-compaginis als st.cstr., wenn sich eine Präposition zwischen
st.cstr. und st.abs. schiebt (vgl. Ps 123,1), vgl. Ges-K § 90, 1 und Meyer^3 II § 45,
3e. – **d** Zu einer Änderung der Suffixe (2. statt 3.pers., so ThHRobinson) bei par-
tizipialen Appositionen (vgl. Am 5,12!) besteht kein Anlaß, zumal selbständige
Interpretation des tradierten Textes vorzuliegen scheint (Jer 49,16 zeigt keine
Form mit 3.pers.). – **e** *M* kann leicht aus מֵרִים verlesen sein; so WRudolph, ZAW
49 (1931) 223f., anders KAT XIII/2 (1971): »in der Höhe seines Sitzens« =
Acc.loci. מֵרִים wird durch *G* (ὑψῶν) *V* (exaltantem) bezeugt und ist zwischen den
Partizipien שׁכני und אמר wahrscheinlicher. – **f** S.Textanm. V. 3b und HWWolff,
Anthropologie 82.85f.: לב als Ort der Erwägungen. – **g** V. 3b mit dem Zitat der
4 Selbstsicherheit hat keine Parallele in Jer 49,16. – **4a** Der Anschluß von V. 4 an 3
wirkt ursprünglicher als der von Jer 49,16b an 16a. Obadjas Konditionalsatz
(אם) V. 4a nimmt die Anklagen des Hochmuts aus V. 3 auf, um das dem Zitat
von V. 3b (מי יורדני) widersprechende Gericht in V. 4b (אורידך) anzukündigen.
In Jer 49,16b führt hervorhebendes (deiktisches) כִּי die Anklage zugleich als Be-
dingung von Jahwes Einschreiten zum Ziel, ohne daß hier jedoch das Stichwort
(מי יורדני Obd 3b) vorgegeben wäre; s.Textanm. 3g. Daß die Massoreten in
תגביהַּ ein Suffix lasen, (das in Jer 46,16b fehlen kann,) ist durch Absprengung
des Objekts קנך durch den Zusatz des zweiten אם-Satzes verursacht (s.Textanm.
c–c). – **b** Verglichenes ist im Hebräischen regelmäßig determiniert; vgl. Hos 8,1;
Jes 1,18 und BrSynt § 21 cß; Meyer^3 III § 96,4d; WSchneider, Grammatik des
bibl. Hebräisch (1974) § 52.5. – **c–c** Der Satz ist ein Nachtrag; denn תגביה trans.
hi. fordert קנך als zugehöriges Objekt (so auch Jer 49,16); שִׂים (pt.pass.) paßt
nicht zu den Anredeformen des Kontextes, weshalb *G* (θῇς) *V* (posueris) *T*

(תשׁוי) sekundär angleichen. Der Zusatz fehlt auch in Jer 49,16b; er kann sich auf
Jes 14,13 beziehen. – **5a–a** Der zweite אם-Satz in V. 5 sprengt ebenso wie der in 5
V. 4 den alten Satzzusammenhang; s. Textanm. V. 4c–c. Die Glosse (»Verwü-
ster«) deutet die Bilder (»Dieb«, »Winzer«); sie spricht eine andere Sprache:
איך (vgl. V. 6!) statt הלוא; darum ergibt auch eine Umstellung des zweiten אם-
Satzes zwischen V. 5a und b kaum den ursprünglichen Text, der dann dreiglied-
rig wäre. Auch Jer 49,9 kennt nur ähnliche Aussagen über »Winzer« und »Die-
be«, nicht aber über »Verwüster«. – **b** Hier sind die negativen Aussagesätze in
Jer 49,9aβbβ in rhetorische Fragen verwandelt. – **6a** Vielleicht ist mit *G* (ἐξη- 6
ρευνήθη) sg. נֶחְפַּשׂ zu lesen; doch kann Esau auch als coll. pluralisch konstruiert
sein; vgl. Meyer³ III §94,5a. – **b** Nur thematisch erinnert die Aussage an Jer
49,10a. – **7a** Der in V. 7abα überlieferte Text bietet vier verba finita 3.pl., die vier 7
ebenmäßigen Stichoi zugeordnet werden können; dabei haben dann der erste
(aα¹) und der vierte (bα) kein eigenes Subjekt. GFohrer, Obadja, stellt deshalb
den dritten Stichos an den Anfang, ohne Anhalt in der Textüberlieferung. WRu-
dolph hält aβ für eine Randglosse nach Jer 38,22bα, »aus strophischen Grün-
den«, die aber mehr für den überlieferten vierreihigen Text gelten (ohne לחמך
und bβ, s.u. Textanm. c und f-f). – **b** Ein איש שלום ist »ein Mensch, mit dem Ge-
meinschaft besteht«, also ein Vertrauter oder Bundesgenosse; vgl. WEisenbeis,
Die Wurzel שלם im AT: ZAWBeih 113 (1969) 156f. und Jer 20,10; 38,22. – **c** Das
überschüssige Wort scheint die »Männer deiner Gemeinschaft« nachzuinterpre-
tieren als solche, die »dein Brot« essen (Ps 41,10); *G* Mur kennen das Wort noch
nicht. JHalévy, ESellin, CAKeller, WRudolph lesen לֹחֲמֶיךָ (»die dein Brot aßen«
= σ' u.a. συνεσθιοντες σοι, *V* qui comedunt tecum; *T* אכלי פתורך; *G*ᵂ u.a. επο-
λεμησαν σε = »die dich bekämpften«, vgl. JZiegler und BHS). – **d** Während *GST*
ebenso pf. (שׂמו) voraussetzen wie bei den vorangehenden Verbformen, wechselt
V (ponent nach emiserunt, inluserunt, invaluerunt) wie *M*; hier weist das (pro-
gressive, so JDWatts 38f.) impf. darauf hin, daß das Fallen-legen als Konkretion
der vorangehenden Aussagen abhängig ist von den pf.-Formen; vgl. V. 5a und b,
V. 9a und b. – **e** Das etymologisch unerklärte Wort muß irgendeine aufzustel-
lende (שׂים) Falle für die Füße (תחתיך) bezeichnen; vgl. KBL³ und *G* ἔνεδρα; *V*
insidias (Hinterhalt, Nachstellung). – **f–f** Der die Anredeform von V. 7a.bα ver-
lassende Satz (vgl. V. 6.8) paßt thematisch am besten als Glosse zu V. 8. – **9a** Die 9
Anredeform wird wegen des Zusammenhangs mit V. 10ff. beizubehalten sein,
obwohl von V. 8 her eher גִבּוֹרֵי zu erwarten wäre. S.u.S. 22. – **b** למען bezeichnet
zwar meist (final) das Ziel, aber hier wie auch sonst (konsekutiv) die Wirkung
(vgl. Jer 36,3; Ps 51,6 und Joüon, Gr § 169g). – **c** Schon *G* (διὰ τὴν σφαγὴν καὶ
τὴν ἀσέβειαν) verbindet מקטל mit dem folgenden Vers und setzt eine Kopula vor
מחמס voraus; ebenso *SV*. *T* stützt *M*. Dennoch wird מקטל kaum mit *M* (ThHRo-
binson, JDWatts) zum vorangehenden Satz zu ziehen sein; denn damit wäre V.
9b als Parallele zu V. 9a überdehnt und der gleichlautende Abschluß von V. 8bβ
und V. 9b (מהר עשׂו) zerstört. Da dieser jeweils in Parallele zu אדום V. 8bα und
תימן V. 9a steht, empfiehlt es sich auch nicht, מקטל an die Stelle von מהר עשׂו zu
rücken und letzteres als irrtümliche Aufnahme der beiden letzten Worte aus V.
8bβ anzusehen. – **10a** מחמס (»wegen des Angriffs auf Leib und Leben« s. BK 10
XIV/2, 232) interpretiert als Glosse das vorausgehende Hapaxlegomenon קטל;
GV (s. Textanm. 9c) passen die Glosse durch eine Kopula vollends dem alten
Text ein. Die Glosse hat ihre Vorlage in Joel 4,19. Vielleicht ist sie – zunächst als
Randnotiz – dadurch hervorgerufen, daß ונכרת in V. 10b keine מקטל entspre-
chende Parallele aufweist. – **b** Der Zusammenhang verlangt zwingend, im st.cstr.
das rectum als gen.obj. zu verstehen; vgl. BrSynt § 77e; Joüon, Gr § 129e; Meyer³

11 III § 97,4a. – **11a** Das adv. bezeichnet zugleich Distanz und Opposition; *G* ἐξ ἐν-
αντίας, *V* adversus, *T* מקבל. – **b** *T* (עלו בקרוהי) muß nicht notwendig einen an-
deren Text voraussetzen (באו עָרָיו), wie ASperber, The Bible in Aramaic IV B
(1973) 68 annimmt, sondern kann dem seit dem Dtn verbreiteten Verständnis
von שׁערים als »Wohnorte« entsprechen (Dtn 5,14; 12,17; 23,17; Jer 14,2; 15,7).
Dieses Verständnis dürfte aber dem hiesigen Textsinn weniger entsprechen als *G*
(εἰς πύλας αὐτοῦ) *V* (portas eius), die zugleich den pl. von M^{Q} bestätigen gegen
K, das an V. 13a angleicht. Obwohl das suff. auf Jakob zu beziehen ist und Jeru-
salem erst nachher genannt wird, deutet der Kontext nicht darauf hin, daß hier
an Ortschaften Judas außerhalb Jerusalems gedacht wäre (so WRudolph 305). –
c Zu ידד I pf.ḳ. (nicht נדה, wie CAKeller meint) vgl. Joel 4,3; Nah 3,10 und
12 KBL³. – **12a** ראה ב = »interessiert zuschauen« stellt die intensive, affektive Teil-
nahme am Objekt heraus; vgl. Ps 118,7. – **b** Manche Ausleger lesen verkürzt
בְּאָחִיךָ (WNowack, ThHRobinson, GFohrer, Obadja, vgl. BHS), da es neben
dem regelmäßig am Zeilenende wiederholten . . . ביום unschön wirkt. Doch die
alten Versionen bestätigen *M*; dieses erste ביום in V. 12aα kann betont an das
doppelte ביום in V. 11a anknüpfen wollen und so das Gesamtgeschehen um den
Bruder Jakob als Gegenstand hämischer Zuschauer bezeichnen. – **c** נֹכֶר be-
zeichnet wie נֵכֶר (Ijob 31,3) ein befremdendes Unglück; *G* (ἐν ἡμέρᾳ ἀλλοτρίων)
V (in die peregrinationis eius) denken wohl schon an die Deportation. – **d** wört-
lich: »mach deinen Mund nicht groß!«, vgl. Ez 35,13, wo die ähnliche Wendung
13 (בְּפ״) auf das Verhalten gegenüber Jahwe bezogen ist. – **13a** *G* (εἰς πύλας) gleicht
an den pl. von V. 11b an; aber der Urtext (*M* ist von *V* gestützt) zeigt in diesem
Abschnitt häufiger den Wechsel von sg. und pl.; vgl. V. 12aα (נָכְרוֹ) mit V. 12aβ
(אָבְדָם); zu V. 13a s. Textanm. c. – **b** *G* (λαῶν) las vielleicht עַמִּים. – **c** *G* (πόνων
αὐτῶν) las sehr wahrscheinlich אוֹנָם (ThHRobinson: אוֹנוֹ), da *G* sonst nie אֵיד mit
πόνος wiedergibt, dagegen häufig אָוֶן (1Sam 15,23; Jer 4,14.15; Ps 9,28 *G* = 10,7
M; 89[90],10). Allerdings sind suff.-Formen von אָוֶן sonst nicht belegt. Das
pl.suff. ist vom graphischen Bestand her bei kollektivem עַמִּי und nach V. 12aβ
wahrscheinlicher als ein sg. (so ThHRobinson, JDWatts); der Abschreiber, der
das in V. 13aβ folgende אֵיד aufnahm, mag an »ein Wortspiel mit Edom« (WRu-
dolph) gedacht haben. – **d** S.o. Textanm. 12a. – **e** *G* (τὴν συναγωγὴν αὐτῶν) las
irrtümlich בַּעֲדָתָם; *V* (in malis eius = בְּרָעָתוֹ) bestätigt die Konsonanten von *M*. –
f Die 2.fem.pl. in *M* befremdet; *GVT* setzen wie im Kontext 2.sg.masc. (תִּשְׁלַח)
voraus, *T* außerdem statt der Endung ־נָה als Objekt יְדָךְ; jedoch ist darin eine
Auflösung des elliptischen Ausdrucks zu vermuten, der sich auch in 2Sam 6,6; Ps
18,17 findet; das Afformativ (תשלח)נה ist aus verstärkendem ־נָא, das verlesen
wurde, zu erklären (CAKeller u.a.). Eine solche Betonungspartikel entspricht
dem hervorhebenden גם im voraufgehenden Satz. – **g** *G* (ἀπωλείας αὐτῶν) setzt
wie in V. 12aβ אָבְדָם voraus; das ist wahrscheinlicher als die sofortige Wiederho-
lung von אידו des vorangehenden Satzes; auch צָרָה wird nur in weiterem Abstand
wiederholt (12b–14b). Die Änderung in אֵידוֹ kann auch hier durch den Anklang an
14 Edom motiviert sein; s. Textanm. 13c. – **14a** פרק heißt Gen 27,40 »losreißen«; das
Nomen mag hier den »Ausschlupf« bezeichnen (KBL »Scheideweg«, WRudolph
»Spalt«); vgl. *G* (διεκβολαί) »Durchgänge«, *V* (exitus) »Ausgänge«, σ'(φυγα-
15b δειαι) »Flucht(-wege)«. – **15b a** Zum Problem der Umstellung von 15b.a s.u.S.
19 (Form). – **b** Vgl. Lev 24,19b. – **c** Eb 25 (s. BHK³) bietet יֹשִׁיב (»deine Tat läßt
er sich auf dein Haupt setzen«) und ist ebenso unwahrscheinlich wie יָשִׁיב, da
beides Jahwe als Subjekt voraussetzt (vgl. Hos 4,9b; Joel 4,4.7); *M* paßt als Paral-
lele besser zum pass. im vorangehenden Satz.

Was hat die neuere Forschung dazu geführt, in der Regel V. 1–14.15b Form trotz zahlreicher Spannungen als eine Einheit anzusehen? Die Zusammengehörigkeit der Einzelsprüche kann zunächst gegenüber der Fortsetzung in V. 15a.16ff. verdeutlicht werden. Im ersten Teil geht es ausschließlich um Edoms Schuld und Strafe; die Völker werden als Jahwes Werkzeuge aufgeboten (V. 1 vgl. 7). In der Fortsetzung hingegen gilt allen Völkern die Gerichtsbotschaft (V. 15a.16f.); jetzt erst ist von einer Rettung eines Restisraels auf dem Zion die Rede (V. 17a.21a), ja, Jakob und Josef selbst vollstrecken die Strafe an Edom (V. 18) zum eigenen Vorteil (V. 19–21). Die thematische Abgrenzung wird vom Stil deutlich unterstützt: In unserem ersten großen Hauptteil wird Edom meist in 2.sg. angeredet (V. 2–5.7.10–14.15b), nachher nie mehr Edom, sondern Israel (V. 16, 2.pl.). Diese Merkmale empfehlen es, in V. 1–14.15b eine stilistisch-thematische Einheit zu vermuten.

Welche Gründe legen die Umstellung von V. 15a.b nahe und also die Zuordnung von V. 15b zu 1–14 und von V. 15a zu 16? Zunächst ist es die singularische Anredeform in V. 15b, die dem Stil entspricht, der in V. 2–14 vorherrscht. Man beachte vor allem, daß V. 16 mit seiner pluralischen Anrede (ohne Angabe des Adressaten!) unmöglich ursprünglich an V. 15b mit seiner singularischen Anrede angeschlossen haben kann, da sich V. 15b an Edom, V. 16 aber an Israel wendet. Dagegen paßt V. 15a, das mit V. 1–14.15b (1b.7!) schlecht harmoniert, mit dem verbindenden Stichwort »alle Völker« gut zu V. 16. Die Umstellung erklärt sich nur im Rahmen fehlerhafter schriftlicher Überlieferung.

Die jetzige Textanordnung ist erklärlich, weil nun die beiden כאשר-Sätze in V. 15b.16a (allerdings mit verzerrendem Sinn) nebeneinander rückten; Edoms Geschick wird mit V. 15a in den Zusammenhang des eschatologischen Völkergerichts gestellt (wie Jes 34,2.5f.8; Joel 4,2.12.19; trotz der Spannung zu V. 1.7), und der Auslieferungsgedanke von V. 14b findet in V. 15a einen gewissen Kommentar. Doch nur nachträglich konnte man es so sehen. Die genannten Gründe für die ursprüngliche Zuordnung von V. 15b zu 1–14 sind zwingend und seit JWellhausen mehr und mehr anerkannt.

Die bisherigen Beobachtungen zur Zusammengehörigkeit von V. 1–14.15b dürfen die inneren Spannungen des Textes nicht verdecken. Da wird in V. 4 mit der Gottesspruchformel נאם יהוה eine Redeeinheit abgeschlossen, die mit der Botenformel כה אמר יהוה in V. 1 eröffnet wurde; in V. 8 wird ein neuer Spruch mit der gleichen, jetzt aber eingeschalteten Gottesspruchformel eingeleitet. Im Zwischenstück V. 5–7 ist die sonst durchlaufende Form der Anrede Edoms in V. 6 durch Aussagen über Edom in 3.pers. unterbrochen, wie sie sich ebenfalls in V. 8 finden. Diese auch inhaltlich recht verschiedenen Sprüche in V. 1–9 handeln fast ausschließlich von Edoms künftigem Untergang (zu V. 3 s.u.S. 29; zu den pf.-Formen s.u.S. 30); die Fortsetzung hingegen vom letzten Wort des V. 9 an begründet die Katastrophe, und zwar ebenfalls uneinheitlich: zunächst mit knappem Adverb (V. 9bβ–10a מקטל s. Textanm. 10a), dann mit kurzem Nominalsatz (V. 11bβ) nach ausführlicher Situationsschilderung (V. 11a.bα) und schließlich mit einer achtgliedrigen Kette von Warnworten, die in der Funktion der Strafbegründung ganz ungewöhnlich, aber als solche durch den Abschluß in V. 15b gesichert sind. Diese Einschnitte und Unterschiede wecken die Frage, inwiefern der Text überhaupt als Einheit zu begreifen ist. Zur Klärung sind zunächst die in sich geschlossenen Einzelstücke in formaler Hinsicht zu betrachten.

Am Anfang steht der Auditionsbericht von einem Befehl Jahwes an die Völker, zum Krieg gegen Edom anzutreten (V. 1), dessen Absicht durch eine ausführliche Gottesrede erläutert wird (V. 2–4). Solche durch Unheilsandrohungen begründeten Aufforderungen zum Kampf sind seit Hosea (5,8f.), Micha (4,13) und Jeremia (5,10f.; 6,4–6) in der Prophetie wohlvertraute Redeformen; vgl. RBach, Aufforderungen 51ff. Nun wird sofort wichtig, daß dieser Eingangsspruch nicht nur formgeschichtliche Vorläufer, sondern im Wortlaut eine nahezu genaue Parallele in Jer 49,14–16 hat, der in Obd 5 eine weitere zu Jer 49,9 folgt. In V. 1–5 stimmen 3/4 der Wörter mit Jer 49,14–16 überein. Der Befund zwingt dazu, Abhängigkeit anzunehmen. Liegt nun das Original in Obd 1–4 (so MHaller, WRudolph) oder in Jer 49,14–16 (so JABewer) vor? Oder sind beide Texte von einem älteren dritten herzuleiten (HBekel, JAThompson, JDWatts)? Die Entscheidung fällt über den Differenzen. Wir unterstreichen sie in der Gegenüberstellung:

Jer 49	Obd
[14] שְׁמוּעָה שָׁמַעְתִּי מֵאֵת יהוה	[1] שְׁמוּעָה שָׁמַעְנוּ מֵאֵת יהוה
וְצִיר בַּגּוֹיִם שָׁלוּחַ	וְצִיר בַּגּוֹיִם שֻׁלָּח
הִתְקַבְּצוּ וּבֹאוּ עָלֶיהָ	קוּמוּ וְנָקוּמָה עָלֶיהָ
וְקוּמוּ לַמִּלְחָמָה	לַמִּלְחָמָה
[15] כִּי־הִנֵּה	[2] (כֹּה־אָמַר אדני] יהוה) הִנֵּה
קָטֹן נְתַתִּיךָ בַּגּוֹיִם	קָטֹן נְתַתִּיךָ בַּגּוֹיִם
בָּזוּי בָּאָדָם	בָּזוּי אַתָּה מְאֹד
[16] תִּפְלַצְתְּךָ הִשִּׁיא אֹתָךְ	[3] זְדוֹן לִבְּךָ הִשִּׁיאֶךָ
זְדוֹן לִבֶּךָ	
שֹׁכְנִי בְּחַגְוֵי הַסֶּלַע	שֹׁכְנִי בְּחַגְוֵי־סֶלַע
תֹּפְשִׂי מְרוֹם גִּבְעָה	(מֵרִים?) מְרוֹם שִׁבְתּוֹ
	אֹמֵר בְּלִבּוֹ
	מִי יוֹרִדֵנִי אָרֶץ
כִּי־תַגְבִּיהַּ כַּנֶּשֶׁר	[4] אִם־תַּגְבִּיהַּ כַּנֶּשֶׁר
	[וְאִם־בֵּין כּוֹכָבִים שִׂים]

קִנֶּךָ מִשָּׁם אוֹרִידְךָ	קִנֶּךָ מִשָּׁם אוֹרִידְךָ
נְאֻם יהוה	נְאֻם־יהוה
9 אִם־בֹּצְרִים בָּאוּ לָךְ	5 אִם־גַּנָּבִים בָּאוּ־לְךָ
	[אִם־שׁוֹדְדֵי לַיְלָה
	אֵיךְ נִדְמֵיתָה]
לֹא יַשְׁאִרוּ עוֹלֵלוֹת	הֲלוֹא יִגְנְבוּ דַּיָּם
אִם־גַּנָּבִים בַּלַּיְלָה	אִם־בֹּצְרִים בָּאוּ לָךְ
הִשְׁחִיתוּ דַּיָּם	הֲלוֹא יַשְׁאִירוּ עֹלֵלוֹת

Abgesehen von den literarisch sekundären Stücken bei Obd (s. Textanm. V. 4c–c.5a–a) zeigt der Obd-Text im Vergleich zu Jer 49 nur eine nennenswerte Erweiterung in V. 3b; Jer 49 bietet kleine Überschüsse in V. 14bα.16aα.γ über den Text von Obd 1 und 3 hinaus: Obd 1 scheint dem angekündigten Krieg etwas näher zu stehen, wenn er nur noch die Kunde vom Aufbruch zum Kampf vernimmt und nicht auch noch den Ruf zum Sammeln und Anrücken. In V. 3 verdeutlicht er den Übermut Edoms, wenn er zusätzlich seine Selbstsicherheit zitiert. Weder das Fehlen einzelner Passagen noch die Überschüsse weisen auf eine direkte literarische Abhängigkeit hin. Sie wird geradezu ausgeschlossen durch eine ganze Reihe kleiner Varianten, die nur aus mündlicher Überlieferung voll verständlich werden. Als Lese- und Schreibfehler läßt es sich nicht erklären, wenn es Obd 2b heißt »verachtet wirst du sehr«, in Jer 49,15b aber »verachtet unter Menschen«, oder wenn der Wortlaut von Obd 3aα gegenüber Jer 49,16aα kürzer und umgestellt ist, oder wenn der Konditionalsatz in Obd 4a mit אִם, in Jer 49,16b aber mit כִּי beginnt. Besonders bezeichnend sind die Varianten zwischen Obd 5 und Jer 49,9: die beiden Sätze über die »Diebe« und die »Winzer« erscheinen in verschiedener Reihenfolge; in den Bedingungssätzen lautet das Prädikat bei Obd gleich, bei Jer nicht; die Folgesätze sind bei Obd als rhetorische Fragen formuliert, bei Jer als indikativische Aussagen, wobei zudem im Satz über die Diebe das Verbum variiert.

Sieht man diese Differenzen mit den weit überwiegenden Übereinstimmungen zusammen, so bleibt nur eine Folgerung: die beiden Texte gehen auf einen und denselben mündlich verkündigten Text zurück. Dabei ist für Obd 1–4 zu beachten, daß der Text als geschlossener Botenspruch gerahmt und formuliert ist; ähnlich auch Jer 49,14–16 mit abschließendem »Spruch Jahwes«. Obadja geht also offenbar von einem mündlich tradierten Text aus (vgl. zum mündlichen Traditionsprozeß jetzt CHardmeier, Kritik der Formgeschichte auf texttheoretischer Basis: Diss. Heidelberg, 1975, 108f.). V. 5 greift einen anderen Edom-Text auf, der in der Edomspruchsammlung in Jer 49,7–22 in V. 9 erscheint und also dort gar nicht mit dem Eröffnungswort Obadjas verbunden ist; daß hier statt der Indikative rhetorische Fragen erscheinen, zeigt den Charakter lebendiger Rede; es ist, als wolle Obadja das Einverständnis seiner Hörer mit einem schon bekannten Wort gegen Edom einholen. In gleicher Weise wird in V. 8 mit »nicht wahr?« ein neuer »Spruch Jahwes« eingeführt, der ebenso wie V. 2–4.5 Edom anredet (2.sg.) und wie V. 2–4 das Ich der Jahwerede aufweist. Dieser Spruch läßt in V. 8b Motive anklingen, die in Jer 49,7 in anderer Stilisierung belegt sind; dort wird die edomitische Weisheit in Frage gestellt, hier wird ihr die Vernichtung angesagt mit allen Folgen auch des politischen Untergangs (V. 9f.). Die Drohung in V. 9f. ist nicht von nachweisbar Tradiertem bestimmt und zeigt wieder Anredestil (2.sg.), während V. 8 von Edom in 3.pers. sprach, was die Anknüpfung des mit הלוא eingeführten Satzes an Überliefertes noch verständlicher macht.

Zwischen den »Nicht-wahr?«-Sätzen in V. 5 und 8, die mit dem Verweis auf Bekanntes Kontakt mit dem Hörer suchen, steht zunächst in V. 6 ein mit beteuerndem איך (vgl. Jer 3,19; 49,25 s.u.S. 31f.) eingeführter Satz, der gedanklich dem Edomspruch in Jer 49,10 entspricht, der also ähnlich exklamativ neue Zustimmung zu Bekanntem erheischt. Auch dieser Satz unterbricht den Anredestil, was sich wieder durch Aufnahme von Überliefertem erklärt. V. 7 hingegen spricht wieder in 2.sg. an, ohne daß formal oder inhaltlich Verwandtschaft mit bekannten Edomworten erkennbar wäre.

Ab V. 11 hält sich der Anredestil bis zum Ende in V. 14.15b ununterbrochen durch und bringt abgesehen von dem prinzipiellen Schlußsatz in V. 15b (s.u.S. 37f.) nur höchst aktuelle und ganz und gar nicht vorgeformte Aussagen. Sie sind durch zweimal eröffnendes (V. 11aα.β) und 8mal abschließendes (V. 12–14) »am Tage . . .« eindrucksvoll zusammengeschlossen. Originell ist die Kette der acht Prohibitive in V. 12–14, in denen Warnsprüche als Strafbegründungen fungieren (vgl. Spr 24,17; 27,10; Am 5,5f.; Hos 9,1). Diese indirekten Anklagen in Form der Verbote (»du solltest doch nicht . . .«) erweckt den Eindruck unmittelbarer Nähe des Geschehens.

Der Schlußsatz V. 15b kündigt Edom formelhaft an, daß seine Strafe genau seinen Taten entsprechen werde. Überschaut man von hier aus das voraufgehende Gefüge der Sprüche, so sprechen die letzten originellen Sätze von V. 11–14 ausschließlich von Edoms Taten, dagegen V. 1–10 im wesentlichen von der zu erwartenden Strafe; nur V. 3 (und ganz schwach V. 9bβ–10aα) deuten die Schuld an, doch wesentlich blasser als V. 11–14. Wir haben also die Großform einer mehrgliedrigen Strafansage mit Begründung vor uns.

Ihre eigentümliche Entfaltung können wir auf Grund unserer Beobachtungen zu vorgegebenen Sprucheinheiten und zu Stilbrüchen verdeutlichen. Der Prophet geht vom Wortlaut eines mündlich tradierten Spruches (V. 1–4) aus, der im wesentlichen Gericht ankündigt; die eingeschaltete Begründung (V. 3) spricht nur von Selbstsicherheit. In der Fortsetzung zeigt sich deutlich ein Applikationsstil. Mit rhetorischen Fragen (V. 5a.b 8 הלוא und V. 6 איך) wird auf mehr oder weniger bekannte Worte gegen Edom angespielt; soweit der Vergleich mit den zahlreich überlieferten Edomsprüchen (s.u.S. 31f.) es erlaubt, läßt sich aber sagen, daß der Prophet sich dann mehr und mehr vom bekannten Gut entfernt und in eigener Sprache aktuell wird (V. 7.9f.). Im ganzen expliziert und appliziert er also in V. 5–10 mit Altem und Neuem die Strafansage von V. 1–4. In V. 11–14 wird dann – nach der kurzen Andeutung in V. 9f. – die Schuld der Edomiter aktuell aufgewiesen. Sprach der alte Grundtext in V. 3 nur von Selbstsicherheit, so wird jetzt das niederträchtige Verhalten gegenüber den Jerusalemern nach der Eroberung der Stadt durch Nebukadnezzar II. im Jahre 587 angeführt. So also wird ein älterer Jahwespruch in Anklage der Edomiter und in Ansage des Gerichtes Gottes neu verkündigt.

Der Übergang spiegelt sich auch in Rhythmus und Stil, soweit die Unsicherheiten der hebräischen Metrik uns hier Beobachtungen erlauben. Nur wo die Taktzählung dem Gedankenreim entspricht, ist der Rhythmus nicht ganz unsicher. Durchgängige Parallelreihen finden sich in etwa ab V. 9 (deutlich ab 12), wo sich Obadja völlig von vorgegebenen Sprüchen löst. Vorher kann man mit allem Vorbehalt wie folgt taktieren, wobei »//« auf klare synonyme Parallelen hinweist:

V. 1bα²: 3 + 3; V. 1bβ: 2 + 2 (?); V. 2: 3 + 3 (ohne הנה); V. 3aα: 3; V. 3aβ–b: 3 // 2 // 2 + 3; V. 4: 3 + 2 (ohne נאם יהוה, s.Textanm. V. 4c–c); V. 5: 3 + 3 // 3 + 3 (s.Textanm. V. 5a–a); V. 6: 3 // 2; V. 7: 3 // 3 // 3 // 3 (s.Textanm. V. 7a.c und f–f); V. 8b: 3 // 3. Von V. 9–11bα kann man zweimal zwei parallele siebentaktige Reihen lesen (3 + 2 +2 ?), die zunächst mit einem betonten Einzeldreier in V. 11bβ schließen (die Wiederholung von מהר עשו aus V. 8b am Ende von V. 9 [s.Textanm. V. 9c] ist stilistisch ebenso bezeichnend wie die Wiederholung von ביום in V. 11a; vgl. V. 5 und V. 12–14!). Dann folgen acht klar synonym-parallele Fünfer, die zumeist als 3 + 2-taktige Reihen zu lesen, vor allem aber durch den achtmaligen Beginn mit gleichförmigem Prohibitiv ("[ו]אל־ת) und siebenfachem (außer V. 14a) gleichförmigem Abschluß (. . .ביום) als durchschlagender Höhepunkt der eigenen Aussage Obadjas stilisiert sind. Nicht weniger treffend ist der alles raffende Schlußsatz V. 15b: 2 // 2 // 3, wobei der innen antithetische Doppelzweier sich nach außen synonym zum Dreier verhält.

Nur V. 11–14 machen eine Datierung des Textes möglich. Sie setzen so eindeutig wie nur wenige andere Edom-Texte die Eroberung Jeru- Ort salems durch die Babylonier im Jahre 587 (s.u.S. 35ff.) voraus (vgl. Ez 35,5; Ps 137,7). Im Unterschied zu allen anderen Texten bezieht sich Obadja auf Einzelheiten, die weder der Tradition noch der Phantasie zuzuschreiben sind, sondern am besten vom konkreten Erleben der Augenzeugen her verstanden werden. Das bedeutet aber, daß man diese Verkündigung nicht sehr viel später als 587 ansetzen sollte. Zum Problem der Datierung der Katastrophe Jerusalems sehe ich die stärkeren Argumente bei EKutsch, Das Jahr der Katastrophe: 587 v.Chr.: Bibl 55 (1974) 520–545; vgl. dagegen EVogt, Bemerkungen über das Jahr der Eroberung Jerusalems: Bibl 56 (1975) 223–230, dem »die Gründe für das Jahr 586 mehr Gewicht zu haben scheinen« (230).

In welchem Rahmen kann sich eine solche Verkündigung vollzogen haben, wie sie unsere formkritische Analyse als Neuverkündigung und Explikation eines vorgegebenen Jahwewortes ermittelt hat? Wir wissen aus Sach 7,3.5; 8,19, daß in Jerusalem jährlich im 4. Monat am 9. Tage anläßlich der Eroberung der Stadt im Jahre 587 (2Kön 25,3f.), im 5. Monat am 7. Tage anläßlich des Tempelbrandes (2Kön 25,8f.), im 7. Monat anläßlich der Ermordung Gedaljas (Jer 41,1ff.) und im 10. Monat am 10. Tage anläßlich des Beginns der Belagerung Jerusalems im Jahre 589 (2Kön 25,1) eine Volksklagefeier stattfand. Das Buch der Klagelieder macht es sehr wahrscheinlich, daß diese Klagefeiern mindestens teilweise schon bald nach 587 begangen wurden (HJKraus, BK XX 12ff.). Dabei hat sicher auch die Erinnerung an Edoms Verhalten beim Fall von Jerusalem eine Rolle gespielt; vgl. Klgl 4, 21f. und UKellermann, Edom 226ff. Jedoch dürfte es kaum angehen, alle prophetischen Worte gegen Edom in die Zeit nach 587 zu datieren (auch nach JAThompson nimmt Obadja in V. 1–9 vorexilische Orakel auf). Ez 35,5 sieht Edoms feindselige Gesinnung von 587 im Zusammenhang einer »uralten Feindschaft« (אֵיבַת עוֹלָם), wie sie mit dem gleichen Ausdruck von der Erbfeindschaft der Philister ausgesagt wird (Ez 25,15). Sie wird seit den Tagen Davids (2Sam 8,13f.) und Salomos (1Kön 11,14ff.25) öfter Nahrung erhalten haben (vgl. 2Kön 8,20–22). Von Amos (1,6) erfahren wir, daß sich die Edomiter durch die Philister israelitische Sklaven einhandelten. Von daher ist es schon merkwürdig, daß sich unter den Fremdvölkerworten der Propheten des 8. und 7. Jh. kein eindeutig datierbares älteres Drohwort gegen die Edomiter findet. Andererseits wäre es befremdlich, wenn die Sammlung recht verschiedener Worte gegen Edom in Jer 49,7–22 keinen Spruch aus der Zeit vor 587 enthalten sollte; denn im Unterschied zu Ezechiels Edomsprüchen (25,12ff.; 35,1ff.) spielen sie kaum einmal auf Jerusalems Fall an (Ausnahme: 49,12). Nun fanden in Jerusalem nach Jer 27,3 im Jahre 594 Koalitionsverhandlungen gegen Babylon auch mit Edom statt. Sollten sich dagegen, daß ein solcher Pakt vor 587 durch Edom wenigstens praktisch aufgekündigt worden ist, nicht prophetische Stimmen erhoben haben? Jedenfalls dürfte die Anklage von Edoms Selbstsicherheit, die in Jer 49,16 und in Obd 3 ganz ähnlich aufgenommen wurde, weit besser verständlich werden aus der Zeit vor 587 als nachher. Vorher war es schlimm für Jerusalem, daß sich Edom beim Näherrücken der babylonischen Gefahr lieber in seine Felslandschaft südlich vom Toten Meer und östlich der Araba (s.u.S. 29f.) zurückzog, als Jerusalem zu Hilfe zu eilen (s.u.S. 35f.). Nachher hätte man Edom lieber in größerer Ferne gesehen (vgl. V. 11–14).

Wir nehmen also an, daß zwischen den Jahren 594 und 587 Jerusalemer Kultpropheten zu Edoms Rückzug in die Selbstsicherheit Stellung nahmen. Von einem solchen Jahwespruch als einer vernommenen Kunde (V. 1: שמועה שמענו) sehen wir Obadja ausgehen. Dieses Wort hören wir ihn mit anderen überkommenen und eigenen Worten in die Situation nach 587 hinein explizieren und applizieren.

Klgl 4,21 gibt zu erkennen, daß die Klagefeiern aus Anlaß der Katastrophe nicht nur Raum zu Gebeten boten, sondern daß im Anschluß an sie (vgl. Klgl 4,17–20) an Stelle eines Heilszuspruchs für Israel ein (in diesem Falle ironisch verkleideter) Drohspruch gegen Edom laut werden konnte (vgl. HJKraus, BK XX 82f.). Merkwürdig ist bei solchem Sitz im Leben für uns die mit wenigen Ausnahmen bei Obadja durchgehaltene Form der Anrede an Edom (schon in Mari redet ein Kultprophet in einem Fremdvölkerorakel Babylon drohend und im Interesse seines eigenen Königs Zimrilim an: ARM XIII/23; vgl. HSchult, ZDPV 82, 1966, 228–231; HBHuffmon, BA 31, 1968, 109; FEllermeier, Prophetie in Mari und Israel, 1968, 40–42). Wir werden diese Wortverkündigung wie bei Ezechiel (vgl. 35,2 wie 6,2 u.ö.) mit einer »Ausdruckshandlung« (WZimmerli, BK XIII 142–144) verbunden zu denken haben, in der der Prophet sein Gesicht wie in einer angedeuteten Zeichenhandlung dem Wohngebiet der Bedrohten zuwendet (wie es uns sonst von der Gebetsrichtung der Exulanten aus 1Kön 8,44.48; Dan 6,11 bekannt ist). Auf den Trümmern des Jerusalemer Heiligtums hat also ein Wortgottesdienst begonnen, in dem nicht nur das Klagegebet, sondern auch die Verkündigung ihren Platz hatte und nicht nur die Verkündigung in der Form des prophetisch-priesterlichen Heilszuspruchs oder eines kultprophetischen Drohwortes gegen die Feinde, sondern auch in der Form der Aufnahme älterer Jahwesprüche, die in eine neue Stunde hinein verkündigt wurden. Nur so vermögen wir den spannungsreichen Zusammenhang von V. 1–14.15b in seinen stark wechselnden und eigentümlichen Redeformen und auf dem Weg seiner Thematik zu verstehen.

Keine Prophetenschrift weist eine kürzere Überschrift auf. Daß Orts- Wort 1
und Zeitangaben sowie der Name des Vaters und eine Berufsangabe fehlen, mag darauf hindeuten, daß die Niederschrift des Haupttextes bald

nach der Verkündigung erfolgte. חזון meint nach Ausweis des Folgenden nicht mehr den Vorgang prophetischer Erkenntnis, sondern ausschließlich seinen Inhalt: das Offenbarungswort. Schon MLuther hat das Wort öfter nicht wie hier und Mich 3,6; Hab 2,2 mit »Gesicht« übersetzt, sondern mit »Weissagung« (so Hos 12,11; Nah 1,1; Hab 2,3: nach GKrause, Studien zu Luthers Auslegung der Kleinen Propheten: BHTh 33, 1962, 99). So ist es auch in den Buchüberschriften Jes 1,1; Nah 1,1 zu verstehen (KBL³). Es bringt mit der Erinnerung an visionäre Widerfahrnisse deutlich zum Ausdruck, daß nicht ein eigenes, sondern ein empfangenes Wort zur Sprache kommt (vgl. 1Sam 3,1).

Obadja ist ein zu häufiger Personenname in Israel (allein das Alte Testament kennt acht verschiedene Männer dieses Namens, vgl. KBL), als daß er als Symbolname »Verehrer Jahwes« erkennbar wäre; bei solcher Absicht hätte man wenigstens die den Jahwenamen stärker betonende Langform עֹבַדְיָהוּ erwarten sollen, die aber auch dreifach als Personenname belegt ist. Wenn Eltern ihren Sohn Obadja nannten, dann drückten sie damit mehr oder weniger bewußt ihre Hoffnung aus, daß er ein Mensch werden möchte, »der Jahwe dient«. Neuerdings ist vorgeschlagen worden, Abadja zu vokalisieren (AJBraver); dafür können die Parallele עֲשָׂהאֵל (2Sam 2,18ff.) und die Vokalisation von *G* (ʼΑβδιας) und *V* (Abdias) angeführt werden. In diesem Falle wäre das theophore Element nicht Objekt, sondern Subjekt zum perf. עבד und die Bedeutung »Jahwe hat gearbeitet (gedient)«. Dagegen spricht entschieden, daß Jahwe als Subjekt zu עבד (im Gegensatz zu עשׂה) ganz ungewöhnlich wäre und daß *G* und *V* bei ihrer Vokalisation nicht an ein pf. (dann müßte der 2. Vokal des Verbums erhalten sein, wie bei Ασαηλ und Asahel in 2Sam 2,18ff.), sondern an die Kurzform des Nomens עֶבֶד dachten (»Knecht Jahwes«), was der Bedeutung der massoretischen Vokalisation gleichkommt (vgl. Noth, Pers 137.).

Die Überschrift fand wahrscheinlich ihre ursprüngliche Fortsetzung in לאדום (s. Textanm. V. 1b). Als Fortsetzung der Botenspruchformel כה אמר יהוה wird der Adressat mit ל nur ganz vereinzelt eingeführt (Am 5,4; Jer 14,10; Ez 36,4), nie aber Edom oder vergleichbare Fremdvölker. Wiederholt findet sich jedoch gerade in der Zeit des Obadja ל mit dem Adressaten als Überschrift von Prophetenspruchsammlungen, so schon Jer 21,11 (»Über das Königshaus Judas«) und 23,9 (»Über die Propheten«) und besonders bei Fremdvölkersprüchen (Jer 46,2; 48,1; 49,1.7.23.28); Jer 49,7 verdient spezielle Beachtung, da hier כה אמר יהוה der Sammlungsüberschrift לאדום folgt. Demnach will auch das Obadja-Buch als eine Sammlung von Edomsprüchen verstanden sein.

Der Name Edom kann als Landschaftsbezeichnung entstanden sein, vor allem im Blick auf das »rote« (אָדֹם) Gestein der Felsengebiete östlich der Araba, insbesondere in der Gegend um Petra; an die Farbe rot dachte beim Namen Edom schon Gen 25,30 (vgl. V. 25). Wenn das Wohngebiet der Edomiter das rote Land genannt wurde, dann ist allerdings zu bedenken, daß das Rötliche der Alten eine breite Skala vom hellen Gelb bis zum dunklen Braun umfaßte; vgl. WFAlbright, BASOR 89 (1943) 14[36]; ders., JBL 63 (1944) 229[128]; RGradwohl, Die Farben im Alten Testament: ZAWBeih 83 (1963) 4–16.26f.; FBender, Geologie von Jordanien (1968) 40f.; MWeippert, Edom: Diss. Tübingen (1971) 393. In V. 8 ist »Edom« parallel zum »Gebirge Esau« noch deutlich das Wohngebiet; unsere Überschrift denkt jedoch das Volk und sein Land zusammen; s.o. Textanm. V. 1f.

Die Sammlung beginnt mit jenem Spruch (V. 1b–4), der sehr ähnlich Jer 49,14–16 überliefert ist (s.o.S. 20f.). Die beiden alliterativen Worte derselben Wurzel שׁמע zeigen den erregenden Auftakt lebendiger Rede. Sie vereint Traditionelles und Originelles, indem sie einen Aufruf zum Kampf mit einem Bericht von vernommener Kunde verknüpft. Die exegetischen Probleme dieser Spruchereöffnung sammeln sich um die Frage, wie die 1.pers.pl. in שׁמענו und dann auch in נקומה zu deuten sei. Den ersten Satz »Kunde hörten wir« erklärt man weithin aus jenen Berichten, in denen sich ein Prophet in der Stunde des Offenbarungsempfangs in die himmlische Ratsversammlung um Jahwe hineingenommen sah; vgl. 1Kön 22,19–22; Jes 6,8; Jer 23,18.22; Jes 40,3.6 und KElliger, BK XI 6ff. Doch die Tatsache, daß eine Parallelüberlieferung in Jer 49,14 vorliegt und daß dort die 1.sg. erscheint (»Kunde hörte ich«), könnte den Gedanken näher legen, daß Obadja sich hier mit anderen Kultpropheten zusammenschließt, die vor ihm und neben ihm die gleiche Botschaft empfingen. Die Fortsetzung erwähnt den »Boten, der unter die Völker entsandt ist«. Auch er hat offenbar dieses Wort zu vermitteln. Aber die besondere Aussage über ihn macht es unwahrscheinlich, daß sich Obadja in dem voraufgehenden »wir« gerade mit ihm oder gar mit den Völkern zusammenschlösse (vgl. RBach, Aufforderungen 53; WRudolph 302), zumal es die Prophetenstimme in Jer 49,14 nicht tut. Demnach ist »wir hörten« aus der speziellen kultgeschichtlichen Situation Obadjas zu erklären (s.o.S. 24f.). Obadja erinnert an überliefertes Prophetenwort und schließt sich dabei aktuell mit der Gemeinde zusammen (vgl. UMasing 75). Die Erinnerung erfolgt in einer der Klagefeiern nach Jerusalems Zerstörung als Antwort auf das Klageflehen der Gemeinde, vgl. Klgl 4,21f. nach 4,17ff.; daß die Gebete gerade Edom und sein schadenfrohes und feindseliges Verhalten erwähnt hatten (vgl. Klgl 1,2.7.17), erklärt dann auch, daß der Prophetenspruch, der Erhörung zusagt, Edom nicht namentlich, sondern nur in der 3.fem.sg. (עליה) erwähnt. Daß שׁמועה שׁמענו מאת יהוה so betont vorangestellt ist, wird ebenfalls aus der gottesdienstlichen Stunde verständlich, in der die Kultpropheten nach dem Klagelied des Volkes zunächst auf Jahwes Wort zu hören und dann zu verkünden hatten, »was er sagt« (Ps 85,9; vgl. Hab 2,1 und JJeremias, Kultprophetie 104ff.). שמועה ist also die Kunde, die als prophetisches Offenbarungswort (vgl. auch Jes 28,9.19) der Gemeinde vermittelt wird (vgl. Jes 53,1; Jer 51,46); solche Mitteilung ist als Botschaft »von Jahwe her« zunächst nur zu hören und noch nicht zu sehen (vgl. 1Kön 10,7); sie überschreitet aber schon die Grenzen (vgl. Jer 10,22).

So soll die leidende Gemeinde um Gottes Geschäftigkeit (vgl. V. 2.4) wissen. In ihrem Dienst ist gleichzeitig schon ein Bote unterwegs. ציר bezeichnet den Botschafter im internationalen Verkehr (Jes 18,2; 57,9), dessen vornehmste Eigenschaft Zuverlässigkeit ist (Spr 13,17; 25,13); er ist wesentlich »Gesandter«; שלח im Kontext von ציר auch Jes 18,2; 57,9; Spr 25,13. Es wird nicht deutlich, ob hier auf eine beobachtete diplomatische Tätigkeit angespielt wird (vgl. Jer 51,31) oder ob an eine unmittelbar von Jahwe ausgehende Sendung eines »himmlischen« Boten gedacht ist. Klar ist, daß das Gotteswort an die Gemeinde und Jahwes Befehlsgewalt in der Völkerwelt koordiniert sind.

So geht denn auch der Mobilisationsbefehl zum Kampf gegen Edom wahrscheinlich beide an. Die Entscheidung ist nicht einfach, da eben hier stark formelhaftes Gut in knappster Form erscheint; vgl. Jer 6,4f. (עָלֶיהָ מִלְחָמָה קוּמוּ); 49,28.31 und RBach, Aufforderungen 61ff. Doch ist die Syntax zu beachten. Sieht man den Aufruf zum Kampf auf die Völker beschränkt, so setzt man voraus, daß das Sätzchen über die Entsendung des Botschafters schon zum Inhalt der von Jahwe gehörten Kunde gehört. Dagegen spricht jedoch sein einfacher Anschluß an den vorangehenden Satz mit ו (Zustandssatz mit Inversion des Subjekts, s. Ges-K § 142d), womit die beiden Sätze sachlich parallelisiert sind (»Kunde hörten wir von Jahwe, während ein Botschafter unter die Völker entsandt ist«). Jetzt erst schließt sich die von Jahwe empfangene Botschaft an: »Auf! Laßt uns gegen es antreten zum Kampf!« Es ist unwahrscheinlich, daß sich nun im Kohortativ der 1.pl. nur der Gesandte mit den Völkern zusammenschließt und daß die in der 1.pl. des Vordersatzes sprechende Mehrheit der Jerusalemer Propheten und ihrer Gemeinde hier auszuschließen wäre. Näher liegt die Annahme, daß hier Jerusalem zusammen mit anderen Völkern zum Kampf gegen Edom aufgeboten wird (anders WRudolph); in Jer 49,14 fehlt im Aufruf zum Kampf die 1.pl.; das entspricht der Tatsache, daß in der Spruchеröffnung statt der 1.pl. die 1.sg. steht. Daß Jahwe seine Strafe an Edom in die Hand seines Volkes Israel legt, sagt auch Ez 25,14; so setzt es ebenfalls unser Buch in einem späteren Spruch voraus (V. 18). Vor allem aber spricht V. 21 vom Hinaufziehen der auf dem Berg Zion Geretteten nach Edom (s.o.S. 6). Unser Spruch läßt es unbetont und führt es später ebensowenig aus wie die Aktion der Völker, es sei denn, V. 21 bilde den Abschluß der Rede V. 1b–14.15a (s.u.S. 48). Vielmehr liegt der Ton auf Jahwes eigenem Tun (V. 2.4!).

Demnach ist in der Form des Mobilmachungsbefehls »laßt uns antreten!« vor allem zu beachten, daß Jahwe selbst, der Befehlshaber, sich als Anführer seiner Truppen aus Israel und den Völkern mit diesen zusammenschließt (vgl. JAThompson). Der so mit traditionellen Wendungen angesagte Völkerkrieg Jahwes gegen Edom wird als Jahwes Wille verdeutlicht durch das als Jahwespruch mit der Botenformel (s. Textanm. V. 1b zur Umstellung) eingeleitete Gerichtswort 2–4 (Jer 49,15 fügt es mit einem begründenden כִּי an).

Die beherrschende Strafansage (V. 2.4) schließt zum Zweck der Kon- 2
trastierung ein Wort indirekter Strafbegründung (V. 3) ein (WRudolph, ZAW 49, 1931, 227 unterstreicht die Sprachfunktion der Kontrastierung; GFohrer, Obadja 85 und JMMyers, Edom 383 die Sachfunktion der Begründung). Die Hervorhebungspartikel הנה betont hier vor allem das unmittelbar folgende Wort »klein« (vgl. Gen 34,21; 42,22), wie es ebenso neben dem Hervorheben ganzer Sätze schon im Ugaritischen zu beobachten ist; vgl. KAartun, Die Partikeln des Ugaritischen: AOAT 21/1 (1974) 63f.68f. Israel und die Völker sollen wissen, was das für ein Volk ist, gegen das sie auf Jahwes Weisung anzutreten haben: klein, verachtet. Im deklarativen pf. wird Edom selbst (zum Anredestil s.o.S. 25) angezeigt, was in Jahwes Augen schon vollendet ist, weil seine Tat es bewirkt: »ich mache dich klein unter den Völkern«; der (nominale) Zustandssatz fügt der objektiven die subjektive Auswirkung hinzu: »sehr verachtet bist du«. Zu denken ist an die Dezimierung der Bevölkerung und die Reduzierung der Wohngebiete; solch »kleines« Edom kann bei anderen weder Angst noch Achtung auslösen. Man beachte, daß V. 2 die Wirkung (im pf.) vor der sie auslösenden Handlung Jahwes (V. 4 im impf.) schildert. Wenn hier Edom angedroht wird, daß es verkleinert und verächtlich wird, so unterscheidet sich diese Erwartung deutlich von der späteren einer restlosen Vernichtung; vgl. V. 18 und schon V. 9. Diese Differenz erklärt sich, wenn Obadja hier zum Beginn seiner Rede auf ein Jahwewort aus der Zeit vor 587 zurückgreift (s.o.S. 24f.), wie denn auch die Charak-
teristik von Edom in V. 3 keinerlei Züge seines Verhaltens nach der Er- 3
oberung Jerusalems aufweist. Daß es »klein« und »verachtet« sein wird, wird hier in keiner Weise talionsartig auf seine Verachtung der Jerusalemer (vgl. V. 11–14) bezogen, sondern allein seinem eigenen Dünkel und seiner Selbstsicherheit kontrastiert.

Sein »Herz«, d.h. hier sein Selbstbewußtsein und seine Lebensorientierung, ist bestimmt durch זדון. Die Wurzel זיד bezeichnet ein übersteigertes, übertriebenes, maßloses Verhalten, das Nomen זדון dementsprechend die vermessene Selbstüberschätzung eines Menschen (Dtn 18,22; 1Sam 17,28; Spr 11,2) und die freche Mißachtung anderer (Dtn 17,12; Ez 7,10; Spr 13,10). Mit solcher Arroganz, wie sie vor allem der Großmacht Babel nachgesagt wird (Jer 50,29.31), lebt Edom schon im Selbstbetrug.

Wie die Schlange Eva betrog (Gen 3,13), so der Übermut Edom. Das pf. השׁיאך ist hier wie in V. 2 deklarativ. Die Täuschung wird sich zeigen, aber die Drohung von Jahwes Eingreifen enthüllt jetzt schon das Leben im Übermut als Leben im Trug. – Edoms Überheblichkeit gründet in seiner Wohnlage. Gedacht ist vor allem an die Gebirgsorte östlich der Araba. Sie sind gut zu verteidigen gegen Eindringlinge von Norden her, wo das tief eingeschnittene Sered-Tal (*wādi ḥesā*) östlich der Südspitze des Toten Meeres schon eine natürliche Grenze gegen Moab bildete, vor allem aber gegen Gefahren von Westen her; denn aus der Araba, der Senke zwischen dem Toten Meer und dem Golf von Akaba, sind auf eine Entfernung von 25 – 40 km meist mehr als 1500 m Höhenunterschied zu überwinden. Das zerklüftete und höhlenreiche Felsenland bietet den eingesessenen Edomitern natürlichen Schutz. Im übrigen sicherten Befestigungen das Land nach allen Seiten; vgl. NGlueck, The Other Side of the Jordan (1940) 128.133ff. Von חגוי סלע ist im Alten Testament außer an der Parallelstelle Jer 49,16 nur noch Hld 2,14 als von Taubennestern die Rede, im Parallelismus zu »Versteck« (סֵתֶר). So weiß sich Edom in seinen Höhlennestern und Felsenschluchten sicher. Daß bei סלע hier im Unterschied zu Jer 49,16; Hld 2,14 der Artikel fehlt, könnte an den Gebrauch als Eigennamen erinnern und als Anspielung auf die (aus späterer Nabatäerzeit) berühmte Felsenstadt Petra zu verstehen sein (vgl. 2Kön 14,7, auch Ri 1,36; Jes 16,1, wobei die Identifikation der Ortslagen unsicher bleibt; vgl. HWildberger, BK X/2, 619f.). Edoms Stolz bezieht sich auf seine generelle Fähigkeit, in den Hochlagen des Gebirges zu siedeln (s.Textanm. V. 3e). Die sich in das Land westlich der Araba und ins südliche Palästina begeben hatten, fanden im angestammten Gebirgsland eine sichere Rückzugsmöglichkeit. Das folgende Zitat fehlt in Jer 49,16. Es zeigt, daß der Prophet nicht nur auf die natürlichen und seelischen Gegebenheiten Edoms im Kontrast zu dem, was Jahwe herbeiführt, hinweisen möchte, sondern daß er das Schuldhafte seiner Überheblichkeit als Begründung des Eingreifens Jahwes herausstellen will. Gerade dazu dient das Zitat im Prophetenspruch häufig (HWWolff, GesStud 94ff.). Das nachdenkliche Selbstgespräch (»er spricht in seinem Herzen«) belegt die vermessene Selbstsicherheit (»Wer stürzt mich zu Boden?«). Nicht der Blick auf die objektiv günstige Wohnlage macht die Schuld Edoms aus, sondern erst die Selbstüberschätzung im Vergleich mit anderen. Sie wird historisch verständlich bei einem Ausscheren Edoms aus der antibabylonischen Koalition von 594 (Jer 27,3, s.o.S. 24f.; vgl. JRBartlett, Edomites 241: »Edoms behavior from 594 to 587 B.C. suggests that her chief motive was not enmity with Judah but a desire for self-preservation«). Edom weiß sich weit sicherer als die nördlich wohnenden Partner: Israel, Moab, Ammon, Tyrus, Sidon. Sie brauchen beim babylonischen Vorstoß weit eher Edoms Hilfe, als daß Edom auf jene angewiesen wäre.

Solcher Hybris bezeugt der Jerusalemer Kultprophet Gottes Gericht.

Jahwe setzt extrem günstige Verteidigungsmöglichkeiten voraus. 4
Edoms Festungen mögen unzugänglich sein wie ein Adlerhorst (vgl. Ijob 39,27) – der Ergänzer (s. Textanm. V. 4c–c) läßt Edom gar dem Plan des babylonischen Königs nacheifern, der nach Jes 14,12–14 seinen Thron über die Sterne setzen möchte –, Jahwe wird sie von dort herunterholen (vgl. Jes 14,15). Das Bild vom Felsennest für sichere menschliche Wohnsitze wird Num 24,21 auch von den Kenitern gebraucht. Die Redeform für die Unentrinnbarkeit (»und wenn du dich entfernst . . ., so hole ich dich doch von dort . . .« (אִם . . . מִשָּׁם) hat ihr Vorbild in Am 9,2–4a in der Fünferkette entsprechender Formulierungen. Dort ist es ebenso Jahwes Ich, dem auch nicht ein Rest entgehen wird. Die Schlußformel des Jahwespruchs unterstreicht, daß es eben Jahwe ist, vor dem die steilsten Befestigungen keine Sicherheit bieten. Die rhetorische Frage des Selbstsicheren aus V. 3b findet ihre klare Antwort: ich, Jahwe, hole dich aus der unbezwingbar erscheinenden Höhe herunter. Mit V. 4 ist das Zitat des auch in Jer 49,14–16 überlieferten Spruches abgeschlossen. Das Wort von Jahwes Gericht über die Selbstsicheren wird im folgenden weiter expliziert.

Dazu bedient sich Obadja zunächst weiterer überlieferter Edomsprü- 5
che. So ist V. 5 in Jer 49,9 als ein gegenüber Obd 1–4 = Jer 49,14–16 selbständiger Spruch bezeugt. Obadja mag ihn wegen der verwandten konditionalen Struktur an V. 4 angeschlossen haben (doppelter אם-Satz). Doch wird der Spruch nicht einfach zitiert, sondern mit rhetorischem הלוא wird an ihn als an etwas erinnert, das der Gemeinde bekannt ist. Mit solchem »nicht wahr?« wecken Propheten nicht selten das Gedächtnis ihrer Hörer auf: Am 9,7b; Mich 3,1b.11bβ; Hab 1,12; Sach 7,7; Mal 1,2b; 2,10; vgl. ferner Jos 1,9; 2Kön 15,21; Spr 8,1; Ijob 22,12; die rhetorische Partikel hebt zugleich den folgenden Satz hervor, indem sie Aufmerksamkeit weckt; vgl. KAartun, Die Partikeln des Ugaritischen: AOAT 21/1 (1974) 72f. Obadja kommentiert auf diese Weise den einleitenden Spruch. Es ist aber die Frage, ob er den in Jer 49,9 indikativisch überlieferten Spruch, der dort eine restlose Plünderung anzudrohen scheint, bloß rhetorisch umformt. Dort ist eine Nachlese bei der Traubenernte glatt verneint und ein »Verderben« (שחת hi.) durch Diebe angesagt. Hier aber wird gefragt, ob Diebe nicht nur soweit »stehlen«, bis sie ihren »Bedarf« (די) gedeckt haben, und ob Winzer nicht, wie es die gesetzliche Ordnung vorsieht (vgl. Lev 19,9f.; Dtn 24,21), eine Nachlese für die Armen und die Fremden übriglassen. Dann dient der Vergleich Edoms mit dem bestohlenen Haus und dem geernteten Weinberg ebenso wie der mit dem Adlerhorst (V. 4) der Steigerung.

V. 6 verdeutlicht, daß es Edom schlimmer ergeht. איך ist (wie im Zu- 6
satz V. 5 s. Textanm. V. 5a–a!) als rhetorische Fragepartikel Ausdruck

der Verwunderung. Esau als Name für Edom geht wohl auf eine relativ späte Kombination zurück; vgl. Gen 25,30; 36,9 und Noth, ÜP 104. Es wird genau durchsucht und bis in seine verborgensten Verstecke hinein durchstöbert. Nur das Thema und nicht der Wortlaut des Spruches Jer 49,10 wird aufgenommen. Damit ist die Steigerung gegenüber den Bildern von V. 5 schon angedeutet: ist das Plündern von Dieben durch ihre eigenen Wünsche begrenzt und das Ernten der Winzer durch die Regel, den Armen eine Nachlese zu lassen, so ist das Durchstöbern Edoms an Jahwes Gerichtswillen orientiert (vgl. V. 2.4). Mit der exklamatorischen Fragepartikel איך heischt Obadja wieder Zustimmung zu der überkommenen Gerichtsverkündigung gegen Edom. Der Wechsel von der 2.pers. der Anrede V. 5 zur 3.pers. weist ebenso wie איך auf eine andere Stilisierung der Unheilsankündigung hin. Zusammen mit dem Klageliedrhythmus klingt die Katastrophenschilderung der Untergangsklagen an, wie wir sie in Zeph 2,15b (vgl. Jer 9,18) finden; vgl. CHardmeier, Kritik der Formgeschichte: Diss. Heidelberg (1975) 337f.355.

7 In V. 7 wird Obadja erstmalig politisch konkreter. Für die jetzt folgenden Drohungen sind Parallelen nicht nachweisbar, so daß man von daher nicht mehr mit Sicherheit von kultprophetischem Überlieferungsgut sprechen kann. Doch könnte der erneute Übergang zur Anredeform sowie der bei Obadja ungewöhnliche Parallelismus von vier dreitaktigen Reihen (s.o.S. 23) darauf hinweisen; dreimal findet sich wie in V. 2f.6 das pf.proph. Jahwes Drohung gegen die Selbstsicheren (V. 2.4) wird jetzt nicht als Plünderung ausgelegt (V. 5f.), sondern als enttäuschende Bedrängnis durch alte Bundesgenossen. Doppelt werden sie als Vertragspartner (אנשי בריתך) und als Bundesgenossen (אנשי שלמך s. Textanm. V. 7b) bezeichnet. Für die Erklärung hängen zwei Fragen zusammen: wer sind sie? was tun sie? Offenbar begehen sie nicht zerstörende und vernichtende kriegerische Handlungen. Sie tun dasselbe, was Edoms eigener Dünkel ausrichtet: »sie täuschen« (vgl. השיאוך mit V. 3a); »sie erweisen sich als überlegen« (zu יכל ל vgl. Gen 32,26; Num 13,30; Ri 16,5; Jer 1,19; 20,10; 38,22; Ps 129,2). Am deutlichsten, jedoch etymologisch am schwersten erklärbar, ist die letzte Aussage (impf. nach den voraufgehenden 3.perf.-Formen; s.Textanm. V. 7d). Im Kontext und nach den alten Übersetzungen ist sie am besten wiederzugeben: »sie legen Fußangeln (Fallen, Fallstricke) unter dich«. In irgendeiner Form versperren sie also den alten Bundesgenossen den Weg. Was eigentlich gemeint ist, müßte aus dem ersten Satz hervorgehen; doch שלחוך gibt den Exegeten die größten Rätsel auf. Am unwahrscheinlichsten ist der Gedanke der Deportation (GFohrer, Obadja 87), denn weder wird angedeutet, daß die Angesprochenen über die eigene edomitische Grenze hinaus vertrieben noch daß sie Feinden ausgeliefert werden. Das verhältnismäßig unkriegerische Wort שלח pi. könnte an das Abschieben von edomitischen Unterhänd-

lern erinnern, die bei befreundeten Stämmen um Hilfe nachsuchten. Doch was sollen dann die Fußangeln (bα)? So wird am ehesten an Flüchtlinge zu denken sein, die bei vertrauten Nachbarn Schutz zu finden hoffen. In diesem Falle passen die verschiedenen Aussagen: sie werden zwar nicht bekämpft, aber doch deutlich zur Grenze zurückgeschickt; so erweist sich die Freundschaft als Täuschung; die alten Verbündeten zeigen ihre Überlegenheit dadurch, daß sie ihre Grenze durch Fußangeln sichern(?). Der Text deutet nicht im geringsten an, wer die ehemaligen Vertragspartner sind. Ez 25,3–10 (V. 8!) läßt an arabische Stämme der östlichen und südlichen Wüste denken, die auch den Ammonitern und Moabitern zu schaffen machten; vgl. JRBartlett, Rise 36f. Die Glosse V. 7bβ (s. Textanm. V. 7f–f) legt die vorangehenden vier kurzen Sätze schon im Licht von V. 8 aus: Klugheit, die die Existenzgefährdung abzuwenden verstünde, gibt es nicht mehr in Edom. Warum sie fehlt, sagt der neue Spruch.

Er wird wieder mit »nicht wahr?« als ein Jahwewort, an das nur erin- 8
nert zu werden braucht, eingeführt (s.o.S. 31 zu V. 5). Die Obadja-Rede fährt fort, das alte Wort Gottes durch einen weiteren Spruch zu erklären. »An jenem Tage« dient oft als temporale Anknüpfung in Ergänzungen und Erläuterungen (Hos 1,5; 2,20; Joel 4,18; Am 9,11; Jes 7,18.20. 21.23) und wird nicht selten mit »Spruch Jahwes« (נאם יהוה) verbunden (Hos 2,18.23; Am 8,9).

Der Spruch selbst kommt auf Jahwes Handeln zurück (vgl. V. 2.4). Schärfer als zuvor droht er in der Ich-Rede sein Vernichtungswerk an. Die »Weisen« und ihre »Klugheit« vernichtet er. Damit gehen jene Grundwerte verloren, die Edom auch nach Jer 49,7 besonders auszeichnen; vgl. Ijob 1,1 (Klgl 4,21); 2,11; 1Kön 5,10f. Die Klugheit der Weisen richtet sich nicht nur auf das Nachdenken über pädagogische, rechtliche, naturkundliche und theologische Fragen, sondern damit zugleich auf das Prüfen, Erkennen und Anleiten richtigen und erfolgreichen Handelns im öffentlichen Leben. Hier wird also Edom nicht weniger angekündigt als das Ende einer brauchbaren Politik, einer vernünftigen Diplomatie und einer erfolgreichen Truppenführung im Lande; vgl. Jes 19,11f.; 29,14. Wie in V. 6 die Edomiter nach ihrem Stammvater Esau genannt wurden (s.o.S. 32), so hier ihr Wohngebiet »Gebirge Esaus« (ebenso V. 9.19.21).

In V. 9 wird parallel zum »Gebirge Esau« Teman genannt. Teman 9
bezeichnet im Alten Testament zumeist nicht eine Stadt, die NGlueck (The Other Side of the Jordan, 1940, 24ff.) in *ṭawilân* nordostwärts des Dorfes *el-dji* in der östlichen Umgebung von Petra wiederfinden wollte. Gen 36,34 spricht vom »Land der Temaniter«, auch in Ez 25,13; Hab 3,3 steht Teman für eine größere Region, in Jer 49,20 (vgl. V. 7) parallel zu Edom; vgl. RdeVaux, Téman, ville ou région d'Édom?: RB 76 (1969) 379–385. Nur in Am 1,12 steht Teman parallel zur Stadt Bozra; vgl. BK

XIV/2, 195. Vielleicht bezeichnete Teman zeitweilig die südlichen, Bozra die nördlichen Landesteile des östlich der Araba gelegenen Stammgebirgslands der Edomiter (vgl. NGlueck 26); hier jedoch meint Teman das ganze Land. Der Vers beschreibt, welche Folgen es hat, wenn Gott Edom seiner Weisheit beraubt: dann brechen auch seine Krieger zusammen; חתת steht in Jer 51,56 für das Zerbrechen von Kriegsbogen, in 50,2 von Götzenbildern, in Jer 48,1 für das Aufbrechen einer Burg, in 48,20.39 für den Zusammenbruch eines ganzen Landes, für das schrekkensvolle Zusammenbrechen von Menschen, insbesondere wie hier von Soldaten Jes 8,9; 37,27; Jer 8,9. Die Folge ist (zu למען s.Textanm. V. 9b), daß auf dem Gebirge Esau die Bewohnerschaft ausgerottet wird. Damit ist diese Drohung weit verheerender als V. 2–4.5f.7: so klein und verachtet wird Edom (V. 2), so heruntergeholt (V. 4), so ausgeplündert (V. 5f.), so verraten (V. 7), daß der Vernichtung seiner Klugheit (V. 8) der Zusammenbruch seines Heeres (V. 9a) und die Ausrottung seiner Bevölkerung folgt (V. 9b).

Erst nachdem die Klimax des Untergangs erreicht ist, wird der letzte Grund für Gottes Gericht genannt: »Mord« beging es an seinem Bruder
10 Jakob. Das singuläre Wort für die tödliche Gewaltanwendung wird schon im überlieferten Text erklärt (s.Textanm. V. 9c und 10a). Auch Am 1,11 erwähnt das Schwert, mit dem Edom seinen Bruder verfolgt. Warum nennt Obadja Israel hier Edoms Bruder? Man hat gemäß altorientalischem Sprachgebrauch auch für unseren Text an das partnerschaftliche Vertragsverhältnis gedacht; vgl. Am 1,9.11; 1Kön 9,13; 20,32–34; Num 20,14; BK XIV/2, 193f.; MFishbane, The Treaty Background of Amos 1,11 and Related Matters: JBL 89 (1970) 313–318. Doch Obadja ist offenbar die heilsgeschichtliche Vätertradition bewußt, die mit der Blutsverwandtschaft eine Gemeinschaft der Verheißungsgeschichte begründet sieht (Gen 25,21ff.; 27,27ff.39f.; Dtn 2,8; 23,8). Denn nur so wird verständlich, daß der »Bruder« einzig hier in unserem Redezusammenhang »Jakob« (entsprechend dem Gegenüber Jakob-Esau in Gen 25.27) genannt wird, während bei Obadja sonst von »Jerusalem« (V. 11), den »Söhnen Judas« (V. 12) oder »meinem (Jahwes) Volk« (V. 13) die Rede ist (zu »Haus Jakobs« in V. 17f. s.u.S. 45). An welche konkreten Vorgänge bei diesem Wort vom Brudermord gedacht ist, wird in V. 13f. deutlicher und dort zu erörtern sein. Im Anschluß an V. 8f. ist die schwere Blutschuld nur kurz signalisiert; sie zeigt an, weswegen (מן) die »Schande« des Untergangs (V. 8b.9a) Edom »zudeckt«, so daß nichts anderes mehr als eben Schande zu sehen ist, und weswegen es »endgültig« (zu לעולם s. Jes 14,20; 25,2; vgl. Mal 1,4 und BK XIV/1, 64) »vernichtet« wird; die Aufnahme von כרת ni. aus V. 9b in 10b rundet den Spruch V. 8–10. Dieser letzte der von Obadja aufgenommenen Edomsprüche hat mit der kurzen Anklage auf Brudermord das Stichwort gegeben,

das nun in freier, lebendiger Rede in V. 11–14 genauer erklärt wird.

Die durchgängige Anklage kreist um die Ereignisse unmittelbar nach 11
der Eroberung Jerusalems im Jahre 587. Nicht weniger als 10mal wird dieser »Tag« in V. 11–14 erwähnt, wobei יום immer den Zeitraum zusammen mit dem Geschehen, das ihn erfüllt, meint; vgl. HWWolff, Anthropologie 127ff. »Der Tag« wird näher bestimmt als das Ereignis, da Fremde die judäischen Truppen in die Gefangenschaft abführten und da man auch »über Jerusalem das Los warf«; bei dieser letzten Bestimmung wird nicht an das Ackerland von Jerusalem zu denken sein, sondern an Personen, so wie das Auslosen in Joel 4,3 neben der Landverteilung in V. 2 das Volk und in Nah 3,10 dessen führende Kreise betrifft. So wird mit »Jerusalem« in V. 11b neben חיל in V. 11a die nichtmilitärische Bevölkerung der eroberten Residenz und insbesondere seine Führungsschicht gemeint sein (vgl. 2Kön 25,11f. 18ff.). Mit den Ausländern, die in die Tore Jerusalems eingeströmt waren (bα), »stand« auch Edom »dabei« (aα), ja, es war »wie einer von denen« (bβ), die die Gefangenentransporte zusammenstellten.

Wie hat sich der Historiker dieses »Dabeistehen« Edoms vorzustellen (zu מנגד s.Textanm. V. 11a)? Die Antwort fällt schon deshalb schwer, weil hier Edom wie in V. 2–5.7.9f. als ganzes beschuldigt wird. Die Edomiter waren zwar im Laufe der letzten Jahre, spätestens seit der zweiten Belagerung Jerusalems durch Nebukadnezzar aus dem Süden tief in das judäische Gebiet bis in die Gegend um Hebron vorgestoßen, wie Jer 13,18f. bezeugt; vgl. AAlt, Judas Gaue unter Josia: PJB 21, 1925, 100–116 = Kl Schr II 276–288; Noth, GI 265; MNoth, ZDPV 74, 1958, 155f. = Aufsätze zur biblischen Landes- und Altertumskunde 1,131f.; UKellermann, Nehemia: ZAWBeih 102, 1967, 164–166 und jetzt SHerrmann, Geschichte Israels, 1973, 344f.; nach Esr 2,21 war Betlehem einer der südlichsten Orte Judas, und nach Neh 3,5 scheint Tekoa unter einer edomitischen Oberschicht gelebt zu haben; vgl. 1Makk 5,65. Sogar der Exilsgemeinde in Babylon wurde nach Ez 36,5 (vgl. 35,10.12) das Vorrücken der Edomiter in den Süden Judas bekannt (vgl. WZimmerli, BK XIII 862; EHöhne, Idumäa: BHHW II 759 und die Grenze von Idumäa auf der Karte vom Reich der Hasmonäer: BHHW II 654 sowie zu Nehemias Zeit bei GEWright-FVFilson, Historical Atlas to the Bible, 1946, Pl. VII D). Aber in den edomitischen Wohngebieten hatten durchaus auch judäische Flüchtlinge, ebenso wie in Moab und Ammon, Aufnahme gefunden (Jer 40,11), so daß von einer völlig feindseligen Haltung nicht unbedingt die Rede sein kann. Vor allem aber machen die Aussagen von V. 11 den Eindruck, daß es sich um ganz bestimmte edomitische Gruppen handelte, die sich in den Toren Jerusalems und der unmittelbaren Umgebung aufhielten. Wenn sie »wie einer von denen« waren, die die Gefangenentrecks zusammenstellten, gehörten sie dann offiziell zu den ausländischen Kontingenten der babylonischen Eroberertruppen? Nach 2Kön 25,1 im Vergleich mit 24,2, wo *S* (vgl. BHK³) vermutlich jedoch fälschlich Edom statt Aram las, ist das nicht ganz ausgeschlossen; nach 3Esr 4,45 waren es Edomiter, die den Tempel verbrannten (vgl. aber 2Kön 25,8f.). Die Art der weiteren Ausführungen Obadjas über das edomitische Verhalten macht die Zugehörigkeit von Edomitern zum babylonischen Heer nicht sehr wahrscheinlich. Allerdings scheint es den Edomitern gelungen zu sein, ein besseres Verhältnis zur babylonischen Besatzungsmacht zu gewinnen als z.B. Moab (vgl. Jer 40,11ff.; 48,14ff.), das denn auch nach Josephus (Ant.X 9,7 [§ 181]) ebenso wie Ammon fünf Jahre nach der Eroberung Jerusalems, im 23. Jahr Nebukadnezzars (582), von Babylon unterworfen wurde, während über Edoms Geschick nichts Nachträgliches berichtet wird; vgl. Noth, GI 265 und UKellermann, Edom 51f. So wird Obadja freie edomitische Spähtrupps vor Augen haben, die den Babyloniern freundlich und den Jerusalemern feindlich gesonnen waren. Daß sie sich besonders bei der Zusammenstellung der militärischen und zivilen Gefangenenzüge auffällig benahmen, ist für das Verständnis der Fortsetzung V. 12–14 wichtig.

12 V. 12 bezeichnet den Vorgang als »Tag des Mißgeschicks« (s.Textanm. V. 12c), des »Untergangs« und der »Bedrängnis«. Edomiter hätten als die »Dabeistehenden« (V. 11aα) vor der entsetzlichen Not ihres »Bruders« ihr Antlitz verhüllen sollen, stattdessen genossen sie das Schauspiel (s.Textanm. V. 12a). Was aus der falschen Zuschauerhaltung wird, verdeutlichen die folgenden Anklagen (in Form der Warnsprüche, s.o.S. 22) Zug um Zug. Aus dem bösen Betrachten folgt zunächst die Schadenfreude. Auch Klgl 1,7 klagt, daß das »Sehen« der Feindseligen zum »Lachen« über den Ruin Jerusalems führt. Obadja sagt, daß sich Edom »über die Judäer freut«. Auch Ez 35,14f. spricht von der Freude Edoms über die Verwüstung Israels. Obadja nennt im Blick auf die Exilierung wohl nicht zufällig den יום אבדם; denn אבד meint oft das »Abgesprengtwerden« (»in die Irre gehen« vom Schaf Ps 119,176, das »Abgesprengtsein« von Verbannten Jes 27,13); Israel ist gleichsam hinter den Anfang seiner Erwählungsgeschichte zurückgeworfen: »ein abgesprengter (אֹבֵד) Aramäer war mein Ahn« (Dtn 26,5 nach MBuber). Dem Zuschauen und Sich-Freuen folgt das Reden. Wie Edom während der Bedrängnis Jerusalems »seinen Mund groß macht«, wird anderwärts mit direkten Zitaten verdeutlicht. Ps 137,7 weiß daran zu erinnern, daß die Edomiter die Zerstörer Jerusalems mit den Rufen anfeuerten: »Reißt nieder! Reißt bis auf die Fundamente nieder!« Nach Ez 35,12 höhnten sie über die Berge Israels: »Verwüstet, uns zum Fraß gegeben sind sie!« Vgl. Textanm. V. 12d.

13 Es bleibt nicht beim schadenfrohen Zuschauen und Zurufen aus der Ferne. Wie die Babylonier und andere Ausländer (V. 11bα), so dringen

auch Edomiter ins Stadttor ein: »ins Tor meines Volkes«. Hier wird sichtbar, daß auch diese als Warnrufe formulierten Anklagen als Jahweworte in Form der Botenrede wie V. 2.4.8 das Ich Jahwes zur Sprache bringen; der Prophet dagegen hat sich mit der 1.pl. eingeführt (V. 1b). Ist der Feind im Tor, so ist die Stadt endgültig erobert (Ez 26,10); Klgl 4,12 ruft klagend aus, wie unerhört es ist, »daß ein Feind und ein Bedränger in die Tore Jerusalems Einzug hält«. Nun schaut auch Edom aus nächster Nähe dem großen Unheil zu; der neue Standort im Tor bringt die Steigerung gegenüber V. 12aα. Das empörte »auch du« in aβ entspricht dem dortigen Hinweis auf die Bruderschaft. Mindestens hier, wenn nicht am Ende aller drei Reihen von V. 13 (s.Textanm. V. 13c.g), ist der Tag des Zusammenbruchs (יום אידו (אידם genannt, wobei der Wortklang vielleicht auf Edom anspielen soll; vgl. Ez 35,5 und WZimmerli, BK XIII 861. Im Gedränge im Tor führt der Blick nicht zum Wort, wie aus der Distanz in V. 12, sondern zum Griff (s.Textanm. V. 13f). Wonach streckt man die Hand aus? חיל hat hier schwerlich eine andere Bedeutung als in V. 11; es ist also an das Heer zu denken, das am Tor zum Abmarsch ins Exil gesammelt wird. Nun kann שׁלח (יד) ב zwar auch »töten« bedeuten (Gen 37,22; 1Sam 24,7.11; 26,9; vgl. Gen 22,12); aber dann wäre als Objekt kaum »sein (ganzes) Heer« genannt. Man wird hier eher allgemein an Habseligkeiten oder auch gerettete Kostbarkeiten (vgl. Klgl 1,10!) zu denken haben, die ein geschlagenes Heer noch bei sich führt.

Das Töten findet anderswo statt. Edomiter haben sich an Orten auf- 14
gestellt, wo man entkommen kann (zu פרק s.Textanm. V. 14a), also an Mauerbreschen, die von offiziellen babylonischen Truppen nicht kontrolliert wurden (vgl. 2Kön 25,4f.; Jer 39,4f.), oder an Weggabelungen, die für die Flucht aus dem Treck günstig waren (vgl. Ps 60,6b.11 und HJKraus, BK XV 428). Suchte einer an solchen Stellen zu fliehen, so konnte er dort einem Edomiter in die Hände fallen. Obadja kennt solche edomitischen Kommandos, die entweder die gefaßten Flüchtlinge töteten oder aber sie an die Babylonier auslieferten. Damit ist die Anklage auf Brudermord (V. 9f.) belegt. Wenn es hier »vernichten« (כרת hi.) heißt, so ist damit der genaue Grund für die Strafe der Vernichtung Edoms genannt (vgl. כרת ni. V. 9b.10b). Mit diesem indirekten Hinweis auf die Talionsregel ist das abschließende Satzpaar der Rede erreicht.

Es faßt die Verkündigung von Edoms Strafe und Schuld zusammen. 15b
Eindrucksvoll stellt es einen Doppelzweier (bα) und einen Dreier synonym parallel. Sie variieren die generell anerkannten Antworten auf die Frage, was denn als Folge der verbotenen, aber vollführten Straftaten zu erwarten sei. Dabei transponieren beide Sätze die sonst als Lehrsätze in 3.pers. formulierten Rechtsregeln in die Form drohender Anrede und passen sie so dem in V. 2–14 vorherrschenden Stil (2.m.sg.) an. Der erste Satz transformiert die in Lev 24,19b überlieferte Regel: »Wie einer ge-

handelt hat, so werde an ihm gehandelt«; Lev 24,17–21 explizieren diese Talionsregel, die nach V. 22 ausdrücklich »für Fremde wie für Einheimische« gilt. So kann ihre Anwendung auf Edom nicht verwundern, zumal sie als Regel der internationalen Weisheit gilt, die in Edom hervorragende Vertreter fand (vgl. V. 8b und o.S. 33). Die von Obadja übernommene Regel stellt nur die Strafart fest, sagt aber nicht, wer sie durchführt. Ez 35,11a verkündet Edom, daß Jahwe es ist (vgl. Obd 2.4.8). Jer 50,29 ruft in einem entsprechenden Wort gegen Babel die Völker auf: »Wie sie gehandelt hat, so handelt an ihr!« (vgl. Obd 1b und o.S. 28f.). Obadja läßt die Frage offen. Damit bleibt er dicht bei seinem Parallelsatz (bβ). Er findet sich in genereller Form ähnlich formuliert Spr 12,14: »Die Tat von Menschenhänden kehrt zu ihm zurück.« Schon im Spruchgut kann diese Rückkehr menschlichen Handelns als Jahwes Tat bezeugt werden (Spr 19,17b), vor allem aber in der Prophetie (z.B. Hos 4,9b vgl. BK XIV/1,103; zu der Aufnahme des Wortschatzes von Obd 15bβ in Joel 4,4bβ.7b vgl. BK XIV/2, 94). Obadja beschränkt sich auf die Androhung, daß die Tat selbst sich am Täter auswirkt, und zwar die (an anderen) durchgeführte, vollendete Tat (גמול); sie zielt bei ihrem Rückweg auf den Kopf, d.h. auf das Leben des Täters.

Ziel Mit diesen Schlußdrohungen hat der Kultprophet Obadja zweierlei bewirkt. Zum ersten hat er noch einmal kräftig die aktuellen Vergehen der Edomiter beim Abtransport der Exulanten und damit den von ihm selbst formulierten letzten Teil seiner Rede V. 11–14 unterstrichen: »Wie du getan hast, wird dir getan; die von dir vollführte Tat kehrt auf deinen Kopf zurück.« Willst du wissen, was dich erwartet, so erinnere dich genau an das, was du an den Judäern getan hast! Zum andern hat Obadja mit den kurzen Schlußsätzen ohne jede aktuelle Ergänzung – es sei denn, V. 21 gehöre zu 15b (s.o.S. 6)! – auf die im ersten Teil seiner Rede aufgenommenen Gerichtsworte Jahwes gegen Edom (V. 1b–10) zurückverwiesen. Die sich den Eroberern Jerusalems zugesellt haben (V. 11), werden selbst den Angriff der Völker erleben (V. 1b); die schadenfroh und hochmütig auf die geschlagenen Jerusalemer herabsahen (V. 12), müssen selbst ganz klein werden (V. 2–4); die sich an dem armen Heer der Gefangenen vergriffen (V. 13), werden selbst Plünderungen erleben (V. 5f.); die Flüchtlinge des Bundesvolks auslieferten (V. 14b), werden selbst bei ihren Freunden keine Zuflucht mehr finden (V. 7); die Entronnene töteten (V. 14a), werden als Brudermörder selbst der Vernichtung anheimfallen (V. 8–10). »Wie du getan hast, wird dir getan; die von dir vollführte Tat kehrt auf deinen Kopf zurück«. Hast du deine Untaten vor Augen, so erkennst du genau, wie gerecht Jahwe in seinem angekündigten Gericht ist.

Dem noch übermütigen Edom gilt das Wort, aber das klagende, niedergeschlagene Jerusalem soll es vernehmen (s.o.S. 24). Zum möglichen Abschluß der Rede in V. 21 s.o.S. 28.

Haben wir die Gültigkeit jener kultprophetischen Rede des 6.Jh.v.Chr. verstanden, wenn wir die Nase rümpfen über vorchristliche Vergeltungstheorien? Ist nicht zuvor zu fragen, wo heute Edom seinen Standpunkt (V. 11! 14! vgl. עמד) gegenüber einem wieder und wieder geschlagenen Israel einnimmt und auf welcher Seite die christlichen Gemeinden stehen? Vielleicht ist hie und da die christliche Gemeinde selbst schon in die Lage des verhöhnten und bedrohten Israel geraten und unter der Übermacht ihrer Gegner der Verachtung und dem Zugriff falscher »Brüder« (V. 10! 12! vgl. אחיך) ausgesetzt. Je und je wird zu prüfen sein, wem hier und heute V. 11–14 als aktueller Beichtspiegel vorzuhalten und V. 1–10 zur besseren Erkenntnis seiner Zukunft vor Augen zu halten ist.

Erst dann wird die Wahrheit der Regeln von V. 15b (s.o.S. 37f.) uns zeigen, wie nötig es für Edom und für Israel, für die Christen und für ihre Gegner ist, daß Jesus Christus als der Gekreuzigte auf sich genommen hat, was uns gilt und trifft. Er ist der lebendige Zeuge von Gottes bedingungslosem Erbarmen mit allen Menschen. Obadja ist insofern einer seiner Vorboten, als er mit seiner Bedrohung und Anklage Edoms indirekt Gottes Mitleid mit Jerusalem bekundet, das doch nach dem Zeugnis der voraufgehenden Propheten seinen Untergang selbst wohl verdient hatte.

Nachdem Jesus Christus in die Geschichte der Menschheit eingetreten ist, hat Obadja eine neue Doppelfunktion gewonnen. Seine Gerichtsbotschaft (V. 1–10.15b) zeigt allen, die dem Volke Gottes (V. 13aα »mein Volk«) brüderlich (V. 10a.12a) zugetan sein sollten, aber auch dem Volke Gottes selbst, daß es völlig hoffnungslos ist, an dem Mitleid Gottes vorbei noch ferner Feindschaft zu üben. Obadjas Anklagen (V. 11–14) werden Satz für Satz zu neuen Warnungen, im konkreten Verhältnis zu Israel heute und zur leidenden christlichen Gemeinde heute den Weg der Nachfolge Christi zu verlassen.

Rettung auf dem Berg Zion

(15a.16–21)

Literatur JGray, The Diaspora of Israel and Judah in Obadiah V. 20: ZAW 65 (1953) 53–59. – ELipiński, Obadiah 20: VT 23 (1973) 368–370. – JRBartlett, The Moabites and Edomites: Peoples of Old Testament Times, ed. DJWiseman (1973) 229–258; DRAp-Thomas, The Phoenicians a.a.O. 259–286. – UKellermann, Israel und Edom: HabilSchr Münster (1975) 17–28. – BDiebner-HSchult, Edom in alttestamentlichen Texten der Makkabäerzeit: Dielheimer Blätter zum Alten Testament 8 (1975) 11–17.

Text **15[a]Ja, nahe ist Jahwes Tag für alle Völker[a].**
16Denn,
wie ihr[a] auf meinem heiligen Berge trinken mußtet,
so werden alle Völker unablässig[b] trinken müssen.
Sie werden trinken und schlürfen[c].
Sie werden sein wie[d] die, die nie gewesen.
17Aber auf dem Berge Zion wird es Verschonung geben
[a][und das wird ein Heiligtum sein][a].
Und Jakobs Haus wird[b] in Besitz nehmen die,
[c]'die sie in Besitz genommen hatten'[c].

18Dann wird Jakobs Haus [a]zum Feuer
und Josefs Haus zur Flamme werden,
aber das Haus Esau zum Stroh.
Sie zünden sie[b] an und fressen sie[b],[a]
daß kein Entkommener bleibt
vom Hause Esau.
Denn Jahwe hat gesprochen.

19Und sie[a] werden das Südland [b][das Gebirge Esaus][b]
und die Niederung [b][die Philister][b] in Besitz nehmen,
sie[a] werden Efraims Gefilde[c] [d][und das Gefilde Samarias][d]
und [e][Benjamin][e] Gilead in Besitz nehmen.
20Und die Exulanten [a][der Anfang war das][a] der Israelsöhne
'werden'[b] 'das Land der'[c] Kanaanäer bis Sarepta 'in Besitz nehmen'[b],
und die Exulanten Jerusalems, die in Sefarad sind,
werden die Städte des Südlands in Besitz nehmen.

21Die 'Geretteten'[a] auf[b] dem Berge Zion werden hinaufziehen,
um den Berg Esaus zu beherrschen.
Die Königsherrschaft aber wird Jahwe gehören.

15a.16 **15a** S.Textanm. 15b[a] o.S. 18. – **16a** *G* (ἔπιες) *V* (bibisti) gleichen nachträglich an den sg. von V. 15b an. – **b** Viele M[MSS] schreiben סָבִיב, wohl im sachlichen

Anschluß an Jer 25,15ff.; vgl. 25,9; Joel 4,11; Sach 14,14. Doch die Fortsetzung
bα spricht für M^L. *G* (οἶνον) las wohl statt eines (beschädigten?) **תמיד** wie häu-
fig תִּירוֹשׁ; vgl. Hos 2,10f.24; 7,14; 9,2; Mich 6,15; Joel 1,10; 2,19.24; Hag 1,11;
Sach 9,17. *T* setzt vor **תמיד** als Objekt noch **כס פורענותהון** (»Strafbecher«) vor-
aus; vgl. כּוֹס in Jer 49,12; 25,15.17.28; Klgl 4,21 und Jes 51,17. 22 (»Zornbe-
cher«). – **c** Die einmalige Form von **לעע** (vgl. KBL) dürfte ursprünglich sein (*V*
absorbent). G^{VL} (αναβησονται) lesen fälschlich geläufiges וְעָלוּ (so richtig in
V. 21!); doch ältere *G*-Texte (W! vgl. Ziegler) bestätigen wohl mit καταβήσονται
M. – **d** **כלוא** entspricht כַּאֲשֶׁר לֹא (Joüon, Gr § 174 d; WRudolph), will jedoch wohl
stärker die Völker in ihrer Existenz als in ihrem Handeln vergleichen. – **17a–a** 17
Zwei *G*-Minuskelhandschriften des 10.Jh. übergehen καὶ ἔσται ἅγιον; liegt in-
nergriechische Verderbnis vor (Homoioarkton καὶ . . . καὶ) oder Bestätigung,
daß **והיה קדש** nachgetragen ist? In der Satzfolge wirkt das Textstück wie ein Zu-
satz; der Ergänzer vermißt von Joel 4,17bα; 3,5bα (vgl. Jes 4,3) her, daß der Berg
Zion als Zufluchtsort der Verschonten קֹדֶשׁ (wie in V. 16) genannt wird. CAKel-
ler bringt den Charakter eines erklärenden Zusatzes in der Übersetzung mit ei-
nem Relativsatz zum Ausdruck: qui redevient sainte. – **b** **בית** findet als Kollektiv
eine pl. Verbform. – **c–c** *M* liest irrtümlich »ihre Besitztümer«, wobei unklar ist,
worauf sich das suff. beziehen soll; מוֹרָשׁ findet sich sonst nur noch in Jes 14,23. *G*
(τοὺς κατακληρονομήσαντας αὐτούς) *V* (eos qui se possederant) *T* (**עממיא דהוו
מחסנין להון**) weisen auf מוֹרִישֵׁיהֶם als den wahrscheinlichen Urtext, ebenso Mur.
DJD II 88; vgl. BHS und Jer 49,2. – **18a–a** Zum Bild in V. 18a vgl. Jes 5,24; 18
47,14, auch Jes 10,17 und u.S. 46 – **b** **בהם** und **ואכלום** zeigen, daß bei **בית** wieder
an die Vielzahl der einzelnen Glieder gedacht ist; vgl. Textanm. V. 17b und die
Fortsetzung in V. 18bα. – **19a** Die Sätze interpretieren nachträglich V. 17b; logi- 19
sches Subjekt ist demnach »Jakobs Haus« für V. 19aα bzw. »Jakobs Haus« und
»Josefs Haus« (vgl. V. 18a) für V. 19aβb. *G* (οἱ ἐν Ναγεβ) faßt **הנגב** ebenso wie
folgendes **השפלה** (οἱ ἐν τῇ Σεφηλα) als Subjekt auf, findet aber für b kein ent-
sprechendes Subjekt. *V* behandelt noch konsequenter nur die mit **את** bezeichne-
ten Gebiete als Objekt und übersetzt demnach die letzten drei Wörter: et Benia-
min possidebit Galaad (ähnlich *T*), wobei ein weiteres nicht überliefertes **(ו)וירש**
vorausgesetzt wird. Sowohl sachlich als auch grammatisch ist es schwierig, das
Südland, die Niederung (und Benjamin) als (kollektives) Subjekt für den Akt der
Inbesitznahme anzusehen; vgl. auch V. 20b. – **b–b** Sind Südland und Niederung
Objekte, so sind die asyndetisch mit nota acc. angefügten Angaben als erläu-
ternde Glossen zu betrachten. – **c** Unsicher bleibt, ob **את־שדה** ein Nachtrag ist (*G*
τὸ ὄρος setzt אֶת־הַר voraus). Dann wäre die Parallele zu V. 19aα noch schlanker;
die nota acc. gehört sonst nur zu den Glossen. – **d–d** Die Glossierung wird wei-
tergeführt. – **e–e** וְהַגִּלְעָד wird das zweite Objekt des zweiten **וירשו** – Satzes gelau-
tet haben, da auch zuvor (dreimal) im ursprünglichen Text Landschaftsbezeich-
nungen als Objekte gegeben sind; auch in Jer 50,19 werden Efraim und Gilead
nebeneinander erwähnt. Daß die zunächst am Rand notierte Glosse **את בנימן** in
falscher Folge (**בנימן את**) in den Text hineingenommen wurde, zeigt den Nach-
tragscharakter besonders deutlich. – **20a–a** *G* (ἡ ἀρχὴ αὕτη) las wohl (הַ)הֵחֵל 20
הַזֶּה oder תְּחִלָּה זֶה; so könnte eine (verstümmelte!) Glosse auf die erste Erfahrung
einer Deportation hingewiesen haben, die das Nordreich Israel machte. σ'θ' (της
δυναμεως ταυτης) *T* (**עמא הדין**) *V* (exercitus huius) verstehen חֵל = חַיִל (vgl.
2Kön 18,17; Jes 36,2): »die Verbanntenschaft dieses Heeres (*T*: Volkes) der Isra-
eliten«, α' (της ευποριας αυτων), aber im Sinne von »Vermögen«. Beliebt
wurde der Vorschlag von BDuhm (JABewer, ESellin, WRudolph u.a.), חֲלַח זֶה
als Randglosse zu lesen, die auf den Ort der Verbannung *(Kalaḥ)* hingewiesen

haben soll (vgl. BHS und 2Kön 17,6; 18,11). – **b** Der Text ist hier sichtlich gestört. Hinter אֲשֶׁר kann eine Ortsangabe wie in aβ gestanden haben; ferner fehlt ein Verbum, wahrscheinlich יָרְשׁוּ (wie in b) vgl. Neh 9,24. – **c** Auch vor כנענים muß mindestens der Artikel ausgefallen sein; *G* (γῆ τῶν Χαναναίων) *T* (דבארע
21 כנענאה) setzen sogar "אֶרֶץ־הַכְּ" voraus, *V* (omnia Chananeorum) "כָּל־הַכְּ". – **21a** *M*
(»Retter«) wird durch σ' (σώζοντες) *V* (salvatores) gestützt. Doch im Rahmen der Interpretation von V. 17 (s.u.S. 45) ist נוֹשָׁעִים wahrscheinlich, was *G* (ἄνδρες σεσωσμένοι) α'ϑ' *ST* voraussetzen, wenn nicht gar pt. ho. מֻשָׁעִים ursprünglich gelesen werden sollte; allerdings ist ישׁע ho. nicht belegt, wurde aber vielleicht gerade als ungewöhnliche Form von *M* als hi. vokalisiert. – **b** Als wörtliche Aufnahme von V. 17 ist *M* wahrscheinlicher als מֵהַר nach *G* (ἐξ ὄρους).

Form Die Zugehörigkeit von V. 15a zu 16f. wurde o.S. 19 erklärt. Die neue rhetorische Einheit wird durch (deiktisches) כי (»ja!«) mit der vorangehenden literarisch verknüpft, wie es auch in Am 3,7; 5,4.12 zu beobachten ist (s.BK XIV/2, 273f.). Dagegen bestätigt das explikative כי in V. 16a (»denn«) die Zugehörigkeit von V. 15a zu 16f. als einer Spruchеinheit, die gegen »alle Völker« (V. 15a.16a) gerichtet ist, zugleich aber Heil für die auf dem Zion Verschonten verheißt (V. 17). War in V. 2–14.15b zumeist Edom angeredet (2.sg. s.o.S. 19), so sind es jetzt die Jerusalemer (2.pl. V. 16a), mit denen sich Obadja in V. 1 zusammengeschlossen hatte (s.o.S. 27).

Locker angeschlossen mit והיה (»dann«) ist ein weiterer Spruch. Er zeigt keine Anredeform und auch kein »Ich« Jahwes (wie V. 16a), wird jedoch mit der Schlußformel ausdrücklich auch den Jahwesprüchen zugeordnet. Als selbständiger Spruch erweist sich V. 18 dadurch, daß neben das »Haus Jakob« (V. 17b) nun auch das »Haus Josef« tritt; beide aber werden nicht mehr »allen Völkern« konfrontiert, sondern speziell dem »Haus Esau«.

In V. 19f. folgt ein zweistufiger Nachtrag. Er nimmt וירשו aus V. 17b dreifach oder gar vierfach (s.Textanm. V. 20b) auf. Er konkretisiert zunächst den verheißenen neuen Besitzstand des »Hauses Jakob« in V. 19. In V. 20 wird zusätzlich ausgeführt, wie weit sich die neue Landnahme der Exulanten des Nordreichs und derer Jerusalems erstrecken wird; sowohl die neuen Subjekte wie die neuartige Erwähnung des Südlandes (ערי הנגב) zeigen, daß V. 20 ein Zusatz zu V. 19 und wahrscheinlich nicht gleichzeitig mit ihm entstanden ist; V. 20 ist wie V. 18 und anders als V. 19 (V. 17) an der Doppelgeschichte des Nord- und Südreichs interessiert.

V. 21 schließt das Buch solenn mit einem Tripeldreier ab. Die drei knappen Reihen gelten den drei Hauptgestalten des Buches: Jerusalem, Edom und Jahwe. Sie verknüpfen die Botschaft für die Geretteten auf dem Zionsberg, die in V. 17a im Zusammenhang mit der Bedrohung »aller Völker« aufkam, nun mit der Bedrohung Edoms (V. 1bβ.15b; vgl. 18), unterstellen aber dies alles wie in einem eschatologischen Hymnus der Königsherrschaft Jahwes. So ist der Schlußspruch ganz und gar kein interpretierender Nachtrag nach Art von V. 19f., sondern führt auf einen Gipfel, von dem her die dunkeln und steilen Anmarschwege der voraufgehenden Worte beleuchtet werden.

Ort

Für die Probleme der Verfasserschaft gibt es nur wenige zwingende Anhaltspunkte. Daß V. 15a.16f. statt gegen Edom gegen alle Völker gerichtet ist, muß nicht dazu führen, den Spruch Obadja abzusprechen, obwohl dieser in seiner ersten Rede die Völker mit Israel gegen Edom antreten läßt (V. 1; vgl. V. 7). Denn das jus talionis ist hier wie dort gleich wichtig (vgl. V. 16a.17b mit 15b und o.S. 37f.; die Parallelität der beiden כאשׁר – Sätze hat vielleicht sogar die Umstellung von V. 15a und b verursacht). Zudem ist Edom auch sonst in exilisch-nachexilischer Zeit Exponent der Feinde Israels in der Völkerwelt: Jes 34,2.5ff.; Ez 36,5; Joel 4,2.12.19; Am 9,12. Obadja macht verständlicher als irgendein anderer Text, warum Edom seit 587 der Prototyp aller Gegner des Gottesvolkes wurde (V. 11–14 und s.o.S. 35ff.). Der Spruch V. 18 kehrt direkt zu Obadjas Hauptthema Edom zurück und spricht deutlicher als V. 1 (s.o.S. 28) aus, daß Israel selbst Jahwes Gerichtswerkzeug gegen Edom wird. Beide Sprüche sind durch die Stichworte פליטה in V. 17a und שׂריד in V. 18b mit Obadjas Hauptrede (vgl. V. 14a.b) verbunden; sachlich zeigt sich wieder die Talionsregel: wie Edom Jerusalem keinen Entronnenen gönnte, so wird auch aus Edom keiner entkommen. Die Benennung der Judäer und Jerusalemer als »Haus Jakob« gegenüber dem »Haus Esau« in V. 17f. entspricht dem Gegenüber Esaus zu seinem »Bruder Jakob« in V. 9f. (vgl. 12). Allerdings sind die Aussagen der beiden Sprüche V. 15a.16f. und 18 im Vergleich zu der großen Rede V. 1–14.15b doch so anderer Art, daß man sie wenigstens aus einer anderen Stunde herleiten muß. Hingegen ist nicht auszuschließen, daß der V. 21, den man nicht mit zwingenden Gründen Obadja absprechen kann (vgl. WRudolph 317f. und o.S. 6), ursprünglich V. 1–14.15b abgeschlossen hat (s.u.S. 48f.).

Den »Sitz im Leben« der drei kurzen Sprüche V. 15a.16f., 18 und 21 wird man ebenso wie den der größeren Rede in den Erhörungszusprüchen zu suchen haben, die der Kultprophet in exilischen Klagefeiern am Platz des zerstörten Jerusalemer Heiligtums verkündet (s.o.S. 3ff.). Am deutlichsten gilt das vom ersten der drei Sprüche, in dem sowohl das »Ich« der Jahwerede wie das »Ihr«, mit dem die Klagenden angesprochen werden, in V. 16a zu erkennen ist; vor allem aber ist sein Thema in den Volksklagefeiern tradiert (vgl. Klgl 4,21; Jes 51,17–23 und u.S. 44f.).

Die beiden Nachträge in V. 19 und 20 sind als Erklärungen zu V. 17b (s.o.S. 42) ursprünglich literarischer Art. Für die Datierung der Angaben von V. 20 ist folgendes zu bedenken: Sie erwarten Heimkehrer aus dem Exil, wie es nach dem 5. Jh. kaum noch belegt ist; sie unterscheiden noch zwischen nordisraelitischen und Jerusalemer Deportierten, wie das deutlich zuletzt Ezechiel (37,15ff.) tat; sie erwähnen schließlich jüdische Deportierte im westkleinasiatischen Sefarad, die für das 5. Jh. belegt sind (s.u.S. 47f.). So wird man V. 20 als spätesten Nachtrag kaum nach 400 v.Chr. ansetzen dürfen und V. 19 in einer nicht näher zu bestimmenden Zeit zwischen Obadjas Auftreten in der frühen Exilszeit und jenem Termin.

BDiebner-HSchult wollen Obd 19–21 als vaticinium ex eventu aus der Zeit der größten Ausdehnung des Hasmonäerreichs verstehen (vgl. JWellhausen, Die kleinen Propheten, [4]1963, 213): »Es erstreckte sich nach Norden bis etwa zur Höhe von Zarpath« (V. 13). »Die Genauigkeit der Gebietsangaben« soll für jene Datierung sprechen. Doch Johannes Hyrkan I. (134–104 v.Chr.) stieß nach Norden nur bis nach Sichem und Samaria vor, erst Aristobul I. (104–103) eroberte darüber hinaus noch Teile Galiläas. Weder er noch seine Nachfolger kamen an der Mittelmeerküste jemals über das Karmelgebiet hinaus, geschweige denn bis Tyrus oder gar Sarepta (= Zarpath); vgl. Jos. Ant. XIII 8–12 (§§ 230–347); MNoth GI 346ff.; BKanael, Hasmonäer: BHHW II 650ff. (Karte 654!); GEWright-FVFilson, Historical Atlas to the Bible (1946) Pl.XII A. So spricht »die Genauigkeit der Gebietsangaben« (s.u.S. 47f.) wie auch die Kanongeschichte (vgl. OKaiser, Einleitung in das Alte Testament, [3]1975, 278) nicht gerade für eine Datierung am Ende des 2. Jh.v.Chr.

Wort 15a Der neue Spruch beginnt mit der Ankündigung der Nähe des Tages Jahwes gegen alle Völker. Mit dem »Tag Jahwes« ist sein siegreicher Kampf angekündigt (Zef 1,14–16; Joel 4,14; vgl. 2,1f. und BK XIV/2, 38f.). Edom tritt hier in die Reihe aller übrigen Feinde Jerusalems zurück (vgl. V. 11). Konkret gemeint sind neben den Babyloniern die Nachbarn, die sich bei Israels Niederlage nach 587 bereichert hatten. In der praep. על meldet sich die überlegene Gegnerschaft (vgl. KBL 704 Nr. 8).

16 Die große Kriegsansage wird in V. 16 hinsichtlich ihres Ausmaßes verdeutlicht. Israel soll wissen, daß alle Völker dasselbe erleben müssen, was das Gottesvolk zu erleiden hatte. Der Prophet benutzt ein Bild, das in der Gemeinde als bekannt vorausgesetzt werden kann. Was zu trinken ist, hat die Kultprophetie schon in vorexilischer Zeit den Frevlern angekündigt: »der Becher aus der rechten Hand Jahwes«, der Becher seines Zornes und Gerichts (Hab 2,16; Ps 75,9; vgl. 11,6; das Bild kann aus Ordalvorgängen übernommen sein, vgl. Num 5,26ff. und JJeremias, Kultprophetie 59.136). Die Gerichtsprophetie hat dann wohl zunächst Babel als »Becher in Jahwes Hand« bezeichnet (Jer 51,7; vgl. WZimmerli, BK XIII 551f.). Jedenfalls setzt Jes 51,17–23 diesen »Becher seines Zorns«, den »Kelch der Betäubung« (V. 17.22) voraus, den Jerusalem 587 zu trinken hatte (V. 19f.). Jes. 51,17aβ–20 zeigt weiter, wie das Wort vom Zornesbecher in die Klage der Jerusalemer einging (vgl. CWestermann, ATD 19,198f.; UKellermann, Edom 19f. und Ps 60,5). In V. 21–23 nimmt es dann der Erhörungszuspruch auf und verkündet, daß Jerusa-

lem dieser Becher abgenommen und daß er in die Hände seiner Peiniger übergeben wird. So ist Obd 16a im Grunde eine gestraffte Kurzfassung der Botschaft von Jes 51,17–23 und diese der genaueste Kommentar zu Obd 16a. Das Motiv vom Weiterreichen des Bechers (der Verheerung) findet sich auch sonst: in Ez 23,31–33 gibt ihn Jahwe aus der Hand Samarias in die Hand der Schwester Jerusalem, in Klgl 4,21 geht er wieder in einem Erhörungswort (V. 21f.) an Edom weiter; vgl. auch Jer 49,12. In Jer 25,15.17.28 gilt der Gerichtsbecher schon »allen Völkern«. Obadja bedient sich also, wie der Überblick zeigt, des Sprachschatzes der Klageliturgien. Israel hat auf Jahwes »heiligem Berge« trinken müssen; dabei ist an den Verlust des Tempels und an die Trauer der entsprechenden Klagefeiern auf dem Trümmergelände zu denken (s.o.S. 24).

Entsprechende Nöte sollen über die Völker kommen. Sie werden schlimmer sein als die Jerusalems. Jene müssen »ständig« trinken. Das singuläre Wort »schlürfen« (לעע) unterstreicht den qualvollen Vorgang des andauernden Trinkens. Er endet mit dem Existenzverlust. Die
Völker trinken sich an Gottes Gerichtsbecher zu Tode, während es auf 17
dem Berg Zion in aller Not des Zusammenbruchs Verschonung gibt (zu פליטה s. Joel 2,3; 3,5 und BK XIV/2, 53.81f.). Entgegen den Absichten der Edomiter (V. 14) gibt es Errettung. Gedacht ist hier in erster Linie an die Restgemeinde, die sich noch zu den Klagegottesdiensten versammelt. Mitten im Untergang dürfen sie Hoffnung schöpfen. Daß mit dem »Haus Jakob« in b die dem Zion (a) verbundenen, übrig gebliebenen Judäer und Jerusalemer gemeint sind, folgt auch aus dem Sprachgebrauch in V. 10–12 sowie aus dem Gegenüber zum »Haus Josef« in V. 18 (s.u.). Sie werden »in Besitz nehmen die, 'die sie in Besitz genommen hatten'« (s. Textanm. V. 17c–c). Mit diesem starken Wort wird der den Völkern in V. 16 angedrohte Existenzverlust erläutert: Die Völker werden nicht mehr sie selbst sein, sondern Untertanen des Zionsvolkes.

Einen noch wesentlich schärferen Ton schlägt der nächste Spruch an. 18
Er unterscheidet sich vom vorangehenden zunächst dadurch, daß neben dem »Haus Jakob« vom »Haus Josef« gesprochen wird. So wird das Nordreich Israel nach seinem Führungsstamm benannt; Josef ist Stammvater der mittelpalästinischen Stämme Efraim und Manasse (vgl. Gen 48,17–20; Jos 17,17 und BK XIV/2, 282: die Amosschule nennt das Nordreich »Haus Josef« Am 5,6.15; 6,6; vgl. Ri 1,22f.35). Für Obadja ist Josef neben Jakob in der Stammvätergenealogie der höchstmögliche Partner. Nie stellt das Alte Testament sonst »Haus Jakob« und »Haus Josef« nebeneinander. Doch der Sache nach faßte schon Jesaja (8,14) »die beiden Häuser Israel« zusammen. Gegenüber Edom hat sie Ezechiel im Exil als »die zwei Völker und die zwei Länder« (35,10) bezeichnet. Die Hoffnung ihres neuen Zusammenschlusses spricht er 37,16ff. aus, wobei er auch »Josef« neben »Juda« sagt (vgl. Hos 2,2). Doch eine neue Ak-

tionsgemeinschaft gegen die Völker der Umwelt erwartet neben Obadja nur Jes 11,13f., ein frühnachexilischer Text (so HWildberger, BK X/1,467), der einerseits Efraim mit Juda vereint zeigt und andererseits Edom in eine Reihe neben Philister, Ostleute, Moabiter und Ammoniter stellt. Daß demgegenüber Obadja ausschließlich Edom erwähnt, spricht als gezielte Aussage für die frühexilische Datierung Obadjas.

Was die wiedervereinigten Israeliten gegen die Edomiter unternehmen, wird mit einem alten Bilde in durchaus neuartiger Verwendung ausgesprochen. Das Bild vom lodernden Feuer, das Stroh verzehrt, ist im Alten Testament spätestens seit Jesaja (5,24, s.HWildberger, BK X/1, 196) bekannt. Sonst steht das Feuer für Jahwe und seinen Zorn (Jes 10,17; 33,11; Ex 15,7) oder für die von ihm befehligten Heere (Joel 2,5), das Stroh dagegen für die, die Jahwes Wort verwerfen (Jes 5,24), für die Gottlosen (Mal 3,19), für Babels Sterndeuter (Jes 47,14) oder für die Völker als Israels Gegner überhaupt (Ex 15,7; Jes 33,11; vgl. Nah 1,10). Nur bei Obadja wird das Bild von Israel als Jahwes Gerichtswerkzeug verwendet, nur hier ist es auf Edom bezogen. Dabei ist es dichterisch originell durchgeführt, mit zwei parallelen Doppeldreiern (a). Sprachlich ungewöhnlich ist es, daß nicht nur vom Fressen der Flammen, sondern vorher vom »Anzünden« der Strohstoppeln die Rede ist; דלק kann in Ps 7,14 (als pt., vgl. KBL³) die Brandgeschosse bezeichnen, mit denen befestigte Städte erobert werden (vgl. Am 1,4 und BK XIV/2, 188). Der Vergleich zielt hier darauf, daß die Flammen leichtes Spiel bis zur restlosen Vernichtung haben. In diesem Sinne geht b vom Bild (a) zur Sache über und sagt knapp, daß keiner vom Hause Esau entkommt (»Haus Esau« meint das Volk von Edom, das »Gebirge Esau« [V. 8f.19.21] dagegen sein Wohngebiet). Damit ist die Vergeltung für das in V. 14 gerügte Verhalten der Edomiter beim Abtransport der Gefangenen aus Jerusalem angekündigt. Auch V. 9f. bedrohte Edom schon mit restloser Vernichtung. Daß Jahwes Rache an Edom in die Hände der Israeliten gelegt wird, sagt auch Ez 25,14. Ps 137,7 stellt Israel die Rache an den Edomitern seinem Gott anheim (s.u.S. 48f.). Obadja bezeugt der geschlagenen Gemeinde derer, die noch einmal davongekommen sind, in einem überaus eindrucksvollen Bild, daß ihr Gott eine völlige Umkehrung der gegenwärtigen Verhältnisse heraufführen wird. – Als Jahwes Spruch wird das Wort ausdrücklich abgeschlossen (vgl. Ps 60,8–10; Jer 13,15). Jedoch ist es wahrscheinlich, daß die Wendung כי יהוה דבר den literarischen Abschluß der Obadja-Worte markiert, bevor V. 19f. nachgetragen wurde. Zu dieser Funktion des Satzes vgl. Joel 4,8; BK XIV/2, 89 und o.S. 6.

19 Die Ergänzer bieten einen Kommentar zu V. 17b, indem sie das Prädikat וירשו aufnehmen und die Frage beantworten, was denn vom »Haus Jakob« (zusammen mit dem »Haus Josef« V. 18a) neu in Besitz genommen wird; s.Textanm. 19a. ירש signalisiert als Hauptstichwort für die

Landnahme die neue Eröffnung der Heilszeit; vgl. Gen 15,7f.; Dtn 1,8; Am 2,10; 9,12 und BK XIV/2, 206. Die kleine judäische Restgemeinde darf zunächst damit rechnen, daß sie die südliche Landschaft des »Negeb« und das westliche Hügelland der »Schefela« wieder einnehmen wird; zugefügte Erläuterungen erklären, daß der Negeb jetzt als »Gebirge Esaus« Wohngebiet der Edomiter (vgl. 1Makk 5,65) und die Schefela Land der Philister ist (s.Textanm. V. 19b–b). Nach Norden hin wird das Haus Jakob, entsprechend der Vereinigung mit dem Hause Josef (V. 18, s.o.S. 45), das Gefilde Efraim neu besetzen; diese Landschaft wird nachträglich hinsichtlich der gegenwärtigen politischen Verhältnisse als Gefilde Samarias erklärt, da es seit der Eroberung durch die Assyrer den Provinznamen Samaria trägt (s.Textanm. V. 19d–d). »Benjamin« gehört wohl nicht zur ersten Fassung des Nachtrags (s.Textanm. e–e), jedoch »Gilead«; damit wird die Ausdehnung in das Ostjordanland südlich und nördlich des Jabbok angekündigt; vgl. MNoth, Das Land Gilead als Siedlungsgebiet israelitischer Sippen: PJB 37 (1941) 98–101 = Aufsätze zur biblischen Landes- und Altertumskunde I (1971) 387–390. Es ist zu beachten, daß bei der Erfüllung der Verheißung von V. 17b zunächst nicht mehr erwartet wird als die nächstbenachbarten Landschaften Negeb, Schefela, Efraim und Gilead, die jetzt von Fremden besetzt sind, und daß vor allem in nördlicher Richtung der Blick nicht weiter reicht, etwa bis nach Galiläa. Schon in Jer 50,19 wird über die fruchtbaren und waldreichen Landschaften Efraim und Gilead hinaus auch die Rückkehr Israels zum Karmel und nach Baschan verheißen. Demnach dürfte der Kommentator in V. 19 nicht in allzu großem Abstand von Obadja geschrieben haben.

Dagegen ist der zweite Kommentar in V. 20 offenbar später anzuset- 20
zen. Er denkt in jeder Hinsicht weiträumiger als die Jerusalemer Restgemeinde in den ersten Jahren nach der Katastrophe von 587. Über V. 19 hinaus fragt er zunächst, wer denn diejenigen vom Hause Jakob seien, die das Land neu in Besitz nehmen. Dabei knüpft er offenbar über V. 17b hinaus auch an V. 17a an. Die פליטה auf dem Zion deutet er im Sinne von Esr 9,13; Neh 1,2 auf die, die im Exil überlebten. Dabei unterscheidet er die frühen Exulanten des Nordreichs und die Jerusalems und knüpft somit an die Unterscheidung des alten Nord- und Südreichs in V. 18 an. Besonders interessant ist die Erwähnung einer Jerusalemer Exilsgemeinde in Sefarad. Der Name findet sich in gleicher Schreibung (ספרד) in einer seit 1916 bekannten aramäischen Inschrift der Nekropole zu Sardes aus der Perserzeit (KAI Nr. 260 Z.2) und bezeichnet ebendiese Hauptstadt der gleichnamigen persischen Satrapie Sparda (= Sardes) im Westen Kleinasiens (Lydien). Doch war über jüdische Exulanten in jener Gegend nichts bekannt, bis im Jahre 1966 ADupont-Sommer »Une inscription araméenne inédite d'époque perse trouvée à Daskyléion« veröffentlichen

konnte (CRAI 1966, 44–57). Hier bezeugt eine Totenstele die Anwesenheit einer wohlhabenden jüdischen Familie in Daskyleion im nordwestlichen Kleinasien, der Nachbarsatrapie zu Sparda (= Sefarad; vgl. HGMay, Oxford Bible Atlas, ²1974, 82: E 2–3). FMCross (An Aramaic Inscription from Daskyleion: BASOR 184, 1966, 7–10) hat diese Inschrift in das 5.Jh. (ca. 450) v.Chr. datiert. Wahrscheinlich handelt es sich bei jener Gola um Jerusalemer, die aus Babylonien nach Kleinasien gekommen waren (ELipiński 370). Obd 20 gibt zu erkennen, daß eine nennenswert große Exilsgemeinde in Sefarad den Bewohnern Jerusalems bekannt war. Der neue Kommentator in V. 20 sieht also weiteste Kreise der Überlebenden des alten Israel auf eine neue Landnahme warten.

Dementsprechend stellt er weitere Bereiche als V. 19 in Aussicht. Nach Norden zeigt er weit über Efraim hinaus in das Gebiet der (s.Textanm. V. 20b und c) »Kanaanäer bis nach Sarepta«. Das Wort »Kanaanäer« wird hier offenbar in einem engeren Sinne gebraucht und bezeichnet nicht die vorisraelitische Bewohnerschaft Palästinas insgesamt, sondern eine Bevölkerungsgruppe, die vor allem an der Mittelmeerküste nördlich des Karmel lebte und weithin mit den Phöniziern identisch ist; vgl. Jes. 23,11; Zef 2,5 und Noth, WAT⁴ 47, auch DRAp-Thomas 262. Die Nennung von Sarepta, »das zu Sidon gehört« (1Kön 17,9f.) und zwischen Tyrus und Sidon liegt, bestätigt diese Auffassung. Unser Kommentator scheint also Galiläa und Phönizien für die Heimkehrer der Nordreichs-Gola bereitgestellt zu sehen. Die Formulierung der Verheißung in V. $20a\alpha^2$ erinnert an die Heilsgeschichte, wie sie Neh 9,24 bekannt wird. Die Jerusalemer Gola aus Sefarad soll »die Städte des Negeb« erhalten. Solche Städte nennt 2Chr 28,18, eine von ihnen Sach 14,10 (Rimmon 17 km nordostwärts von Beerscheba). Bedeutet das Angebot der »Städte des Negeb« für die Deportierten ein Privileg gegenüber denen, die nach V. 19 die Landschaft des Negeb erhalten? Jedenfalls setzt V. 20 schon V. 19 voraus.

21 Der Schlußvers führt die Erwartung von V. 17a in einer Richtung weiter, die versöhnlicher ist als V. 18. Auch hier steht im Hintergrund die Frage, was »die auf dem Berg Zion Geretteten« tun werden. »Hinaufziehen« paßt von den Höhenunterschieden der Landschaft her nicht zur Inbesitznahme des Negeb, sondern nur zu den alten Wohngebieten Edoms östlich der Araba. Vielleicht hat Obadja selbst wie in V. 3 (s.o.S. 30) daran gedacht, im Unterschied zu den Kommentatoren in V. 19a und 20b. Das Ziel des Zuges soll sein, »den Berg Esaus zu beherrschen«. Nach dem bisherigen Sprachgebrauch im Buch Obd wäre הר עשׂו wie in V. 8f.19 als edomitisches Wohngebiet zu verstehen. Dann wäre hier die Frage beantwortet, »was mit dem Land Edom nach dem Verlust seiner Bewohner (V. 18) geschieht« (WRudolph 317). Diese Deutung läßt zwar keine Spannung zwischen den Erwartungen von V. 18bα und 21aβ auf-

kommen, ist aber unwahrscheinlich, weil שׁפט sich nie auf Sachen, sondern immer auf Menschen bezieht. Wahrscheinlich ist הר עשׂו hier zur Schärfung des Kontrastes zu הר ציון gewählt (JAThomson), schließt aber die edomitische Bevölkerung nicht aus, sondern ein. Nur so gewinnt שׁפט Sinn. Es meint keinesfalls Unterdrückung oder gar restlose Vernichtung, wie es V. 18b ansagt, sondern allenfalls eine Beherrschung, die auch Unrecht sühnt, wenn nicht ein Einbeziehen in rettende Ordnung (vgl. Jes 2,4; Ez 34,17; Ps 96,13 und GLiedke, Gestalt und Bezeichnung alttestamentlicher Rechtssätze: WMANT 39, 1971, 72; UKellermann, Edom 26: »V. 21a birgt geradezu eine Art ›Verheißung‹ für Edom in sich«). Der Ausdruck ist zu knapp, um eine eindeutige Entscheidung zu erlauben. Sicher aber steht er näher bei V. 17b als bei 18b. Vor allem aber paßt das Wort vom Hinaufziehen zu der Aufforderung zum Kampf in V. 1bβ (s.o.S. 6). עלה ist das Wort, das für das Anrücken der Truppen in den Aufforderungen zum Kampf am häufigsten verwendet wird: Jer 46,9; 49,28.31; 50,21; Jes 21,2; Jer 5,10; 6,4f.; Joel 4,9.12; vgl. RBach, Aufforderungen 63.

Daß die Geretteten auf dem Zionsberg nicht gegenüber Edom ihre eigene Herrschaft durchsetzen sollen, sichert der klare Schlußsatz: »Jahwe wird die Königsherrschaft gehören.« Er allein erklärt, warum es auf dem Berg Zion mitten in den Nöten des Untergangs Gerettete gibt und warum diese zur Überwindung der Unrechtsherrschaft beitragen. Die Vorstellung von Jahwes Königtum gehört ebenso zur Zionstradition wie zu der Gewißheit seiner Herrschaft über die ganze Erde (vgl. Sach 14,9 und Ps 47,8f.; 96,13 u.ö.), insbesondere der Überwältigung der Feinde Israels nach Aufhebung der Strafgerichte über Zion (Zef 3,15). Gerade das Wort von Jahwes Königtum gilt mit allen Konsequenzen einer in sich gänzlich schwachen, niedergeschlagenen, verachteten und bedrohten Gemeinde (auch Mi 4,6f.). In Ps 22,29 gehört das gleiche Bekenntnis zu Jahwes Königtum in der Völkerwelt zum Dank für die Errettung dessen, der völlig dem Todesleiden preisgegeben war.

So darf der Ausleger der Spruchsammlung V. 15a.16–21 die in V. 11–14 gezeichnete Situation Jerusalems nicht vergessen. Der Gemeinde, die nur Untergang vor Augen hat, gelten die kultprophetischen Zurufe in ihren Klageversammlungen (s.o.S. 43). Das ist die einheitliche Voraussetzung der verschiedenen Worte. Auf diesem Hintergrunde sind die inhaltlichen Spannungen und Differenzen zu sehen. Sie weisen nicht nur für die beiden literarischen Kommentare in V. 19 und 20, sondern auch für die drei Prophetensprüche in V. 15a.16f., 18 und 21 auf je verschiedene Stunden hin. Einmal fällt von der Bedrohung im Kessel vieler feindlicher Nachbarn her der Blick auf alle Völker (V. 15a.16a), dann nur auf den nächsten Feind Edom (V. 18.21). Einmal wird Edom radikale Vernich- Ziel tung angedroht (V. 18), dann wird es in die neue Herrschaft der Geretteten vom Zion über die Völker einbezogen (vgl. V. 21 mit 17; UKellermann, Edom 28 möchte sie verschiedenen Strömungen – einer »radikalen« und einer »gemäßigten« – innerhalb der »nationalen Heilsprophetie« zuordnen). Einmal gilt der Zuspruch nur der Restgemeinde auf dem Zionsberg (V. 17.21), dann zugleich Juda und dem alten Nordreich (s.o.S. 45f. zu V. 18) und im Nachtrag V. 20 sogar der Nordreichs- wie der Jerusalemer Gola.

Gemeinsam ist den diversen Sprüchen aus den Zeiten des Zusammenbruchs die entschiedene Hoffnung auf eine totale Veränderung der Lage. Insbesondere fällt die geschlossene Erwartung der Überwindung aller Bedränger Israels auf, dazu ein lebhaftes Pochen auf die neue Heilsgabe des gegenwärtig von Fremden besetzten Landes. Zu beachten sind die Kennworte ירשׁ »in Besitz nehmen« (V. 17b.19f.), עלה »heraufziehen« und שׁפט »beherrschen« (V. 21); s.o.S. 48f. Die Kombination der Landgabe- und Jahwekriegtraditionen mit der Zionstradition (V. 15a.17.21) führt insofern zu einer Steigerung der alten Heilsgaben in der neuen Erwartung, als neben dem Volk Jahwes kein anderes Volk mehr eine eigene Existenz haben wird (V. 16b.17b.18.21). Der Weg dahin führt über den »Tag Jahwes« (V. 15a), an dem Gott die kriegerischen Entscheidungen herbeiführt, die seinem Volk die Beute zufallen lassen (V. 17b vgl. 18). Das Ziel ist aber nicht die Herrschaft geretteter Menschen, sondern die Königsherrschaft Gottes selbst (V. 21). Eben sie wird durch härteste Nöte und Feindschaften heraufgeführt.

Verstanden hat diese Worte wohl nur die Gemeinde, die sich auf den Weg zu diesem Ziel bringen läßt. Inwiefern? Zunächst: Die Worte haben inmitten trostloser Wirren eine Hoffnung geweckt, in die mit Israel auf verschiedene Weise seine nächsten Gegner und alle Völker hineingezogen werden. Sie haben eine Gemeinde erschaffen, die auf eine Änderung aller Herrschaftsverhältnisse wartet, und wollen sie weiterhin erzeugen. – Sodann: Die Sprüche zeigen unterschiedliche Gestalten der Hoffnung. Jesus Christus als Erfüller der Hoffnung Israels hat dem eine weitere, neue Gestalt der Hoffnung in seiner Person hinzugefügt, die die prophetischen Worte in neues Licht rückt. Das neue Israel, das zu berufen er nicht aufhört, wird von allen Neigungen zur Rache und Vergeltung befreit (vgl. V. 18 mit Röm 12,14–21) und zu einer »Herrschaft« aufgeboten, die sich ausschließlich im Dienst unter den Menschen betätigt (Mk 10,42–45). – Schließlich: Der neue Ruf will die Aufmerksamkeit auf die alten Sprüche nicht stören, sondern steigern. Denn die verschiedenen Prophetenworte weisen darauf hin, daß sich in der Geschichte nicht nur des alten, sondern auch des neuen Gottesvolkes »eine reale Bewegung hinein in die ganze Weltgeschichte« vollzieht (KBarth, KD IV/3, 63f.) und daß eine unlösbare Verknüpfung zwischen der Geschichte Israels und der Kirche einerseits und der Geschichte der Weltvölker andererseits besteht. In dieser Interdependenz geht die Menschheit dem kommenden Reich Gottes entgegen. Unterwegs zu diesem Ziel wird die hörende Gemeinde gerade in deprimierenden Situationen je neu bedenken, was für sie das Wort vom Trinken des Bechers, vom Feuer, das Stroh verzehrt, oder vom Hinaufzug auf das Gebirge Esaus in der Gefolgschaft Jesu sagt, dem als dem Gekreuzigten die Königsherrschaft zukommt.

Der Prophet Jona

Einleitung

§ 1. Das Buch Jona im Kanon

Wenn im Buche Jesus Sirach im Anfang des 2. Jh.v.Chr. nach Jesaja (48,22), Jeremia (49,6f.), Ezechiel (49,8) und Ijob (49,9) »die zwölf Propheten« (49,10) erwähnt werden (»deren Gebeine emporsprossen mögen aus ihren Grabstätten«), dann erklärt sich diese Zusammenfassung am besten aus der Annahme, daß zu jener Zeit bereits »das Buch der zwölf Propheten« vorlag. Das Buch Jona muß dann schon den übrigen Prophetenschriften zugeordnet gewesen sein, obwohl es sich von allen anderen darin unterschied, daß es nicht eine Sammlung von Prophetensprüchen (mit vereinzelten Prophetenerzählungen) enthielt, sondern eine geschlossene Prophetenerzählung (mit nur einem einzigen kurzen Prophetenspruch: 3,4bβ). Zu jener Zeit erschienen selbständige Berichte über das Leben von Propheten längst ebenso überliefernswert wie deren Verkündigung (vgl. Jes 36–39; Jer 37–43).

Das Buch Jona fand im hebräischen Kanon seinen Platz an fünfter Stelle, vermutlich aus chronologischen und inhaltlichen Gründen. Die Sammler wußten aus 2Kön 14,23–25, daß ein Prophet Jona zur Zeit des Königs Jerobeam II. gelebt habe. Den nordisraelitischen König Jerobeam II. aber nannten die Überschriften der Spruchsammlungen Hoseas und Amos', und zwar als Zeitgenossen des Königs Usija von Juda. Hos 1,1 fügt noch die Namen von dessen judäischen Nachfolgern hinzu: Jotam, Ahas und Hiskija. Nur diese drei letzteren finden sich in Mich 1,1. So wird die Einordnung vor Micha verständlich. Warum aber folgte nach Amos zunächst Obadja, dessen Sprüche selbst ebenso wenig datiert sind wie das Buch Jona? Erwägenswert ist, daß der Prophet Obadja von den Sammlern mit dem gleichnamigen Palastvorsteher Ahabs aus Elijas Zeiten identifiziert wurde (1Kön 18,3ff.), der älter war als der in 2Kön 14,23ff. erwähnte Jona. Inhaltliches kann hinzukommen. Jon 1,1 konnte mit seinem Anfang ויהי als eine Fortsetzung gelesen werden (s. aber unten Textanm. 1,1a); als solche mochte sie von Obd V. 1 her verstanden werden, wo von einem Boten die Rede ist, der unter die Völker gesandt wird. Wie Obadjas Botschaft so gilt die Jonas einem fremden Volk.

Eine solche sachliche Zuordnung von Jona zu Obadja macht es verständlich, daß sie auch in *G* erhalten ist, obwohl dort im übrigen die

Schriftenfolge der ersten Hälfte im Buch der Zwölf eine andere ist. Man scheint die älteren Propheten nach dem Umfang der Bücher von Hosea über Amos, Micha, Joel bis Obadja geordnet zu haben; Jona aber bleibt hinter Obadja stehen, obwohl das Buch umfangreicher ist. Vielleicht soll es so auch als erzählender Nachtrag (wie Jes 36ff.) von den älteren Spruchsammlungen abgehoben werden. Entscheidend allerdings dürfte sein, daß in der Ordnung der *G* Jona unmittelbar vor Nahum rückt, der nach 1,1 wie Jona gegen Ninive zu verkündigen hat.

Für das Verständnis des Buches Jona bringt seine Einordnung in das Buch der Zwölf nach Sir 49,10 als Beitrag zum Datierungsproblem ein, daß es nicht nach dem Ende des 3.Jh. entstanden sein kann.

§ 2. Die Entstehungszeit

Zeigte uns die Kanongeschichte, daß das Buch Jona vor dem Beginn des 2.Jh. entstanden sein muß, so ist andererseits die Vermutung auszuschließen, daß es wie der historische Jona in die vorexilische Zeit gehört (s.o. § 1). Zu viele Beobachtungen weisen eindeutig in nachexilische Zeit.

Hier ist zunächst auf den Wortschatz hinzuweisen. Die kleine Schrift weist unverhältnismäßig viele Wörter und z.T. entsprechende Sachverhalte auf, die sich erst seit Ezechiel, vor allem aber in den spätesten Schriften des Alten Testaments wie im chronistischen Geschichtswerk, bei Kohelet und im Buche Daniel finden; dazu gehören die Relativsatzkonstruktionen mit שֶׁ (1,7.12; 4,10 s.u.S. 87) und für das Jonabuch ganz typische Wörter wie מַלָּח (1,5) und חֹבֵל (1,6 s.u.S. 87), אֱלֹהֵי הַשָּׁמַיִם (1,9 s.u.S. 91f.), מנה pi. (2,1; 4,6–8 s.u.S. 107), das Verb עמל für mühevolles Arbeiten (4,10 s.u.S. 147) und das Zahlwort רִבּוֹ (4,11 s.u.S. 148). Hinzu kommen noch einige Wörter, die innerhalb des alttestamentlichen Hebräisch schlechthin singulär sind, aber teilweise in späten biblischen und außerbiblischen aramäischen Texten wiederholt vorkommen: סְפִינָה (1,5 s.u.S. 87), עשׁת hitp. (1,6 s.u.S. 87), קְרִיאָה (3,2), טַעַם (3,7 s.u.S. 126), קִיקָיוֹן (4,6f.9f.) und חֲרִישִׁית (4,8, sonst nur in Qumran 1QH VII,5). Nicht alle Einzelausdrücke haben Beweiswert (so fällt bei den Fachtermini der Seefahrt bzw. beim Paradigma der Rizinusstaude die Singularität der Ausdrücke im Alten Testament mit der Seltenheit bzw. Einmaligkeit der geschilderten Sachverhalte zusammen; vgl. auch den Hinweis auf direkte Einflüsse aus dem Phönikischen bei OLoretz, BZ NF 5, 1961, 19–24); doch unbestreitbar ist die Wahl mancher charakteristischer Ausdrücke eher in spätnachexilischer als in frühnachexilischer Zeit vorstellbar, etwa in der Zeit Kohelets (vgl. KMarti 247, OLoretz a.a.O. 25).

Wie weit der Erzähler von den historischen Daten der vorexilischen Zeit entfernt ist, zeigt sein freies Kombinieren geschichtlicher Namen.

Sein Jona spricht nicht mehr wie der historische nach 2Kön 14,25 zu Jerobeam II. im 8.Jh., sondern zu Ninive, das erst im 7.Jh. zur Metropole des neuassyrischen Reiches wurde und so in den Horizont Israels eintrat (s.u.S. 77). Wiederum ist Ninive nicht als Residenz eines Großreichs gesehen, sondern wie ein riesiges Stadtkönigtum, mit einer Verfassung, die wiederum an die persische Zeit erinnert (3,6f. s.u.S. 126f.). Die Heimat des historischen Jona, Gat-Hefer, bleibt unerwähnt; der Jona unseres Buches findet sich alsbald in der Hafenstadt Jafo, die im 8.Jh. wahrscheinlich nicht israelitisch und für einen Galiläer nicht gerade der nächstgelegene Hafen war, wohl aber für das nachexilische Jerusalem interessant wurde (1,3 s.u.S. 79f.). Ein solches freies Schalten mit geographischen und historischen Gegebenheiten wird erst möglich, wenn ihre Hauptgestalten schon tief in den Dunstkreis der Vergangenheit eingetaucht sind. Die geschichtliche Distanz des Jonabuchs zur vorexilischen Zeit entspricht ungefähr der der Erzählungen des Danielbuchs zur Exilszeit.

Zu einer genaueren Datierung helfen erst die thematischen Bezüge. Sie sind ebenso mannigfaltig wie sie kühn kombiniert werden. Elijas Flucht, sein Dialog mit Gott und sein Wunsch zu sterben sowie Einzelheiten der Rahmenmotive (Raben, Ginsterstrauch, Höhle, Tageszahlen), die den Erzähler angeregt haben mögen, scheinen bereits im kanonischen Wortlaut vorgelegen zu haben (vgl. vor allem 4,8b mit 1Kön 19,4 und u.S. 145). Ganz offensichtlich vertraut sind ihm Gedanken und Satzprägungen einer bestimmten Umkehrtheologie, die uns als deuteronomistische Jeremia-Überlieferungen bekannt sind (vgl. 3,8–10 mit Jer 18,7ff.; 26,3ff. u.S. 128f.). Schon die erzählerische Kombination dieser beiden verschiedenartigen Bezüge ist erst in vorgerückter nachexilischer Zeit denkbar.

Ein deutlicher Markstein für die nähere Bestimmung ist der wörtliche Bezug von 3,9a; 4,2b zu Joel 2,13b.14a (s.u.S. 141); die Hoffnung auf Jahwes barmherzigen Widerruf seines Gerichtswortes für Jerusalem wird genau auf Ninive übertragen und in unerhörter Skepsis zur Anklage gegen Jahwe verwendet; zudem fällt die interpretierende Aufnahme des Wortes vom erbarmenden Widerruf (נחם 3,9f.; 4,2 = Joel 2,13f.) im Wort vom Mitleid (חוס 4,10f. vgl. Joel 2,17) auf. Es ist ungleich wahrscheinlicher, daß das Jonabuch sich auf Joel bezieht, als umgekehrt. Denn im Jonabuch zeigt sich ein weiterführendes Nachdenken über die Funktion des Gerichtsworts gegen die Völker, das in Joel noch unbekannt ist, das aber z.B. in Sach 14,9.16 vergleichbare Ansätze hat. Die Bezüge von Jona zu Joel sind also durchaus polemischer Art. In der Vielfalt der Abhängigkeiten von älteren Traditionen sind Joel und Jona verwandt (s.BK XIV/2,4.10f.). Doch ist das Jonabuch mindestens etwas später anzusetzen. Das bedeutet auf Grund unserer Untersuchungen zu Joel, daß das Jonabuch keinesfalls vor der Mitte des 4.Jh. entstanden sein kann (s.BK

XIV/2, 2ff.). In dieser Zeit sind auch thematische Berührungen mit der universalistischen Theologie des 145. Ps (V. 8f.18f.; vgl. zu 4,2 u.S. 140f.) sowie mit dem Fortleben von Anfechtungen der Hörer Maleachis (2,17; 3,13ff. s.u.S. 141) gut denkbar.

Vielleicht muß man über die spätpersische Zeit hinaus an die frühhellenistische Epoche denken. Dazu gibt vor allem die Aufnahme der außerbiblischen Seemotive Anlaß. Sie sind in Varianten zu griechischem Sagengut verarbeitet, die merkwürdig an altindische Erzählungen erinnern. Das gilt vom »großen Fisch«, von der Rettung durch »Verschlingen« und »Ausspeien«, vom Ermitteln eines Schuldigen durch das »Loswerfen« der Seeleute im Sturm u.ä.; vgl. HWWolff, Studien 25f. Solche Anregungen, die der Verfasser für Kap. 1f. empfangen haben mag, sind nach den Zügen Alexanders d.Gr. leichter erklärlich als vorher. Dann wäre unser Buch nicht vor dem letzten Drittel des 4.Jh. anzusetzen. Erkennt man mit EBickermann (Four Strange Books of the Bible, 1967) darüber hinaus die Mentalität der hellenistischen Epoche, wie sie sich auch in den Büchern Kohelet, Daniel und Ester spiegelt, sieht man sogar mit AFáj, Stoic Features, eine Geistesverwandtschaft mit der frühen Stoa und findet man im Jonabuch einen bestimmten Typ »erzählter Dogmatik« (LSchmidt, De Deo 125), dann wird man den Verfasser sogar lieber im 3.Jh. suchen (s.u. § 5). Doch die Argumente vermögen eine allzu genaue Festlegung nicht zu sichern. Man wird einstweilen nicht mehr behaupten können, als daß das Buch mit etwas größerer Wahrscheinlichkeit in der frühhellenistischen Zeit als in der spätpersischen entstanden ist.

§ 3. Das literarische Wachstum

Die Jonaerzählung ist textgeschichtlich im ganzen einheitlich überliefert. Nur 1,8aβ fehlt in einigen älteren Textzeugen und ist auch vom Kontext her als Nachtrag zu erkennen (s.Textanm.1,8a–a). Dasselbe kann nicht von 1,10bβ behauptet werden; angeführte stilistische Beobachtungen sind nicht unbedingt zwingend (s.Textanm.1,10c–c und u.S. 93). Noch deutlicher haben neuere Untersuchungen der Erzählweise den weithin aufgenommenen Vorschlag zurückgewiesen, 4,5 als ein abgesprengtes Stück aus Kap.3 anzusehen und den Vers hinter 3,4 zu versetzen (s.u.S. 136f.).

Lebhaft umstritten ist jedoch immer noch die Frage, ob der Psalm in 2,3–10 mit oder ohne seine Einführung in 2,2 ursprünglich zur Prosaerzählung gehört. Gründe und Gegengründe sind im Rahmen der Erklärung zu prüfen (s.u.S. 104f.). Drei Fragen leiten zur Entscheidung an: Wie verhält sich die Sprache des Psalms, auch abgesehen von ihrem poetischen Charakter, zur Sprache der Erzählung? Wie verhalten sich die im

Psalm vorausgesetzte Situation und die Hauptmotive zum unmittelbaren und zum weiteren Kontext? Wie verhält sich das Jonabild des Psalms zu dem der gesamten Prosaerzählung? Die Antworten des Textes führen zu der Annahme, daß 2,3–10 nachgetragen ist und daß auch 2,2 zu diesem Nachtrag gehört (s.u.S. 105). Er führt dem Leser einen vorbildlich bekehrten Jona vor, wie wir ihn am Ende der alten Prosaerzählung noch nicht finden. Der Ergänzer hat den neuen Beter Jona in jene Fischszene hineingestellt, die auch die spätere Auslegung und die Kunstgeschichte am stärksten gefesselt hat (s.u.S. 107 u. 115f.).

Auch die weitere Prosaerzählung läßt die Frage nach unterscheidbaren Wachstumsringen an zwei Stellen aufkommen. Sowohl der auffällige Wechsel der Gottesnamen in Kap.4 wie auch die Wiederaufnahme des Wortlauts von 1,1f. in 3,1f. haben literarkritische Versuche angeregt (s.u.S. 137f.).

Während im Dialog Jonas mit Jahwe in 4,2–4.10f. Gott immer »Jahwe« heißt, sagt die Rizinusszene (V. 6–9) in unterschiedlichen Formen »Gott« (in V. 6 heißt es zum Übergang »Jahwe-Gott«, in V. 7 »der Gott«, in V. 8 und 9 »Gott«). Nimmt man hinzu, daß am Ende der Rizinusszene in V. 8b–9a der Dialog aus V. 3f. fast wörtlich wiederaufgenommen wird und daß der Schatten der Hütte in V. 5b sich erzählerisch schlecht mit dem Schatten des Rizinus in V. 6a vertragen will, so drängt sich die Vermutung auf, daß mit der Rizinusszene ein schon fest formuliertes Stück in den jetzigen Zusammenhang hineingenommen wurde.

Doch will es nicht gelingen, das Stück als literarische Quelle überzeugend abzugrenzen. Trennt man V. 10f. davon ab, so bleibt die Rizinusszene ohne Sinn. Nimmt man V. 10f. hinzu, muß man willkürlich »Jahwe« in »Gott« abändern und beraubt sich selbst eines entscheidenden Grundes, den Dialog in V. 2–4 des »Jahwe« wegen literarkritisch abzuheben. Ohne diesen Dialog bleibt aber auch V. 10f. inhaltlich unverständlich. Ebenso schwierig bleibt die Frage der Zuordnung von V. 5. Die Wiederaufnahme von V. 3f. in V. 8b–9a legt es nach literarkritischen Prinzipien nahe, V. 5 zur Rizinusszene zu zählen (vgl. CKuhl, ZAW 64, 1952, 1–11; s.u.S. 138). Dagegen spricht der doppelte Schatten in V. 5b und 6a. Hält man V. 5b für sekundär, dann wäre die Schwierigkeit der Verdoppelung des Schattens vom Ergänzer selbst eingebaut und so vor V. 6a erst recht nicht verständlich zu machen.

Als Folgerung ergibt sich, daß 4,1–11 als literarisch einheitlich gestaltetes Stück anzusehen ist, in das geprägtes Gut so eingeschmolzen wurde, daß es zwar als vorgegeben (störend) erkennbar bleibt, aber doch nicht literarkritisch ausgeschieden werden kann. S.u.S. 138.

Dasselbe ergibt sich gegenüber dem Versuch, Kap. 1f. literarkritisch als sekundäre Erweiterung von Kap. 3f. wegen der Wiederaufnahme von 1,1f. in 3,1f. abzutrennen (s.u.S. 105f.).

Einerseits sind die Differenzen der beiden Buchhälften unübersehbar. Schon stofflich sind die Seeszenen und die Niniveszenen ganz verschiedener Herkunft (s.u.S. 137). Aber auch im theologischen Denken und Sprechen zeigen sich Unterschiede. In Kap. 1f. spricht der Erzähler selbst nur von Jahwe; dagegen sagt er in 3,3b.5 »Gott« oder »der Gott« (3,10) und wechselt damit ebenso wie in 4,7f. und wie er es den Niniviten in den Mund legt (3,8f.; vgl. 1,5f.). Vom Rahmen her bleibt jedoch auch in Kap.3f. ganz deutlich, daß kein anderer als Jahwe gemeint ist (3,1–3a; 4,2.4.10). In Kap.1 wird die Hinwendung der heidnischen Matrosen von ihren Göttern zu dem von Jona benannten Jahwe eingehend geschildert; sie führt zur »Furcht vor Jahwe« (s.u.S. 97f.). In Kap. 3 werden weder die Götter Ninives noch Jonas Gott »Jahwe« als solcher benannt. Hier vollzieht sich in der Abkehr von der Bosheit und in der Hoffnung auf den, der Jona sandte, der »Glaube an Gott« (s.u.S. 125). Eine vorgegebene theologische Gedankenkette, die in Kap.1 nicht erwähnt wird, gestaltet die Schilderung des Wegs zur Rettung (s.u.S. 127ff.).

Doch diese Unterschiede erlauben nicht die Annahme, daß Kap.3f. in der vorliegenden Form jemals ein eigenes literarisches Leben geführt habe. Eine direkte erzählerische Verbindung der Fluchtgeschichte mit den Niniveszenen bietet Jonas Rückverweis in 4,2a. Unaufdringlich sind kleine Wortbrücken: Jahwe »bestellt« seine Geschöpfe zum Dienst ebenso in 2,1 wie in 4,6–8 und handelt so hier wie dort schweigend an seinem trotzigen Boten. Die Hoffnung der Männer ist auf See dieselbe wie in Ninive: »daß wir nicht umkommen« (1,6; 3,9; vgl. 1,14; 4,10 und u.S. 129). Vor allem aber bindet die Komposition die Matrosenszene und die Ninivitenszene zusammen, indem sie von insgesamt drei Jahwe-Jona-Szenen gerahmt sind (1,1–3; 2,1–3,3a; 4,1–11), wobei die Mittelszene die Wiederaufnahme von 1,1f. in 3,1f. als ein Element der Steigerung verwendet. Es bleibt zu prüfen, in welchem Maße ähnliche Stilmittel und auch die Verarbeitung verschiedenartiger Stoffe im Jonabuch Mittel der Anaphorik sind. Jedenfalls erscheint es nicht geraten und auch nicht möglich, Beobachtungen des Wechsels der Gottesnamen und der »Wiederaufnahme« bestimmter Satzgefüge zur literarischen Quellenscheidung weiterzuführen. Sie müssen vielmehr in die Erkenntnis der erzählerischen Eigenart des Prosabestandes unseres Buches eingebracht werden.

§ 4. Die erzählerische Eigenart

Warum ist es nicht nur reizvoll, sondern auch schwierig, die Gattung der Prosaerzählung des Jonabuchs recht zu bestimmen? Die Forschung schwankt zwischen Prophetenbiographie und Legende, zwischen Midrasch und Satire. Die Problematik gründet vor allem in der Buntheit der

Stoffe und Überlieferungen. Da finden sich gelehrte Theologie neben originellen Erlebnissen, heilige Texte neben dramatischen Erzählungen, Modernes neben Tradiertem. Der Erzähler riskiert es, prickelnde Motive aus Seegeschichten, wie sie in den Hafenstädten der Küste umlaufen, mit dem Bekenntnis zu Jahwe als dem Schöpfer von Meer und Land zu verbinden (1,9; s.u.S. 91f.). Er greift den Namen eines historischen Propheten auf und erzählt von ihm Verhaltensweisen, wie sie ähnlich oder gegensätzlich von Elija oder Jeremia bekannt sind (s.u.S. 141f.). Er führt große liturgische Texte (4,2) und theologische Lehrsätze (3,8–10) ein, um sie alsbald durch phantastische Vorgänge ganz neu zu interpretieren (s.u.S. 149f.).

Was bindet diese Vielzahl verschiedenster Materialien zusammen? Ohne Jona ins Auge zu fassen, wird kein einziger Abschnitt erzählt. Und doch wird keinerlei biographisches und historisches Interesse an Jonas Person und an seiner Zeit sichtbar (s.u.S. 76f.). Im Unterschied zu den geschichtlichen Notizen in 2Kön 14,23ff. wird er nur sehr generell als der Typ eines »Hebräers«, der an Jahwe als den »Himmelsgott« glaubt, charakterisiert (1,9). So muß man an Dichtung denken[1].

Ist sie deshalb als Legende zu charakterisieren (so zuletzt AJepsen, Anmerkungen zum Buche Jona, Festschr WEichrodt, 1971, 299)? Dagegen spricht nicht nur, daß die Legende der Geistesbeschäftigung der imitatio entspringt (AJolles, Einfache Formen, ²1958, 34ff.) und Jona ganz und gar nicht als ein Vorbild hingestellt wird, aber auch nicht geradezu als ein Schreckbild; wichtiger ist, daß es sich nicht eigentlich um eine Jona-Geschichte handelt, sondern um eine Geschichte Jahwes mit Jona. Jahwe hat das erste (1,1f.) und das letzte Wort (4,10f.); sein Handeln treibt die Geschichte von Phase zu Phase vorwärts (1,4; 2,1; 3,1; 4,6ff.), auch da, wo Jona vorübergehend ganz zurücktritt (1,15f.; 3,10).

Fragen wir, wie die Zeitgenossen (s.o.S. 55f.) das Jonabuch benannt hätten, so kommt wohl nur das Wort Midrasch in Betracht (vgl. AG Wright, The Literary Genre Midrash: CBQ 28, 1966, 105–138.417–457; HWWolff, Studien 56–58). Midrasch meint eine Untersuchung, die das Lernenswerte erforscht. Nach 2Chr 13,22 enthält ein Midrasch »Wege und Worte« eines Königs, wie sie ein Prophet niederschrieb; das Wort kann die Bedeutung »Annalen« annehmen (2Chr 24,27), aber auch die erzählerische Auslegung alter Lehre neu bezeichnen (vgl. OLoretz, BZ NF 5, 1961, 27 und WRudolph, HAT I/21, 1955, 238f.). »Wege und Wor-

[1] JGHerder, Briefe, das Studium der Theologie betreffend (²1790) 135: »Ich wundre mich, daß Niemand bisher auf die Hypothese gekommen sey, den ganzen Verfolg der Begebenheiten als Dichtung anzunehmen, wie viele z.E. die Geschichte Hiobs für eine solche gehalten . . .« 141: »Ist nun diese Geschichte, als Dichtung, schön, treffend, nützlich; warum sollten wir uns mit den Schwierigkeiten den Kopf zerbrechen, ob sie auch und wie wenn sie Geschichte wäre?«

te«, – das entspricht den wesentlichen Darstellungsweisen des Jonabuchs: Bericht und Gespräch. So könnte man das Buch Jona als einen Midrasch zu 2Kön 14,25; Jer 18,8 (vgl. Jon 3,10! AGWright 431) oder auch zu Ex 34,6 (Joel 2,13f. vgl. Jon 3,9; 4,2) verstehen. Doch damit wäre die spezifisch künstlerische Gestaltung der Erzählung noch nicht erkannt.

Für die eigentümliche Darstellung des Geschehens zwischen Jahwe und Jona unter Einbringung mannigfaltiger Bezüge in Bericht und Gespräch trifft keine literarische Gattung so genau zu wie die der Novelle; vgl. WKayser, Das sprachliche Kunstwerk ([9]1963) 354ff.; HWWolff, Studien zum Jonabuch 32ff. Denn die folgenden Merkmale der Novelle treffen die Jonaerzählung genau. Eine begrenzte Ereignisfolge wird von einem Eröffnungsgeschehen her durchaus nicht geradlinig, sondern von Überraschungen durchkreuzt, zum Ziel geführt. Gerade auch im Unerwarteten wird die Längsspannung in großer Konzentration durchgehalten; jeder Satz bleibt dem Hauptgeschehen zugeordnet. Im Unterschied zum Drama entspricht die Szenenfolge nicht streng der Zeitfolge; die Zielgespanntheit kann die Einzelszene so weit führen, daß die folgende Szene zeitlich zurückgreifen muß (s.u.S. 136). Wie der Zeitsprung (1,5b; 4,5) so ist die Ortsveränderung (1,3; 2,11) innerhalb einer novellistischen Szene durchaus möglich; für sie ist vor allem konstitutiv, daß der Kreis der Hauptpersonen unverändert bleibt. Alle Einzelszenen bleiben vom Eingangsgeschehen her auf den Schluß der begrenzten Ereignisfolge hin ausgerichtet. Die so zu beschreibende sprachliche Kunstform der Novelle findet in der Jona-Erzählung einen ihrer ältesten Vertreter in der Weltliteratur; innerhalb des Alten Testaments ist sie nur mit der Ijobrahmenerzählung, den Büchlein Rut und Ester zu vergleichen; doch auch von ihnen hebt sie sich noch in der Gestaltung der Szenen wie der Figuren deutlich ab.

Die Eröffnungsszene erfüllt alle Erfordernisse einer Exposition (s.u.S. 73f.) und bringt im Jahwewort sogleich Jonas Verhältnis zu Ninive als Hauptthema zur Sprache (1,1–3; u.S. 80f.). Jonas Durchkreuzung von Jahwes Willen führt zur Matrosenszene, in der der widerwillige Bote über seinem eigenen Scheitern Heiden zum Jahweglauben führt (1,4–16; u.S. 98ff.). Erst nachdem dieses Ziel der zweiten Szene erreicht ist – nach Jonas Sturz ins Meer –, wendet sich Jahwe aufs neue seinem Flüchtling zu. Die dritte Szene zeigt Jahwe wieder allein mit Jona; mit dem großen Fisch und dem neuen Wort bringt er ihn nun auf den Weg nach Ninive (2,1–3,3a; u.S. 115ff.). Dort führt in der vierten Szene Jonas Untergangsdrohung – wiederum in einer unerwarteten Wende – zur großen Umkehr und zum gnädigen Widerruf des Gerichtsworts (3,3b–10). Danach fordert Jonas Zorn über solches Mitleid Jahwes Ringen um seinen Boten heraus. Die zweite und die vierte Szene hatten jeweils zur Gottesfurcht (1,16) und zum Glauben (3,5ff.) der Heiden geführt, und zwar jeweils nach einer kunstvollen Gabelung der Erzählung nach 1,5a und 3,4, s. HWWolff, Studien 30ff. Während der eine Zweig der Erzählung über die Heiden jeweils zum guten Ziel gelangte, war Jonas Geschick und Verhalten auf dem anderen Zweig immer noch offengeblieben. Die in der ersten Szene aufgebrochene und in der dritten nur vorläufig überwundene Frage nach Jonas Einverständnis mit Jahwes Werk unter den fremden Völkern wartet in der fünften Szene bis zum Schluß auf eine befriedigende Antwort Jonas (4,1–11; u.S. 149ff.).

Dabei drängt alles zu einer solchen Antwort. Wie durch die Szenenkomposition im großen so wird durch die Satzkonstruktionen im einzelnen der Leser aufs Ziel hin in Spannung gehalten. Darum sind Finalsätze häufig (inf.c. ל: 1,3a.b.5aβ.13a; 2,1; 3,4.10b; 4,2a.6a; impf. der Folge: 1,6; 3,9; 1,7aβ.12a; 4,5b). Ketten konsekutiver Imperfekta zeigen das Vorwärtsstürmen der Handlung (1,3ff.15f.; 3,5; 4,5.7.8). In den Redestücken erfüllen Imperative (1,2.6b.7.12; 3,2) und Fragen (1,6.8.11; 4,4.9.11) die gleiche Funktion. Hingegen fehlen Sätze der Beschreibung, die zum Verweilen einladen und die für die Idylle bezeichnend sind, fast völlig (Ausnahmen: 3,3b zur Einstimmung in die Niniveszene und 4,11b zur besinnlichen Unterstreichung der letzten Frage). Die Erwartung einer Reaktion auf die Schlußfrage ist beim Leser dadurch vorbereitet, daß zuvor bei allen wesentlichen Vorgängen die Grundreaktion der Betroffenen auf Jahwes Handeln sofort berichtet wird (1,5.10.16; 3,5; 4,1). Am Ende aber bleibt die Antwort auf Jahwes Hauptfrage für den Leser offen.

Damit aber stehen wir schon vor der Notwendigkeit, die Gattung Novelle näher zu bestimmen. Vgl. MEAndrew, Gattung and Intention of the Book of Jonah: Orita 1 (1967) 78–85. Denn die offene Schlußfrage weist noch stärker als die zuvor eingestreuten Fragen (s.o.) auf ihren didaktischen Einschlag hin. Er zeigt sich am stärksten in der Umkreisung und Diskussion entscheidender Lehraussagen. In Kap.1 ist es das Bekenntnis zu Jahwe, dem Gott des Himmels als Schöpfer von Meer und Festland (9), in Kap.3 der jeremianisch-deuteronomistische Dreisatz, daß Unheilsankündigung, wenn sie zur Umkehr der Bedrohten führt, von Jahwe gnädig zurückgenommen wird (V. 8–10, s.u.S. 128ff.), in Kap.4 die weitverbreitete liturgische Aussage über Jahwes Barmherzigkeit in V. 2b (in der Gestalt von Joel 2,13, s.u.S. 140f.). Diese Lehraussagen bestimmen die innere Gestaltung der Kapitel weitgehend. LSchmidt (De Deo 113) meint deshalb, die Form der Erzählung »am besten durch den Begriff *erzählte Dogmatik* charakterisieren zu können«. Damit werden jedoch die Elemente weisheitlicher Theologie angesichts der speziellen Art unserer Novelle überbewertet. Immerhin ist nicht zu verkennen, wie stark Kennworte der Lehraussagen die einzelnen Kapitel durchziehen; zu ירא in Kap.1 s.u.S. 97f., zu נחם und seiner Weiterführung in חוס vgl. 3,9.10; 4,2 und 4,10–11 s.u.S. 148. Das Wort רעה, das sowohl in die in Kap.3 aufgenommenen Lehraussagen wie zum Gipfel des Bekenntnissatzes in 4,2 gehört (s.u.S. 141), durchzieht sogar die ganze Erzählung. Zur Eröffnung charakterisiert es die Bosheit Ninives (1,2), von der die Stadt sich dann nach 3,8.10a abwendet, und im Zusammenhang damit Unheil (so zunächst auch 1,7.[8]), das Jahwe angedroht hatte (3,10b), das ihm dann aber leid tut (4,2). Eben dieser Entscheid Jahwes entzündet schließlich die Bosheit Jonas (4,1), womit das Thema des Schlußkapitels angeschlagen ist (s.u.S. 138f.). Weisheitlich lehrhafter Art ist auch die Unterweisung, die Jahwe mit der Rizinusstaude durchführt, um seinen verstockten Schüler durch die Erfahrung seines Schöpferwaltens zur Einsicht zu bringen.

Doch es bleibt zu beachten, daß diese didaktischen Züge ganz unauffällig in die Kunst novellistischen Erzählens hineingenommen sind. Zu einer Penetranz des Lehrhaften kommt es schon deshalb nicht, weil den Verfasser ein schalkhaft-humorvoller Geist beseelt. Ist in der gegliederten Gestalt unserer Erzählung die Gattung der Novelle und als deren Werkziel eine Belehrung zu erkennen, so liegt die ureigene Schönheit und die entbindende Kraft der Erzählung in ihrer Komik. In keinem anderen biblischen Buch finden wir deren Spielarten so reich entfaltet wie hier; vgl. EMGood, Irony in the Old Testament (1965) 39–55; MBurrows, The Literary Category of the Book of Jonah: Essays in Honour of HGMay (1970) 80–107.

In den ersten beiden Szenen (Kap.1) herrscht das Satirische vor. Jona übergibt sich dem Tiefschlaf, während die Matrosen höchste Aktivität entwickeln; die Heiden beten, der Hebräer denkt nicht daran; er meint, vor Jahwe fliehen zu können, und muß ihn doch als Herrn auch über das Meer bekennen und erfahren. Beißender Spott deckt diese Widersprüche auf. So prangert der Satiriker mitleidlos das Unmögliche in Jonas Verhalten an. »Satire vernichtet – Ironie erzieht« (AJolles, Einfache Formen, ²1958, 255). Auch die freundlichere Art, das Tadelnswerte aufzudecken, wird schon im 1. Kap. spürbar. Es erheitert den Leser, daß Jona nicht nur in etwas bitterer Weise der Lächerlichkeit preisgegeben wird, sondern daß die Ironie von Gottes Lachen ins Spiel kommt: Der aus seinem Dienst fliehen will, kann in seinem Trotz seinen Dienstbereich nur erweitern; der von sich aus den Tod sucht, wird dann doch von Gott errettet. So beginnt schon in den ersten Szenen die vernichtende Satire zur befreienden Ironie als Kunstform verhaltener Lehre überzugehen.

Doch zunächst setzt unser Novellist noch ein anderes Mittel der Komik ein: das Groteske. Es beherrscht vornehmlich die dritte und vierte Szene. Der mit dem Schiff (auf eigene Kosten 1,3!) fliehen wollte, wird mit dem »großen Fisch« auf Gottes Bestellung hin (kostenlos!) zurückgebracht. Derb komisch wird in kürzesten Sätzen berichtet, wie der, der nur noch sterben wollte (1,12), von dem Ungeheuer nicht nur verschlungen (2,1), sondern nach drei Tagen und drei Nächten eines phantastischen Transportes aufs Festland ausgespuckt wird (2,11). Da geht das bisherige Schmunzeln des Lesers in lautes Gelächter über. Ins Groteske hinein wird auch die vierte Szene gesteigert, wenn dort nicht nur im ganzen ein Gegenstück zur Ironisierung von Jerusalems Verhalten nach Jer 36 skizziert wird (s.u.S. 120f.), sondern sogar die Tiere in Trauerkleidung am Fasten und Beten beteiligt sind.

»Es gibt große Kunstwerke, die als Satire angefangen, als Ironie endeten, Kunstwerke, wo der Dichter zuerst glaubte, seinem Gegenstand spottend gegenüberzustehen, und hoffte, ihn ohne Mitleid lösen zu können, wo er aber nach und nach zu der Einsicht kam, wie sehr er mit dem Verspotteten verwandt war, wie tief er mit seinem Spott sich selber traf« (AJolles 256). Einen ähnlichen Weg legt dieser Novellist zurück. In der Schlußszene kommt er zu einer fast gütigen Ironie. Natürlich ist es spitze Ironie, wenn der überaus zornige Jona mit etwas Schatten aus seiner »großen Bosheit« (4,1) zur »großen Freude« (V. 6) gebracht werden kann; es bleibt sogar noch satirisch, wenn sein Selbstwiderspruch entlarvt wird und seinem großen Zorn über Gottes Mitleid mit Ninive sein eigener Kummer über die verwelkte Pflanze konfrontiert wird. Sein kleines Selbstmitleid über den Entzug von Gottes Erbarmen mit seinem eigenen Kopf macht ihn ebenso lebensmüde wie sein Mißmut über Gottes Erbarmen mit 120000 Menschen. Und doch – die Komik von Gottes Schöpfungsspiel mit dem Rizinus hat die Spannung gegenüber Jonas verwerflichem Verhalten gelockert. Lösend wirkt bei aller Schärfe der Ironie die abgewandelte Aufnahme der Frage von 4,4 »Zürnst du mit Recht?« in 4,9 »Zürnst du mit Recht wegen des Rizinus?«. Befreiend wirkt die hochpädagogische Schlußfrage in 4,10f. mit ihrer verhaltenen Ironie: Du hast Kummer wegen der kurzlebigen Pflanze, – und ich dürfte nicht Kummer haben wegen der Riesenstadt . . . »und so viel Vieh«? (S.u.S. 147ff.) Hier hat die Ironie dem Lehrhaften alle Strenge genommen. Auch hat sie bis zum Schluß vor Ermüdung bewahrt (vgl. AJolles 257f.).

Wenn Ironie eine Lieblingsfigur aller Kampf- und Protestschriften ist, dann hat unser Novellist seine Erzählung damit meisterhaft durchtränkt. Die Ironie hat seinen indirekten Lehrwillen zu einer Form entwikkelt, die mit Schalk und Scherz den Geist des Lesers befreit, so daß ihn die rechte Antwort auf die Schlußfrage nicht mehr anstrengen muß. »Wie aus Traubensaft und aus Milch, aus Honig oder aus Reis und Kartoffeln durch Gärung etwas hervorgeht, das erregt und berauscht« (AJolles 261), so ist bei unserem Erzähler der Humor die Hefe des Geistes, auf der die verschiedenartigsten Stoffe und Lehren zu einem neuen Wein ausgegoren werden. Der Novellist hat Jona als Karikatur gestaltet, um den entsprechenden Leser besser aus seinem Todesdilemma (4,8f.) herausführen zu können. Insofern entspricht die Form der ironisch-didaktischen Novelle der Botschaft von dem Gott, aus dessen Geschichte mit den Menschen sie etwas erzählen will.

§ 5. Das leitende Interesse des Erzählers

Was beabsichtigt die Novelle, wenn sie in Jona den Typ eines Hebräers karikiert, der etwa in frühhellenistischer Zeit (s.o. § 2) weit verbreitet gewesen sein mag?

Zunächst ist sie offenbar bemüht, bestimmte zeitgenössische Kreise zu verstehen. Ihre Glaubensnot mag in der abschließenden Frage in 4,11 am deutlichsten zu erkennen sein, deren große Bedeutung wir in der ironischen Didaktik unseres Erzählers erkannten. Sie setzt Menschen voraus, die Jahwes Nachsicht mit den heidnischen Großmächten, denen Israel seit Jahrhunderten preisgegeben ist, nicht mehr begreifen können. Insbesondere macht ihnen ein tiefer Widerspruch in den Überlieferungen Israels zu schaffen: Einerseits warten Jahwes unbedingte Gerichtsdrohungen gegen die Erzfeinde Israels auf ihre Einlösung, andererseits überschreitet das alte Bekenntnis Israels zu Jahwes Barmherzigkeit alle Grenzen (s.u.S. 141). Unerträglich wird die Zumutung, zugleich die Zerstörung der gewalttätigen Weltstadt zu verkünden und Jahwes Widerruf seiner Drohung zu glauben. Sein unausrechenbares Mitleid (1,6; 3,9f.; 4,2b) verunsichert den Dienst des Gehorsams völlig. Die alte Skepsis gegen das prophetische Wort gräbt sich immer tiefer ein (vgl. Jes 5,19; Jer 5,12f.; Zef 1,12; Ez 12,22; Mal 2,17b). Sie bewirkt auch, daß sich das praktische Verhalten nicht mehr nach dem altbekannten Bekenntnis ausrichtet (vgl. 1,3ff. mit V. 9 und u.S. 92). Jahwe macht keinen Unterschied zwischen Israel und den Fremden. Er verfolgt seinen verzagten Knecht mit dem Sturm (1,4ff.) und läßt die blutrünstige Metropole völlig schadlos ausgehen. Da es also sinnlos erscheint, Jahwe zu dienen, kann man sich nur noch den Tod wünschen (1,[5b]12; 4,3.8f.). Solcher verzweifelten Theologie, solcher total resignierten Gläubigkeit wendet sich der Erzähler zu.

Was hat er diesen Kreisen zu sagen? Er lockt sie aus der trübsinnigen Beschäftigung mit sich selbst heraus, indem er die Verdrossenheit ihres Glaubens ironisiert. Während sie Jahwe unendliche Arbeit und Mühe bereiten mit ihrem Verhalten (1,4; 2,1.11; 3,1f.; 4,4.6–11), zeigt er ihnen, teilweise satirisch überzeichnet, welch geringe Mühen Jahwe mit den Völkern hat. Erzählte Hoffnung breitet er vor ihnen aus; prophetische Verheißung ist in verdichtete Szenen umgesetzt (s.u.S. 131f.). Das Nebeneinander der zweiten und der vierten Szene zeigt, daß die Wege der Völker zum Gott der Hebräer recht verschieden sein können. In der Schiffsbesatzung sind Männer vieler Völker und Religionen beieinander.

Unter Jahwes Sturm setzen sie alles Erdenkliche zur Rettung ein: ihre Gebete, die Seemannskunst, das Los; und nachdem es den unbekannten hebräischen Passagier traf: auch dessen Rat, und wieder die eigene Anstrengung, schließlich das Gebet zu Jahwe (s.u.S. 98ff.). Zug um Zug finden sie in größter Sorgfalt und Konsequenz zum dauerhaften Vertrauen auf Jonas Gott. Anders die Niniviten. Die riesengroße Stadt trifft die knappe Botschaft, daß die Tage bis zu ihrem Untergang gezählt sind. Danach zeichnet der Erzähler eine sofortige und alle umfassende Umkehr, mit unübertrefflicher Selbstdemütigung, entschlossener Abwendung von aller rohen Brutalität und mit Hoffnung auf den Gott des Boten (s.u.S. 130ff.). Nur darin gleichen die beiden Szenen einander, daß die Fremden Jahwe keinerlei Not bereiten, nachdem sie einmal seinem Boten begegnet sind. Die Herrlichkeit Jahwes in der weiten Völkerwelt leuchtet auf: Er kommt mit ihnen allen zu seinem guten Ziel.

Obwohl dies nicht ohne seinen Boten geschieht, stößt er gerade bei ihm auf Widerstand, nur bei ihm. Doch wichtiger als die Schilderung dieses Widerstandes ist es dem Erzähler zu zeigen, wie Jahwe ihn unermüdlich zu überwinden bemüht ist. Es ist, als wolle er seiner Intoleranz schon die paulinische Frage einschärfen: »Ist Gott etwa nur Gott der Juden und nicht auch der Heiden?« (Röm 3,29). Er möchte das Einverständnis der religiösen Egoisten mit Jahwes Mitleid für alle Menschen herbeiführen.

Wie er es erzählerisch versucht, haben wir gezeigt. Schwieriger ist es, seine sachlichen Argumente zu erfassen. Denn so begabt der Novellist in der Gestaltung der Szenen und im Einsatz der Spielarten von Satirik, Groteske und Ironie ist, so wenig ist er ein systematischer Theologe. Er kann im Einsatz verschiedenartiger theologischer Lehrsätze wechseln, ohne jedoch sein praktisches Ziel aus dem Auge zu verlieren.

Von durchgängiger Bedeutung ist seine Schöpfungstheologie. Jahwe wirft den Sturm aufs Meer (1,4), um Jona die Vergeblichkeit seiner Flucht zu zeigen und zugleich weitere Kreise von Heiden zu gewinnen, als ursprünglich ins Auge gefaßt waren. Jahwe bestellt den großen Fisch, um Jona drastisch zu demonstrieren, daß für ihn kein Weg an Ninive vorbei führt. Schließlich muß eine ganze Reihe weiterer Geschöpfe in schneller Folge auftreten – Rizinus, Wurm und Ostwind –, um ihm eine letzte Lehre zu erteilen. Eine weisheitliche Schöpfungstheologie holt der Erzähler in seinen Dienst (vgl. Ijob 38f., GvRad, Weisheit in Israel, 1970, 290ff. und u.S. 143ff.).

Kommen die Matrosen in Kap. 1 mit Hilfe solcher Theologie (V. 9) zur Jahwefurcht, so bringt der Novellist in Kap. 3 eine völlig andere Lehre zum Einsatz. Sie geht aus von der jeremianisch-deuteronomistischen Erkenntnis, daß es die eigentliche Funktion des Gerichtswortes ist, die Umkehr der Hörer zu bewirken; danach werde Jahwe das Unheil nicht eintreten lassen. Diese im Blick auf Israel ausgeprägte Gedankenfolge wendet er kühn auf Ninive als Fremdvolk an, wie es vergleichbar nur ein einziges Mal in Jer 18,7f. geschieht (s.u.S. 129). Die entscheidende Bedeutung der Umkehr als Folge der Gerichtsdrohung stellt der Erzähler nur in Kap. 3 heraus. Erstaunlicherweise wendet er den Gedanken gar nicht mehr im abschließenden Lehrgespräch mit Jona in Kap. 4 an. Das ist verwunderlich, weil doch eben mit dem Hinweis auf die Funktion des Gerichtsworts, Umkehr zu bewirken, und mit der Betonung, daß die Umkehr Ninives tatsächlich erfolgt sei, der Vorwurf abgewehrt werden könnte, Jahwe sei ungerecht und unberechenbar.

Stattdessen setzt das Kap. 4 einen anderen theologischen Akzent. Er ist zwar schon in 3,9 (ähnlich in 1,6) vorbereitet, denn dort wird ausdrücklich Jahwes Abkehr von seinem Zorn ganz in seine freie Entscheidung gestellt und nicht etwa als zwingende Folge der Umkehr angesehen (s.u.S. 128). Kap. 4 unterstreicht diese völlige Freiheit von Jahwes Erbarmen. Das geschieht schon in dem Bekenntniszitat in V. 2b. Es nimmt ebenso wie 3,9a den Wortlaut von Joel 2,13f. auf. Damit bringt der Erzähler in erregender Weise zum Ausdruck, daß das, was dort Jerusalem zugesprochen wird, genau so den Fremden gilt (s.u.S. 128).

Noch deutlicher aber wird die Betonung der Freiheit von Jahwes Mitleid in dem Schöpfungsspiel, das Jahwe mit Jona in V. 6–9 durchführt. Wie ihn der Schatten des Rizinus erfreut, so empört ihn sein schnelles Welken. Dabei muß er noch in seinem Trotz eingestehen, daß er selbst ganz auf das unverdiente Mitleid Jahwes angewiesen ist (s.u.S. 145f.). Es überrascht, daß die Schlußfrage in V. 10f. mit gar keiner Silbe auf die Voraussetzung der Bekehrung eingeht, wenn sie auch nicht ausdrücklich bestritten wird. Der Grund für Jahwes Entscheidung liegt ausschließlich in seinem freien Erbarmen mit seinen hilfsbedürftigen Geschöpfen (s.u.S. 148). Hier sind Schöpfungsglaube und Gnadentheologie großartig vereint.

Dabei ist die Schlußszene so kunstvoll gestaltet, daß Jona eigentlich nicht umhin kann, mit seinem eigenen Pochen auf Jahwes freies Mitleid zugleich seinem Gott das verzeihende Erbarmen mit den Heiden zuzugestehen. Doch der Erzähler überläßt solches Einvernehmen den Lesern. Auch die Verdrossensten können kaum anders, als an Jonas Statt die letzte Frage ihres Gottes dankbar zu beantworten. Sie sollten nun über ihren eigenen Unmut lachen und sich ihres Gottes freuen können. Welche Ausdauer der Liebe Jahwes haben sie selbst erfahren! Sie hätten es in ihrem selbstsüchtigen Gerechtigkeitsdenken verdient, längst in den Todeswassern des Flüchtlings umgekommen zu sein. Doch nun hat der Gott Israels sich auch noch in dem völligen Versagen seiner Boten verherrlicht (GvRad, TheolAT II, [6]1975, 301).

Der Psalmist hat in seinem Nachtrag in 2,2–10 (s.u.S. 108f.) etwas davon erkannt, daß »Gottes Barmherzigkeit den Bauch der Hölle zum

Schoß einer neuen Geburt werden läßt« (USteffen, a.a.O. 106). Die im Glauben Resignierten sollten es für sich und für alle Menschen voll Hoffnung erkennen: »Rettung ist bei Jahwe« (2,10b).

§ 6. Literatur

Literatur zum Dodekapropheton s.o.S. 8ff.

1. Kommentare zu Jona: PBergmann, Jona (1885). – TTPerowne, Obadja and Jonah (1898). – JDöller, Das Buch Jona (1912). – JHalévy, Le Livre de Jonas: RSEHA 14 (1916) 1–49. – DVelutti-Zati, Il sacro libro di Giona (1916). – DTEvans, The Book of Jonah (1925). – THDodson, The Book of Jonah (1926). – GEHagemann, The Prophet Jonah (1927). – DAvandenBosch, Jona (1937). – TEBird, The Book of Jonah (1938). – NHSnaith, The Book of Jonah (1945). – GAFKnight, Ruth and Jonah (1950). – JLindon, Le livre de Jona traduit: Editions de Minuit (1955) 7–63. – EHaller, Die Erzählung von dem Propheten Jona: TheolEx 65 (1958; Gladbeck ²1965). – HMartin, The Prophet Jonah. His Character and Mission to Niniveh: The Geneva Series of Commentaries (1958). – HLivings, Jonah (Leeds 1974).

2. Gesamtdarstellungen zu Jona: BWolf, Die Geschichte des Propheten Jona (1897). – WSimpson, The Jonah Legend (1899.²1971). – WVolck, Jona, Prophet: RE IX (1901) 338–340. – TKCheyne, Jonah (Book): EB II (1901) Sp. 2565–2571. – ACondamin, Jonas: DAFC II (1915) Sp. 1546–1559. – KBudde, Jonah: JE VII (1925) 227–230. – LDennefeld, Le Livre de Jonas: DThC VIII (1925) 1497–1504. – LStollberg, Jona: Diss. Halle (1927). – HGunkel, Jonabuch: RGG²III (1929) 638–643. – UCassuto, Jona: EJ 9 (1932) 268–274. – EKönig, Jonah: Dictionary of the Bible II (¹¹1942) 744–753. – JZmora, Jonah ben 'Amittai: Maḥbarot le-sifrut 3 (1946) 62–64. – AFeuillet, Jonas: DBS IV (1949) Sp. 1104–1131. – GvonRad, Der Prophet Jona (1950) = Gottes Wirken in Israel (Vorträge zum AT, hg. v. OHSteck, 1974) 65–78. – JSLicht, Sepher Jonah: Enṣiqlopediyah Miqra'it 3 (1958) Sp. 608–613. – HWWolff, Die Bibel – Gotteswort oder Menschenwort? Dargestellt am Buch Jona (1959). – Ders., Jonabuch: RGG³ III (1959) 853–855. – BHessler, Jonas: LThK V (1960) 1113–1115. – WNeil, Book of Jonah: IDB II (1962) 964–967. – OLoretz, Gotteswort und menschliche Erfahrung. Jona, Ruth, Hoheslied und Qohelet (1963). – HWWolff, Studien zum Jonabuch (1964.²1975). – MSekine, Jona, Jonabuch: BHH II (1964) 881f. – GHCohn, Book of Jonah: EJ 10 (1971) 169–173. – DBarsotti, Jonas (Paris 1974).– LSchmidt, »De Deo«. Studien zur Literarkritik und Theologie des Buches Jona, des Gesprächs zwischen Abraham und Jahwe in Gen 18,22ff. und von Hi 1: ZAWBeih 143 (1976).

3. Zum Text des Jonabuches: WWright, Jonah in Chald. Syr. Aeth. and Arab. (1857). – NHSnaith, Notes on the Hebrew Text of Jonah (1945). – HCYoutie, A Codex of Jonah: Berl. Sept. 18 and P.S.I.X. 1164: HThR 38 (1945) 195–197. – MStenzel, Zum Vulgatatext des Canticum Jonae: Bibl 33 (1952) 356–362. – Ders., Altlateinische Canticatexte im Dodekapropheton: ZNW 46 (1955) 31–60 (54–60). – AMallon, Grammaire Copte (⁴1956) 37–43 (bohairische Version des Jonabuches).

4. Literarhistorische Probleme: KKohler, The Original Form of the Book of Jonah: Theological Review 16 (1879) 139–144. – WBöhme, Die Composition des Buches Jona: ZAW 7 (1887) 224–284. – HWinckler, Zum buche Jona, Altorientalische Forschungen II, 2 (1900) 260–265. – HSchmidt, Die Komposi-

tion des Buches Jona: ZAW 25 (1905) 285–310. – ESievers, Alttestamentliche Miszellen (2. Die Form des Jonabuches): BVSAW. PH 57 (1905) 35–45. – JDöller, Versumstellungen im Buche Jona: Kath. 35 (1907) 313–317. – GMLandes, The »Three Days and Three Nights« Motif in Jonah 2,1: JBL 86 (1967) 446–450. – Ders., The Kerygma of the Book of Jonah. The Contextual Interpretation of the Jonah Psalm: Interp 21 (1967) 3–31. – EGKraeling, The Evolution of the Story of Jonah: Hommages à ADupont-Sommer (1971) 305–318. – JDMagonet, Form and Meaning. Studies in Literary Techniques in the Book of Jonah: Diss. Heidelberg (1973).

5. Stilkritik und Formgeschichte: BGemser, Die Humor van die OuT: HTS 8 (1951) 49–63. – MRdeHaan, Jonah, Fact or Fiction? (1957). – JADíaz, Paralelos entre la narración de libro de Jonás y la parábola del hijo prodigo: Bibl 40 (1959) 632–640. – NLohfink, Jona ging zur Stadt hinaus (Jona 4,5): BZ NF 5 (1961) 185–203. – JSchreiner, Eigenart, Aufbau und Inhalt des Buches Jonas: BiKi 17 (1962) 8–14. – AVaccari, Il genere letterario del libro di Giona in recenti publicazione: Divinitas 6 (1962) 231–252. – RWeiss, ʿAl Sefer Jonah: Maḥanaim 60 (1962) 45–48. – EMGood, Jonah. The Absurdity of God: Irony in the OT (1965) 39–55. – RPesch, Zur konzentrischen Struktur von Jona 1: Bibl 47 (1966) 577–581. – PhLTrible, Studies in the Book of Jonah: Diss. Columbia University (1963). Diss. Abstracts 27 (1966/67) 2611. – MEAndrew, Gattung and Intention of the Book of Jonah: Orita 1 (1967) 13–18.78–85. – GHCohn, Das Buch Jona im Lichte der biblischen Erzählkunst: SSN 12 (1969). – MBurrows, The Literary Category of the Book of Jonah: Translating and Understanding the OT, Festschr HGMay (1970) 80–107.

6. Traditionsgeschichtliches: WErbt, Elia, Elisa, Jona (1907). – HSchmidt, Jona. Eine Untersuchung zur vergleichenden Religionsgeschichte: FRLANT 9 (1907). – AFeuillet, Les sources du livre de Jonas: RB 54 (1947) 161–186. – HWWolff, Ursprung und Form des Buches Jona (tschech.): KrR 26 (1959) 111–116. – OEißfeldt, Amos und Jona in volkstümlicher Überlieferung: ». . . und fragten nach Jesus«, Festschr EBarnikol (1964) 9–13 = KlSchr IV (1968) 137–142. – BHruška, Poznámky k Jonášovi (Bemerkungen zu Jona) (tschech.) KrR 32 (1965) 53–54. – AFáj, The Stoic Features of the »Book of Jonah«: Annali dell' Istituto Orientale di Napoli 34 (1974) 309–345.

7. Verfasserfrage und Entstehungszeit: KBudde, Vermutungen zum »Midrasch des Buches der Könige«: ZAW 12 (1892) 37–151, zu Jona: 40–43. – HSchmidt, Absicht und Entstehungszeit des Buches Jona: ThStKr 79 (1906) 180–199. – AThoma, Die Entstehung des Büchleins Jona: ThStKr 84 (1911) 479–502. – RDWilson, The Authenticity of Jonah: PrincThR 16 (1918) 280–298.430–456. – DEHart-Davies, The Book of Jonah in the Light of Assyrian Archeology: Journal of the Transaction of the Victoria Institute 69 (1937) 230–249. – MDGoldman, Was the Book of Jonah originally written in Aramaic?: ABR 3 (1953) 49–50. – JJGlück, A Linguistic Criterion of the Book of Jonah: OuTWP 1967 (1971) 34–41.

8. Zur Theologie des Jonabuches: PhMagnus, The Book of Jonah: The Hibbert Journal 16 (1917/18) 429–442. – ADMartin, The Prophet Jonah. The Book and the Sign (1927). – DEHart-Davies, Jonah. Prophet and Patriot (1932). – FDijkema, Het Boek Jona: NThT 25 (1936) 338–347. – HJunker, Die religiöse Bedeutung des Buches Jona: PastB 41 (1940) 108–114. – AFeuillet, Le sens du livre de Jonas: RB 54 (1947) 340–361. – GCAalders, The Problem of the Book of Jonah (1948). – GBStanton, The Prophet Jonah and his Message: BS 108 (1951) 237–249.363–376. – BTrépanier, The Story of Jonas: CBQ 13 (1951) 8–16. –

SHBlank, »Doest Thou Well To Be Angry?« A Study in Self-Pity: HUCA 26 (1955) 29–41. – HBardtke, Der Erweckungsgedanke in der exilisch-nachexilischen Literatur des Alten Testaments: ZAWBeih 77 (1958) 9–24. – BSChilds, Jonah. A Study in OT Hermeneutics: SJTh 11 (1958) 53–61. – JADíaz, Difficultades que plantea la interpretación de la narración de Jonás como puramente didáctica y soluciones que se suelen dar: EstBibl 18 (1959) 357–374. – HWWolff, Das Jona-Ereignis (tschech.): KrR 26 (1959) 72–78. – JAlonso, Lección Teológica del Libro de Jonás: Festschr Antonio Perez Goyena, EstE Misc. 35 (1960) 79–93. – JSteinmann, Le livre de la consolation d'Israel: Lectio divina 28 (1960) 286–290. – JFransen, Le livre de Jonas: BiViChr 40 (1961) 33–39. – WVischer, L'evangelo secondo il profeta Giona: Protestantesimo 16 (1961) 193–204. – RLDíaz, Misericordia divina y universalismo en el libro de Jonás: MEAH 11 (1962) 43–56. – JBSchildenberger, Der Sinn des Buches Jonas: Erbe und Auftrag 38 (1962) 93–102. – KHMiskotte, Wenn die Götter schweigen (1963) 418–435. – RWeiss, W-ānāh mippanäkā 'äbrāh: 'Orot 49 (1963) 28–33. – PAH deBoer, »Jona« Zoals er gezegd is over Jeremia: Phoenix Bijbel Pockets Antwerp (1964) 93–102. – Rdell'Oca, El libro de Jonas: RBiblArg 26 (1964) 129–139. – DZimmermann, Has-sippur ʿal ha-'iš Jonah: Niv hak-kwutzah 12 (1964) 706–714. – CAKeller, Jonas. Le Portrait d'un prophète: ThZ 21 (1965) 329–340. – RBYScott, The Sign of Jonah. An Interpretation: Interp 19 (1965) 16–25. – LFränkel, ›Und sein Erbarmen waltet über allen seinen Werken‹. Zur Bedeutung des Buches Jona (hebr.): Maʿyānōt 9 (1967) 193–207. – GvonRad, Theologie des AT II (⁶1975) 299–302. – JHStek, The Message of the Book of Jonah: Calvin Theological Journal 4 (1969) 23–50. – JMore, The Prophet Jonah. The Story of an Intrapsychic Process: American Imago (Spring 1970) 3–11. – JHEybers, The Purpose of the Book of Jonah: Theologia Evangelica 4 (1971) 211–222. – HJGrünewald, Das Buch Jona: Udim 2 (1971) 69–82. – AHvanZyl, The Preaching of the Book of Jonah: OuTWP 1967 (1971) 92–104. – ADCohen, The Tragedy of Jonah: Judaism 21 (1972) 164–175. – OKaiser, Wirklichkeit, Möglichkeit und Vorurteil. Ein Beitrag zum Verständnis des Buches Jona: EvTh 33 (1973) 91–103. – REClements, The Purpose of the Book of Jonah: VTSuppl 28 (1975) 16–28.

9. Einzelprobleme: ARosenthal, Das Buch Jonah metrisch übersetzt (1889). – MLöwy, Über das Buch Jona (1892). – JKennedy, On the Book of Jonah (1895). – ESeydl, Das Jonalied: ZfkathTheol 24 (1900) 187–193. – PJensen, Das Jonas-Problem: DLZ 28 (1907) 2629–2636. – HWiesmann, Einige Bemerkungen zum Buche Jona: Katholik 38 (1908) 111–125. – AAbraham, Die Schiffsterminologie des AT (1914). – RDWilson, מנה, »To Appoint« in the OT: PrincThR 16 (1918) 645–654. – AKöster, Das antike Seewesen (1923) 45–55. – Mayr, Jonas im Bauche des Fisches: ThPQ 85 (1932) 829–832. – IBSchaumberger, Das Bußedikt des Königs von Ninive bei Jon. 3,7.8 in keilschriftlicher Beleuchtung: Miscellanea Biblica edita a Pontificio Instituto Biblico ad celebrandum annum XXV ex quo conditum est Institutum (1909 – VII. Maii – 1934) 123–134. – ThBoman, Jahve og Elohim i Jonaboken: NTT 37 (1936) 159–168. – HLJansen, Har Jonaboken en enhetlig opbygning og en bestemt hovedtendens?: NTT 37 (1936) 145–158. – SMowinckel, Efterskrift til pastor Th.Bomans artikkel: NTT 37 (1936) 164–168. – SDGoitein, Some Observations on Jonah: JPOS 17 (1937) 63–77. – ASalonen, Die Wasserfahrzeuge in Babylonien (1938). – EFWeidner, Das Archiv des *Mannu-Ki-Aššur*: AfOBeih 6 (1940) 8–46. – AR Johnson, Jon 2,3–10. A Study in Cultic Phantasy: Studies in OT Prophecy, ed. HHRowley (Festschr THRobinson) (1950) 82–102. – WMValk, Jonas and the

»Whale«: Scrip. 6 (1953) 46–49. – HHFingert, Psychoanalytical Study of the Minor Prophet Jonah: Psychoanalytical Review 41 (1954) 55–65. – FNötscher, Zur Auferstehung nach drei Tagen: Bibl 35 (1954) 313–319. – AParrot, Ninive und das AT: Bibel und Archäologie I (1955) 111–169. – JHKennedy, Studies in the Book of Jonah (1956). – SDGoitein, Sefer Jonah: ʿIjunim lam-madrik w-lam-moreh 23 (1956) 94–103. – HRosin, The Lord is God (The Translation of the Divine Names and the Missionary Calling of the Church) (1956) 6–33. – WVycichil, Jonas und der Walfisch: Muséon 69 (1956) 183–186. – DNFreedman, Jonah 1,4b: JBL 77 (1958) 161–162. – SAbramski, Jonah ben ʾAmittai: Gazith 17 (1959) 5–10. – JBacharach, Jonah Ben ʾAmittai w'Eliyahu (Jerusalem 1959). – JHeemrood, Jonas und die Heiden: HLa 12 (1959) 33–35. – RMartin-Achard, Israël et les nations: Cahiers Théologiques 42 (1959) 45–48. – JMöllerfeld, »Du bist ein gnädiger und barmherziger Gott« (Jonas 4,2): Geist und Leben 33 (1960) 324–333. – OLoretz, Herkunft und Sinn der Jonaerzählung: BZ NF 5 (1961) 18–29. – MLawrence, Ships, Monsters and Jonah: AJA 66 (1962) 289–296. – USteffen, Das Mysterium von Tod und Auferstehung (Formen und Wandlungen des Jona-Motivs) (1963). – ZSoušek, Ninive, Taršîš a Jonáš (tschech.): KrR 32 (1965) 147–148. – HWWolff, Studien zum Jonabuch: Bibl Stud 47 (1965; ²1975). – PCintas, Tarsis-Tartessos-Gadès: Sem 16 (1966) 5–37. – KHeinrich, Parmenides und Jona (1966). – RNorth, Exégèse pratique des petits prophètes postexiliens. Bibliographie commentée 950 titres (1969) 128–143. – HBojorge, Los significados posibles de lehassîl en Jonas 4,6: Strom. 26 (1970) 77–87. – FDKidner, The Distribution of Divine Names in Jonah: Tyndale Bulletin 21 (1970) 126–128. – DFRauber, Jonah – The Prophet as Shlemiel: BT 49 (1970). – WRudolph, Jona: Archäologie und Altes Testament. Festschr KGalling (1970) 233–239. – AJepsen, Anmerkungen zum Buche Jona: Wort-Gebot-Glaube. Festschr WEichrodt (1970) 297–305. – JLHelberg, Is Jonah in his Failure a Representative of the Prophets?: OuTWP 1967 (1971) 41–51. – AvanSelms, Some Geographical Remarks on Jonah: OuTWP 1967 (1971) 83–92.

10. Zur Geschichte der Auslegung des Jonabuches: Hieronymus, Commentariorum in Jonam Prophetam: MPL 25, 1171–1208. – Theophylakt, Expositio in Prophetam Jonam: MPG 126, Sp. 905–968. – KLangosch, Die Lieder des Archipoeta: Reclam-Universal Bibliothek Nr. 8942 (1965) 52–59 (Jonas redivivus). – Germanos II v. Konstantinopel, Homilia in Jonam Prophetam (unter Joh. Chrysostomos' Namen ed): MPG 49 (1862) 305–314. – Ps.-Tertullian, Carmen de Jona et Ninive: MPL 2 (1844) 1107–1114. – MLuther, Der Prophet Jona ausgelegt (1526): WA XIX (1897) 169–251. – Ders., Jona: hg. von GKrause (1938). – SPoznanski, Targoum Yerouschalmi et son commentaire sur le livre de Jonas: REJ 40 (1900) 130–153. – FDelitzsch, Etwas über das Buch Jona und einige neue Auslegungen desselben: ZLThK 1 (1840) 112–126. – PFriedrichsen, Kritische Übersicht der verschiedenen Ansichten über das Buch Jonas (²1841). – FMAbel, Le culte de Jonas en Palestine: JPOS 2 (1922) 175–183. – HSpeyer, Die biblischen Erzählungen im Qoran (1931; ²1961) 407–410. – HLewy, The Pseudo-Philonic De Jona I: StD 7 (1936). – BHeller, Yūnus: EJ(D) 4 (1938) 1273 = BHeller, Yūnus b. Mattai: HIsl (1941) 811f. – JJeremias, Der Prophet Jonas: ThWNT III (1938) 410–413. – JHeuschen, L'interprétation du livre de Jonas: REcL 35 (1948) 141–159. – OKomlós, Jonah Legends: ÉtOr PHirschler ed. OKomlós (Budapest 1950) 41–61 = Jóna-Legendák: Iubilee Vol. BHeller (1941) 208–222. – HGreenberg, Go to Nineveh: The Inner Eye (1953) 57–61. – LGinzberg, The Legends of the Jews IV (⁶1954) 239–253. – A Penna, Andrea di S. Vittore / il suo commento in Giona: Bibl 12

(1955) 305–331. – WWerbeck, RGG^{3} III (1959) 855f. (dort weitere Lit.). – CKopp, Das Jonagrab in Meschhed: Das Heilige Land 103 (1960) 17–21. – PAntin, Saint Cyprian et Jonas: RB 68 (1961) 412–414. – EBiser, Zum frühchristlichen Verständnis des Buches Jona: BiKi 17 (1962) 19–21. – AMGoldberg, Jonas in der jüdischen Schriftauslegung: BiKi 17 (1962) 17f. – HHorst, Israelitische Propheten im Koran: ZRGG 16 (1964) 42–57. – KHRengstorf, Das Jona-»Zeichen«: ThWNT VII (1964) 231f. – EJBickermann, Les deux erreurs du prophète Jonas: RHPhR 45 (1965) 232–264. – Ders., Four Strange Books of the Bible: Jonah/Daniel/Kohelet/Esther (1967) 1–49. – FWeinreb, Das Buch Jonah. Der Sinn des Buches Jonah nach der ältesten jüdischen Überlieferung (1970). – YMDuval, Le Livre de Jonas dans la Littérature Chrétienne Grecque et Latine (1973) (dort S. 727–733 weitere Lit.).

11. Praktisch-Theologisches: JSchoneveld, God en zijn wereld. Het boek Jona (o.J.). – AJWilson, The Sign of the Prophet Jonah and its modern Confirmations: PrincTheolRev 25 (1927) 630–642, 26 (1928) 618–621. – EHirsch, Das AT und die Predigt des Evangeliums (1936) 49–67. – RBrunner, Unterwegs mit Gott. Das Zeugnis des Propheten Jona (1938). – MRonner, Das Buch Jona (1947). – WCHay, The Wideness of God's Mercy. A Study in the Book of Jonah: Books of the Bible Series 6 (1952). – JEllul, Le livre de Jonas: Foi et vie (1952) 81–184. – HHug, Die Taube zu Ninive. Jona-Predigten (1952). – WStählin, Das Zeichen des Jona: Quatember 22 (1957/58) 193–197. – WKemner, Jona. Ein Mann geht nach Ninive (1960). – MLDigges, Jonah the Reluctant Prophet: Worship 36 (1961/62) 321–326. – HGollwitzer/ThJänicke/FWMarquardt, Das Buch Jona in Predigten. Ninive ist überall (1962). – OKnoch, Das Zeichen des Jonas: BiKi 17 (1962) 15f. – WPfendsack, Der lachende Fisch. Fünf Predigten über das Büchlein des Propheten Jona (o.J. [1964]). – HDietzfelbinger, Jona, ein Knecht Gottes. Bibelarbeit zum 12. Dt. Evang. Kirchentag 1965 (1966). – SBen-Chorin, Die Antwort des Jona. Zum Gestaltwandel Israels (^{2}1966). – HWerner, Jona / der Mann aus dem Ghetto (1966). – WLBauks, Jonah, the Reluctant Prophet: Everyman's Bible Commentary Ser. (1968). – ELange, Die verbesserliche Welt. Möglichkeiten christlicher Rede erprobt an der Geschichte vom Propheten Jona (1968). – KGräve, Das Zeichen des Jona: Geist und Leben 43 (1970) 87–90. – PWSchäfer, Und Gott redet. Jona '70 (1970). – AHaarbeck, Unterwegs nach Ninive (1972). – CLewis, Jonah, A Parable For Our Time: Judaism 21 (1972) 159–163. – GBader, Das Gebet Jonas. Eine Meditation: ZThK 70 (1973) 162–205. – DHillis, Jonah Speaks Again: Contemporary Discussion Ser. (1973). – Helen Schüngel-Straumann, Umgeworfene Gottesvorstellungen exemplarisch dargestellt an Jona 4,1–11: Katechetische Blätter 98 (1973) 745–752.

12. Kunstgeschichte: OMitius, Jonas auf den Denkmälern des christlichen Altertums (1897). – HLeclercq, Jonas: Dictionnaire d'Archéologie Chrétienne et de Liturgie VII 2 (1926) 2572–2631. – FGerke, Die christlichen Sarkophage der vorkonstantinischen Zeit (1940) 38–51.151–182. – EStommel, Zum Problem der frühchristlichen Jonasdarstellungen (mit drei Tafelabbildungen): JbAC 1 (1958) 112–115.Taf.8. – ELucchesi-Palli, Jonas. Ikonographisch: LThK 5 (1960) Sp. 1115. – HRosenau, The Jonah Sarcophagus in the British Museum: Journ. of the Brit. Archaeol. Associat. 24 (1961) 60–66.

13. Belletristik: Robert Greene – Thomas Lodge, A Looking Glasse for London and England (London 1594.1932). – Francis Quarles, A Feast for Wormes set forth in a Poeme of the History of Jonah (London 1620) = The Complete Works in Prose and Verse of FrQuarles II ed ABGrosart (1874.^{2}1967) 1–30. –

Martin Opitz, Jonas: Geistliche Poemata (1638; Deutsche Neudrucke, Tübingen 1975) 57–85. – Anonymus, Ninevitish Repentance (London 1643). – Zachary Boyd, Historie of Jonah: Four Poems from »Zion's Flowers« (Glasgow 1855). – JRitchie, The Prophet Jonah (1860). – János Arany, Proféta lomb (1877). – John Thomas Beer, The Prophet of Nineveh. A Drama in 3 Acts (1877). – APHerbert, The Book of Jonah (1921). – Max Deauville (= Maurice Duwez), Jonas (Brüssel 1923). – Robert Gruntal Nathan, Jonah (New York 1925.^{2}1934) = Son of Amittai (London 1925). – ACLichtenstein, Yonah ben Amittai (jidd.) (1929). – MFoner, Jonah ben Amittai (hebr.) (1930). – James Bridie (Pseudonym v. Osborne Henry Mavor), Jonah and the Whale (London 1932) = Jonas und der Walfisch (Kassel/Basel 1960). – Zora Neale Hurston, Jonah's Gourd Vine (Philadelphia 1934). – Haakon Bugge Mahit, Jonas (Oslo 1935). – Harald Tandrup, Profeten Jonas privat (Kopenhagen 1937) = Jonah and the Voice (London 1938) = Der Prophet Jona – privat (Berlin 1960). – Babits Mihàly, Jonás Könyve (Budapest 1940.1963). – James Bridie, Jonah 3. The Sign of the Prophet Jonah: Plays for Plain People (London 1944). – Paul Goodman, Jonah (New York 1945). – Robert Lee Frost, A Masque of Mercy (New York 1947). – Laurence Housman, The Burden of Nineveh (Old Testament Plays London 1950). – Olov Hartman, Profet och timmerman (Malmö 1954) = Prophet und Zimmermann, Spiel in 3 Akten (o.J.). – Günter Rutenborn, Das Zeichen des Jona (Weinheim 1955). – WMankowitz, It Should Happen to a Dog (1956). – Albert Camus, Jona ou l'Artiste au Travail: L'exile et le royaume (Paris 1957.1972) = Jonas oder Der Künstler bei der Arbeit in: Das Exil und das Reich (Hamburg 1960) = Insel-Bücherei Nr. 686. – Aldois Huxley, Jonah (The Cherry Tree 1959). – Uwe Johnson, Jonas zum Beispiel: Das Atelier 1 hg.v. Klaus Wagenbach. Fischer Bücherei 455 (1962) 132f. – Stefan Andres, Der Mann im Fisch. Roman (1963). – Klaus Peter Hertzsch, Wie schön war die Stadt Ninive (Berlin o.J.) 55–69 = Der ganze Fisch war voll Gesang (Stuttgart 1969) 50–64.

14. Oratorien und Kantaten: Giacomo Carissini (1605–74): Jona. Oratorium (bearbeitet von Ferdinand Hiller). – Giovanni Battista Bassano: Giona. Oratorium (1689). – Giovanni Battista Vitali (1644–1692): Giona. Oratorium. – Pasquale Anfossi (1727–97): Ninive Conversa. Oratorium. – Lennox Berkeley: Jonah. Oratorium (1935). – Hugo Chaim Adler: Jonah. Kantate (1943). – Mario Castelnuovo-Tedesco: Jonah. Oratorium (1951). – Vladimir Voegel: Jona ging doch nach Ninive. Oratorium (1958). – BBayer, EJ X (1971) 176f. (dort Lit.).

Von der Überanstrengung des Ungehorsams

(1,1–3)

SDGoitein, Some Observations on Jonah: JPOS 17 (1937) 63–77. – DHarden, The Phoenicians (1962). – MWeiss, Einiges über die Bauformen des Erzählens in der Bibel: VT 13 (1963) 456–475. – MWeippert, Archäologischer Jahresbericht: ZDPV 80 (1964) 150–193. – GGarbini, Tarsis e Gen 10,4: Bi e Or 6 (1964) 13–19. – JMBlazquez, Tartessos y los origenes de la colonizacion fenicia en occidente (1968). – WThIn der Smitten: Zu Jona 1,2: ZAW 84 (1972) 95. – KGalling, Der Weg der Phöniker nach Tarsis: ZDPV 88 (1972) 1–18.140–181. Literatur

[1]Einst[a] erging Jahwes Wort an Jona, Amittais Sohn. Es lautete: [2]»Brich auf, wandere nach Ninive, der großen Stadt, und predige[a] gegen sie! Denn[b] ihre Bosheit[c] ist zu mir heraufgedrungen.« [3]Da brach Jona auf, um nach Tarschisch[a] zu fliehen, von Jahwe fort[b]. Er ging nach Jafo hinunter, fand ein Schiff, das nach Tarschisch[a] fuhr, zahlte den Preis dafür und stieg ein, um mit ihnen nach Tarschisch[a] zu fahren, von Jahwe fort[b]. Text

1a So ist ויהי als Eröffnungsformel am Beginn von Erzählungen zu verstehen; 1
vgl. Jos 1,1; Ri 1,1; 13,2; 17,1; 19,1; 1Sam 1,1; 2Sam 1,1; Rut 1,1; Est 1,1 und
Meyer III³ § 100,3b; WSchneider, Grammatik des biblischen Hebräisch (1974)
§ 54.2.2.1; auch LSchmidt, De Deo 70f. – **2a** Der Vorschlag von InderSmitten, 2
»schreie zu ihr hin« zu übersetzen, erscheint unbegründet, zumal nicht Jahwe,
sondern Jona Subjekt ist. – **b** Daß כי hier eher einen Kausalsatz (*V* quia) als einen
Objektsatz (»daß ihre Bosheit zu mir heraufgedrungen ist«) eröffnet, ist deshalb
wahrscheinlicher, weil die Botschaft nach 3,4 anders lautet und weil das Gespräch Jahwes mit Jona über Ninive besser zum Thema des Jonabuches paßt
(vgl. u.S. 149f. zu 4,1ff.). – **c** *G* (ἡ κραυγὴ τῆς κακίας αὐτῆς) deutet richtig, daß
רעתם die Bosheit der Niniviten und nicht das ihnen anzudrohende Unheil (Goitein 72) meint. – **3a** *T* (לימא . . . . בימא . . . לימא = »aufs Meer«) scheint den Ziel- 3
ort ebenso wie in Ez 27,12.25 u.ö. nicht zu kennen, wohl aber in Gen 10,4. – **b** *T*
interpretiert zweimal מן קדם דיתנבי בשמא דיוי = »vor dem Prophezeien im Namen Gottes«.

Dem Leser stockt der Atem am Ende dieser Eröffnungsszene, so erregend geschlossen ist sie. Kaum ist der Auftrag Jahwes an Jona ergangen, da scheint er schon gescheitert zu sein – nach Jonas Absicht. Doch nach dem Kunstwillen des Erzählers ist eben damit alles offen; die Geschichte Jahwes mit dem Befehlsverweigerer beginnt allererst. Formal zeigt sich die Geschlossenheit der Szene darin, daß sie mit dem Ergehen des Jahwewortes beginnt (V. 1) und mit einem wiederholten »von Jahwe fort« (V. 3a.b) endet. Als Exposition eröffnet sie jedoch zugleich die Erzählung. Sie stellt die Schauplätze der folgenden Szenen vor, das Tarschisch-Schiff (vgl. 1,4–16) und die Stadt Ninive (3,3b–10) mitsamt deren Menschen (suff.3.pl. in V. 2b [רעתם] und 3b [עמהם]), mit denen Jona Form zu tun haben soll. Vor allem aber pointiert sie das Hauptproblem und erweckt im Leser die Frage, was denn aus Jahwes Auftrag an Jona angesichts von dessen Flucht werden wird (vgl. 2,1–3,3a; 4,1–11). Als Leitproblem wird sie zum Eingang nicht gedanklich, sondern rein erzählerisch gestaltet.

Dabei unterscheiden sich im Stil zwei Teile. In V. 1f. führt ein einziger Narrativ (imperf.cons.) das alles weitere auslösende Wort Jahwes ein (V. 1), das mit drei Imperativen (V. 2a) und einem Begründungssatz (V. 2b, s.u.S. 77) in direkter Rede erscheint. Diesem solennen Auftakt folgt in V. 3 eine Kette von fünf Narrativen, die alle Jona zum Subjekt haben; sie berichten fünf wortlose Handlungen, die in einem sich steigernden Tempo einander folgen und erst mit der letzten zur Ruhe kommen; die Sätze bestehen aus sechs, zwei, vier, zwei und sieben Wörtern. Dabei kennzeichnen im ersten und letzten Satz je ein inf.c. ל die Finalstruktur der Akte; hier wird perspektivisch erzählt; das Ziel wird beide Male gleichlautend benannt: »von Jahwe fort« zu kommen. Die Wiederholung in den Finalsätzen betont genau das Problem: was wird daraus? So werden die stummen Akte durch die doppelte Absichtserklärung zur Antwort auf Jahwes Wort (»erlebte Rede«; vgl. MWeiss 461f.464f.). Im Leser wird die Spannung auf das Folgende erzeugt.

Gibt die Exposition schon die spezielle Gattung dieser Prosaerzählung zu erkennen? Die Einführung verschiedener Schauplätze und Personenkreise läßt wohl mehrere Szenen erwarten; sie werden sich jedoch auf die Spannung zwischen dem eindeutigen Gotteswort (V. 1f.) und dem menschlichen Widerspruch (V. 3) konzentrieren und beschränken. Danach kündigt sich eine Problem-Novelle an. Beachtet man ferner, daß der Befehl Gottes begründet und die Absicht der menschlichen Reaktion erklärt wird, daß ein historisches Interesse angesichts des Fehlens jeglicher Zeitangaben nicht zu erkennen ist, daß Ninive mit allgemeinsten Eigenschaften (»groß«, »böse« V. 2) und Jonas Absicht ganz grundsätzlich beschrieben werden (»von Jahwe fort« V. 3a.b), so wird man eine lehrhafte Komponente einrechnen und bei allem erzählerischen Geschick das Unterhaltsame in den Dienst der Problemklärung hineingezogen sehen, wobei der Leser sich selbst unterbringen kann. Doch nimmt das Lehrhafte schon hier eine spezielle Gestalt an. Wirkt nicht die übereifrige Aktivität Jonas in V. 3 nahezu lächerlich, zumal seine Absicht nach seiner eigenen Kenntnis (1,9!) aussichtslos ist? Klingt nicht insbesondere in der Formulierung, daß er »seinen (des Schiffes!) Preis« bezahlte (s.u.S. 80), ein wenig Ironie? So werden wir im ganzen am ehesten eine satirisch-didaktische Novelle erwarten. Vgl. MBurrows, Category 80–107.

Ort Doch bleibt die Fortsetzung abzuwarten. Denn die erste Szene hat ja keinerlei selbständige Funktion, sondern dient als Vorbereitung dem

Ganzen der Erzählung. Mögen die folgenden Szenen verschiedenste Stoffe gestalten, am literarischen Ort der Eröffnungsszene sind sie bereits alle vereint. Außer dem Generalproblem um Jahwe und Jona ist jede Szene mit mindestens einem Kennwort vertreten: die »große Stadt« aus 3,2a.3b (vgl. 4,11), die »Flucht vor Jahwe« aus 1,10; 4,2, das »Schiff« aus 1,5 und der in 3,1–2a wiederholte Auftrag von 1,1–2a.

Fragt man nach der Herkunft des Verfassers, so fällt auf, daß er den Heimatort Jonas nach 2Kön 14,25, Gat-Hefer, der im galiläischen Gebirge liegt (s.u.S. 79), verschweigt, aber Jafo (V. 3b) erwähnt, den von Jerusalem, nicht aber von Gat-Hefer aus nächsterreichbaren Hafen. Für die Zeit des Verfassers ist zu beachten, daß Tarschisch-Schiffe in sicher datierbaren Texten kaum vor Ezechiel vorkommen (s.u.S. 79), daß die Wortereignisformel (V. 1) auch erst vom 6.Jh. an geläufig (BK XIV/1,2) wird.

Die Eröffnung mit den Wendungen der Wortereignisformel erinnert Wort 1
zwar genau an den Wortschatz zahlreicher Buchtitel von Prophetenspruchsammlungen (Hos 1,1; Joel 1,1; Mich 1,1; Zef 1,1; vgl. Hag 1,1; Sach 1,1; vgl. JDSmart). Doch bieten nicht nur alle (außer Joel 1,1) mehr als nur die Namen des Propheten und seines Vaters. Der wesentliche Unterschied ist, daß hier nicht eine Überschrift zu Prophetensprüchen (דבר יהוה אשר היה אל), sondern der einleitende Satz einer Prosaerzählung vorliegt. In Wortwahl und Struktur entspricht er auffällig den Elijaerzählungen, deren Einzelstücke viermal genau gleich beginnen: ויהי דבר־יהוה אל ... לאמר (קום לך) (1Kön 17,2f.8f. [18,1] 21,17f.[28]). Ähnlich werden Jeremia-Stücke wie 1,11.13; 2,1f.; 13,3f. eröffnet. An Elijatraditionen wird noch deutlicher Kap. 4 (s.u.S. 141f.), an Jeremiaüberlieferungen Kap. 3 (s.u.S. 120) erinnern. Doch hier schon kündigen sich die literarischen und theologischen Modelle unseres Erzählers an; vgl. zur Wortereignisformel im einzelnen WZimmerli, BK XIII 88f.

Wer ist Jona? Als »Sohn Amittais« identifiziert ihn der Erzähler eindeutig mit jenem Propheten aus Gat-Hefer, der nach 2Kön 14,25 unter Jerobeam II. (787–747) im Nordreich Israel als Heilsprophet auftrat. Denn beide Namen kommen nur an diesen beiden Stellen im Alten Testament vor.

Doch warum wird gerade er zum Helden dieser satirisch-didaktischen Novelle? Der historische Jona hatte zur Zeit des neuassyrischen Großreichs auf Grund des Erbarmens Jahwes mit Israel (2Kön 14,26) dem König Jerobeam trotz seiner Bosheit (V. 24) die Wiederherstellung alter Grenzen (V. 25) angekündigt, die in siegreichen Kriegen (vgl. V. 25 und 28) auch erfolgte. Diese Notizen aus 2Kön 14,23–29 werden unserem nachexilischen Novellisten bekannt gewesen sein. Zu seiner Erzählung paßt ein israelitischer Heilsprophet, der schon als solcher Gerichtsprophet für Israels Feinde ist. Als Hauptfeind aber war ihm aus dem 8.Jh. Assur bekannt (2Kön 15,19f. u.ö.) und als dessen Hauptstadt Ninive (s.u.S. 77). Ob ihn das Verhältnis von göttlichem Erbarmen zu menschlicher Bosheit schon aus den Überlieferungen des 8.Jh.s (vgl. 2Kön 14,24 und 26) beschäftigt hat, ist nicht zu erweisen, wohl aber aus den Bezügen von 3,8–10 zu den Jeremiaüberlieferungen zu erkennen (s.u.S. 127ff.). Als Typ eines Heilspropheten aus der Zeit der längst vergangenen assyrischen Vorherrschaft genügte ihm Jona ben Amittai, um mit diesem Namen seine Lehrerzählung zu verknüpfen; je weniger von ihm allgemein bekannt war, um so freier konnte er erzählen; ähnlich haben andere nachexilische Dichter den gerechten Ijob oder den weisen Daniel zu »Helden« ihrer Erzählungen gewählt (vgl. Ez 14,14; 28,3 mit Ijob 1f.; Dan 1ff.).

Vielleicht schien dem Satiriker auch der Name besonders geeignet. Jona heißt Taube[1]. Gegen 40 Tiernamen kommen im Alten Testament als Personennamen oder im Vergleich mit Menschen vor; meist sind es wenig schmeichelhafte Spitznamen wie Floh (Neh 10,15 u.ö., vgl. 1Sam 24,15), Schwein (1Chr 24,15; Neh 10,21; Spr 11,22) oder Maulwurf (1 Chr11,30 cj. חֹלֶד und 2Kön 22,14 חֻלְדָּה, die Prophetin Hulda!); vgl. Noth, Pers 229f. Mit einer Taube verglich schon Hosea sein Volk (7,11): »Ephraim ist einer Taube gleich, die sich verleiten läßt, ohne Verstand; Ägypten rufen sie, nach Assur laufen sie.« So ist Jona: Nach Ninive soll er, nach Tarschisch will er. Später wird Israel oft mit einer Taube verglichen, so im Targum Hld 2,14 oder bSchabbath 130a (vgl. GAFKnight, Ruth and Jonah, ²1956, 90f.). Literarisch vergleichbare Erzählungen sind offenkundig an der Bedeutung der Namen interessiert; so heißen im Büchlein Rut Orpa »die Widerspenstige« (1,4.14), Machlon »der Kränkliche« und Kiljon »der Hinfällige« (1,2.5), Ijob selbst wahrscheinlich »der Angefeindete«, seine drei Töchter (42,14) »Täubchen«, »Zimtblüte« und »Schminkkästchen«, Daniel »Gott ist Richter«. Einmalig wie fast alle diese Namenbildungen ist auch Amittai, wahrscheinlich »Kurzform eines mit אֱמֶת gebildeten Nominalsatznamens« (MNoth, Pers 162), mit dem Jahwes Treue bekannt wird. So mochte unser Didaktiker schon im Namen anklingen lassen, daß sein »Held« ein Flattergeist (gleich der Taube Israel von Hos 7,11) und doch ein Sohn der Treue Jahwes ist. Möglich ist es um so mehr, als er keine Silbe über die Zeit des historischen Jona, über seine Heimat und auch nicht über seinen Beruf verliert. Auf

[1]Die christliche Kunst bringt Jona oft mit einer Taube in Verbindung. Eine Grabverschlußplatte in Rom (christliche Abteilung des Lateranmuseums) zeigt über dem Seedrachen, der Jona ausspie, eine Taube. Auf einem Sarkophagfragment sitzt die Taube auf der Kürbislaube, unter der Jona liegt (s.u.S. 143f.). Die Gebhard-Bibel um 1100 paraphrasiert den Namen Jona columba pulcherrima (nach USteffen, Mysterium 110 und FSühling, Die Taube als religiöses Symbol im christlichen Altertum: RQ 24, 1930, 234ff.).

ausdrückliche Rückfrage nach seinem Auftrag (1,8) nennt er sich später auffällig nur einen »Hebräer« (1,9). So läßt er dem Leser von vornherein kaum eine Möglichkeit, sich zu distanzieren. Vgl. JDMagonet, Form and Meaning 209f. Jona als Prophet und als typischer Vertreter Israels sind in der Erzählung nicht mehr voneinander zu trennen.

Das gilt auch angesichts des speziellen Auftrags. Ninive ist aller histo- 2
rischen Züge entkleidet. Als Urtyp der »Großstadt« gilt sie (Gen 10,11f.; vgl. Jdt 1,1). Zur Größe vgl. im einzelnen u.S. 122f. zu 3,3b. Es interessiert nicht näher, daß sie für einen einzelnen Fußgänger aus Israel unerreichbar fern am Ostufer des Tigris noch nördlich des großen Zab gegenüber dem heutigen Mosul lag. Auch ihre spezielle Bedeutung als Residenzstadt des neuassyrischen Reiches scheint dem Verfasser nicht genauer bekannt zu sein. Denn als solche fungierte sie z.Zt. des historischen Jona überhaupt nicht; nachdem im 9.Jh. vorübergehend Assurnasirpal II. und Salmanassar III. dort residiert hatten (vgl. Weißbach, RLA I 218), wurde sie erst wieder durch Sanherib nach 705 als Regierungshauptstadt aufgebaut und befestigt. Im Jahre 612 haben Meder und Babylonier sie zerstört; sie wurde nie wieder aufgebaut. So erschien sie eben in ihrer urgeschichtlichen Ferne und Vergangenheit unserem Erzähler als Lehrmodell geeignet; s.u.S. 126f. zu 3,6f. Während jedes geographisch-historische Detail fehlt, wird zugleich deutlich und doch allgemein genug gesagt, worin sie denn ein Urbeispiel darstellt: in der »Bosheit« der in ihr lebenden Menschen; darauf deutet das suff. 3.pl. (*G* αὐτῆς und *V* eius sind bei grammatischer Kongruenz sachlich weniger genau). Hier kann der Erzähler an Geschichtserinnerungen Israels anknüpfen, wonach die neuassyrische Macht ungleich brutaler war als die folgenden Großreiche; Furcht und Abscheu bewirkte sie; vgl. Nah 2,12–14; 3,1ff. 3,19 faßt das Urteil auch mit dem Wort רעה zusammen; s.u.S. 127f. zu 3,8. Es kommt keineswegs auf Besonderheiten an, vielmehr auf das, was in Gegenwart und Zukunft generell immer wiederkehrt.

»Gegen« dieses große und gefährliche Ninive soll Jona mit seiner Predigt antreten. *G* übersetzt hier wie in 3,2 (אליה) κήρυξον ἐν αὐτῇ; doch macht es der folgende Begründungssatz wahrscheinlich, daß das Moment des Gegnerischen in der praep. על mitklingt (vgl. BrSynt § 100b). Andererseits verstärkt diese praep. die Annahme, daß der folgende Satz nicht den Inhalt der Botschaft angibt (s. Textanm. V. 2b), obwohl *G* genau dies in 3,2 voraussetzt (τὸ κήρυγμα τὸ ἔμπροσθεν, ὃ ἐγὼ ἐλάλησα πρὸς σέ). קרא führt zumal im Jonabuch nie allein eine direkte oder indirekte Rede ein; vgl. 1,14; 3,2.4. Der Kausalsatz entspricht der Tendenz des Erzählers, bei dem Jahwe ein stärkeres Interesse an Jona als an Ninive hat. Jona soll zunächst nur wissen, warum er nach Ninive gehen muß. Daß die Bosheit der Niniviten Jahwe unmittelbar in die Augen springt (ähnlich Klgl 1,22) und nicht erst, wie in älteren Texten, ein ver-

mittelndes Geschrei davon (vgl. Gen 4,10; 18,21; 1Sam 5,13 und hier *G*,
s. Textanm. V. 2c), deutet auf die menschliche Nähe Jahwes in dieser No-
velle hin (anders Ijob 1f.). Der Auftrag an Jona ist klar, groß und gefahr-
3 voll, seine Antwort ebenso verständlich wie ungewöhnlich. Sie muß äu-
ßerste Spannung beim Leser wecken. Denn aus der Tradition der Prophe-
tenerzählungen weiß er, daß einem »Auf und geh!« (קום לך) aus Jahwes
Mund als Reaktion folgte: »und er stand auf und ging« (ויקם וילך; 1Kön
17,10; vgl. Jer 13,5). Zwar bricht auch Jona auf (ויקם), wie man erwartet,
aber sofort schockiert die Absicht, »zu fliehen«. Und dem befohlenen
Zielort Ninive wird gleich dreimal das erstrebte Fluchtziel Tarschisch ge-
genübergestellt. Für das zielorientierte Erzählen unseres Novellisten ist
es charakteristisch, daß die Absicht gleich im ersten Satz (V. 3a) berichtet
und danach erst in vier weiteren Sätzen (V. 3b) der Weg zu seiner Durch-
führung dargestellt wird. Mit Tarschisch soll der Leser die Vorstellung
weitester Entfernung und zwar in entgegengesetzter Richtung gegenüber
Ninive verbinden, vielleicht sogar den Gedanken, daß dorthin die Kunde
von Jahwe niemals vorgedrungen ist; vgl. Jes 66,19.

Sowohl in Gen 10,4 wie in einer Inschrift Asarhaddons (681–669; ANET 290 *Tar-si-si*) werden Zypern und Tarschisch nebeneinander erwähnt (vgl. CWestermann, BK I, 677f.). Doch darf man daraus nicht eine Identifikation von Tarschisch mit Tarsus im kleinasiatischen Zilizien folgern (Jos.Ant.IX,10,2; GGarbini), zumal Tarsus in Keilschrifttexten anders (*Ta-ar-zu*) geschrieben wird als *Tar-si-si*. Eher weist die Zusammenstellung auf die östlichsten und westlichsten griechischen Niederlassungen in der Mittelmeerwelt (»Söhne Jawans« Gen 10,4!). Der Asarhaddon-Text ist ANET 290 an der entscheidenden Stelle unvollständig übersetzt, richtig dagegen bei RBorger, Die Inschriften Asarhaddons: AfO Beih 9 (1956) Tfl. 1 und S. 78. Z. 10f. lautet übersetzt: »Die Könige (der Inseln) inmitten des Meeres allesamt von Jadanana (und) Jaman bis hin nach Tar-si-si unterwarfen sich meinen Füßen.« Hier ist also zwischen Zypern (Jadanana) und Tarsisi noch das »Jonierland« genannt. Tarsis könnte demnach westlich davon zu suchen sein. KHDeller, dem ich obige Übersetzung und Einzelauskünfte zu den Keilschrifttexten verdanke, hält eine Lokalisierung in Spanien für unwahrscheinlich. Die »spanische« Lösung vertritt u.a. (s.u.) auch PCintas, Tarsis – Tartessos – Gadès: Sem 16 (1966) 5–37 (34). Vgl. JMBlazques 16f.

Tarsus wäre durch Küstenschiffahrt erreichbar. Die Tarschisch-Schiffe sind Hochseeschiffe, die fernste Gestade erreichen (vgl. neben Jes 66,19 auch Ps 72,10; Jes 60,9). Dann aber ist an die iberische Gründung und spätere griechische Kolonie Tartessos (Ταρτησσός) im sw Spanien an der Mündung des Guadalquivir zu denken, die schon Herodot I 163 erwähnt. Zur Identität von Tarschisch und Tartessos vgl. ASchulten, Tartessos ([2]1950) 25–30, zur genauen Lage vermutlich wenige Kilometer nördlich der Baetis- = Guadalquivir-Mündung a.a.O. 155–176. Vgl. jetzt JMBlazquez 226–231. Tarschisch ist Ziel weiter Seefahrten nicht nur von Kriegs-, sondern auch von Handelsschiffen. Als Handelsstadt (Ez 38,13), insbesondere für Silber, Eisen, Zinn und Blei (Jer 10,9; Ez 27,12), ist Tarschisch auch Israel bekannt, wahrscheinlich durch Vermittlung der phönikischen Tyrer (Jes 23,1.6.10.14; Ez 27,25ff.). Andere Versuche der Lokalisierung passen weniger gut zu den alttestamentlichen Aussagen über Tarschisch; vgl. WFAlbright, New Light on the Early History of Phoenician Colonization: BASOR 83 (1941) 14–22 (21f.), der an Sardinien denkt; dagegen GGarbini, HWildberger, BK X/1, 110f. und JLindblom, ASTI IV (1965) 60f. bBaba Bathra 38a und 39a rechnet für eine Reise nach Spanien ein volles Jahr. An einen solch extrem fernen Ort denkt der Erzähler. So liefern denn auch die Tarschisch-Schiffe allerlei exotische Raritäten, wovon 1Kön 10,22 neben Edelmetallen Elefantenzähne, Affen und Paviane aufzählt; vgl. MNoth, BK IX/1, 232f.; allerdings ist hier in erster Linie an die in den Indischen Ozean auslaufenden Überseeschiffe Salomos gedacht, ein Beleg dafür, daß »Tarschisch-Schiff« zum Begriff für Hochseeschiff überhaupt geworden ist; vgl. auch 1Kön 22,49. Für Jona wird man an ein Handelsschiff zu denken haben, das als Rundtyp vom Langtyp der Kriegsschiffe unterschieden war; vgl. Herodot I 163, wo neben »Fünfzigruderern« die »runden Handelsschiffe« genannt werden; ferner Reliefs in Karatepe und in Ninive (kuyunjik), die die Hochseeflotte des Königs Luli von Sidon zeigt; es handelt sich um kombinierte Segel- und Ruderschiffe, »Ruder-Segler« BRL 456; vgl. DHarden 169 und Tafel 50; MWeippert 162, dort weitere Literatur. Im Alten Testament werden Tarschisch-Schiffe häufiger erst in exilisch-nachexilischer Zeit erwähnt (Ez 27,25; Jes 23,1–14; 60,9); auch 1Kön 10,22 wird auf »umlaufendes Erzählungsgut« in deuteronomistischer Zeit zurückgehen (MNoth, BK IX/1, 208; vgl. 1Kön 22,49); älter mögen Jes 2,16 und Ps 48,8 sein.

Um ein Tarschisch-Schiff zu erreichen, wandert Jona nach Jafo, das im NW von Jerusalem liegt, heute der zu Tel-Aviv gehörige Stadtteil Jaffa. Woher er kommt, wird verschwiegen. Die Erwähnung des aus 2Kön 14,25 bekannten Heimatortes Gat-Hefer würde eher an den Hafen Tyrus denken lassen, der für Tarschisch-Schiffe berühmt ist (Ez 27,25ff.; Jes 23,1ff.). Aber Jafo ist wohl der dem Erzähler und seinen Lesern in Juda vertrautere Hafen, in dem Zedernholz vom Libanon, auf dem Seewege herangeschafft, für Jerusalem ausgeladen wird (Esr 3,7; 2Chr 2,15); Jafo wird sonst nur noch Jos 19,46 erwähnt, und zwar als nicht-israelitisch. Nach dem Taylor-Zylinder Sanheribs gehörte der Ort im Jahre 701 zum Philisterstaat Aschkelon (AOT 353; ANET 287; Von Sinuhe bis Nebukadnezar, hg. AJepsen, 1975, 174). Auch das spricht gegen den Versuch, aus der Novelle eine Historie zu machen. Jafo legt sich dem Erzähler nahe, weil dort Seefahrtgeschichten überliefert werden, die er im folgenden verarbeitet hat. So wird ein Seitentrieb der Perseus-Andromeda-Sage im 4.Jh. durch Pseudo-Skylax (Geographi Graeci Minores I, 1855, 79) und Strabo (XVI 2,28 [C 759]) für Jafo bezeugt; damals schon stritt man mit anderen, die die Sage in Äthiopien lokalisierten, d.h. am Indischen Ozean; zur Geschichte des Äthiopien-Namens und seiner Verbindung mit der Küste des erythräischen Meeres vgl. jetzt ADihle, Umstrittene Daten: WAAFLNW Bd. 32 (1965) 65–79; zur Sache vgl. HWWolff, Studien 26ff.; MAvi-Jonah, Perseus and Andromeda at Joppa (hebr.): Yediot 31 (1967) 203–210. Neuere Ausgrabungen bezeugen eine wirtschaftliche Blüte und Ausdehnung der Stadt Jafo seit der 2. Hälfte des 5.Jh. und – auf Grund der Keramikfunde – Handelsbeziehungen mit allen Mittelmeerländern; vgl. JKaplan, The Archaeology and History of Tel Aviv-Jaffa: BA 35 (1972) 66–95 (87!).

Dem Hinuntersteigen nach Jafo folgt schnell das Finden des Schiffes, das Zahlen des Preises und das weitere »Hinuntersteigen« ins Schiff. Das wiederholte וירד mag den »Abstieg« betonen, zumal ein drittes ירד in V. 5b folgen wird (vgl. 2,7!). (*G* unterscheidet in V. 3b κατέβη und ἐνέβη, in V. 5b κατέβη). Der Preis für die lange Seereise von vielleicht fast einjähriger Dauer (s.o.S. 79) bis jenseits der Meerenge von Gibraltar wird nicht gering gewesen sein. Den gehorsamen Elija versorgt sein Gott sogar in dürrer Zeit (1Kön 17,1–6); der ungehorsame Bote muß seine Flucht selbst teuer bezahlen; das suff. 3.fem. in שְׂכָרָהּ ist im Zusammenhang auf das unmittelbar voraufgehende אניה zu beziehen; so entsteht in Ironie der Eindruck, Jona habe den Preis für das ganze Schiff zu bezahlen. Das Ziel der Fahrt wird am Ende von V. 3b wiederholt: »dem Angesicht Jahwes zu entkommen«. Ist damit der Machtbereich Jahwes gemeint? Die Vorstellung, dieser sei auf das Territorium Israels beschränkt (1Sam 26,19; 2Kön 5,17) oder umfasse doch wenigstens nicht das »äußerste Meer«, ist sicher nicht die des Erzählers, der selbst in Ninive (V. 2) Jahwe für allein zuständig hält. Jona kann er jene Meinung nur ironisch unterstellen (vgl. V. 9 und Ps 139,9; Am 9,3). Als erklärte Absicht Jonas wird man בוא / ברח מלפני יהוה dahin deuten müssen, daß er sich dem Dienst Jahwes entziehen will; die Wendung opponiert der aus den Elija- und Jeremiaüberlieferungen vertrauten Verbindung עמד לפני (1Kön 17,1; 18,15; Jer 15,19; vgl. 2Kön 3,14; 5,16 und WRudolph z.St.). Die wortlose Aufkündigung des prophetischen Gehorsams ist mit ihrer unvollziehbaren Zielsetzung, Jahwes Zugriff zu entweichen, nur als Eröffnung einer Satire zu verstehen.

Ziel Der Erzähler hat mit dieser Exposition beim Leser sein Ziel erreicht, wenn er in ihm die Frage erweckt hat, wie Jahwe nun weiter verfahren wird. Er will diese Frage sicher nicht eingeschränkt sehen auf das Problem des Machterweises gegenüber Jonas Fluchtplan (so Ludwig Schmidt, De Deo 72). Gewiß zeigt sich schon Jahwe selbst als das eigentliche Thema, wie denn sein Wort und sein Name die Eröffnungsszene beginnt und beschließt. Doch fragt der Leser eben deshalb nicht nur danach, was aus Jonas Ungehorsam wird, sondern zugleich nach der Zukunft von Jahwes Auftrag. Die Spannung zwischen Jahwe und Jona zeigt sich als das leitende Thema; seine treibenden Motive aber liegen im Verhältnis zu Ninive und auch zur Schiffsbesatzung. So hält der Leser Ausschau: Was wird aus Jahwes Auftrag für Ninive, nachdem Jona sich ihm als Fahrgast der Tarschisch-Schiffer entzogen hat?

Jona ist als ein Mensch vorgestellt, den Gottes Anspruch erreicht, Ninive als Modell der großen, bösen Welt und Tarschisch als Ort der Gottesferne. Da alle historisierenden Details fehlen, da Ninive und Tarschisch dem alten Leser so vertraut sind wie dem heutigen Moskau und New York, fordert der Erzähler bestimmte Gruppen von labilen Frommen heraus, indem er ihnen mit dem Mittel der satirischen Novelle nicht mehr als die Distanz eines vorgehaltenen Spiegels erlaubt.

Über den missionarischen Erfolg einer Flucht vor Gott

(1,4–16)

Literatur

DNFreedman, Jonah 1,4b: JBL 77 (1958) 161–162. – JLindblom, Lot-Casting in the Old Testament: VT 12 (1962) 164–178. – DKAndrews, Yahwe the God of the Heavens: The Seed of Wisdom. Festschr TJMeek (1964) 45–57. – MWeiss, Weiteres über die Bauformen des Erzählens in der Bibel: Bibl 46 (1965) 181–206. – RPesch, Zur konzentrischen Struktur von Jona 1: Bibl 47 (1966) 577–581. – MWagner, Die lexikalischen und grammatikalischen Aramaismen im alttestamentlichen Hebräisch: ZAWBeih 96 (1966). – MWeippert, Die Landnahme der israelitischen Stämme: FRLANT 92 (1967). – WJHornitz, Another Interpretation of Jonah 1,12: VT 23 (1973) 370–372. – LCAllen, The Greek Chronicles: VTSuppl 27 (1974).

Text

4Da warf Jahwe einen [großen][a] Wind aufs Meer, so daß[b] ein hoher Wellengang im Meer entstand. Als[c] das Schiff zu zerbrechen[d] drohte[e], 5da gerieten die Seeleute in Furcht. Ein jeder schrie zu seinem Gott. Sie warfen die Ladung[a], die im Schiff war, ins Meer, um es von ihr zu entlasten.

Jona aber war[b] ins Unterste[c] des Schiffes[d] herabgestiegen, hatte sich hingelegt und war tief eingeschlafen[e], 6als[a] der Kapitän[b] zu ihm kam und zu ihm sprach: »Wie kannst du schlafen?! Auf! Rufe zu deinem Gott! Vielleicht kümmert sich[c] der Gott um uns, so daß wir nicht umkommen.« 7Dann sagten sie zueinander: »Kommt! Wir wollen die Lose werfen, damit wir erfahren, wessentwegen[a] uns dieses Böse trifft.« Sie warfen die Lose, und das Los fiel auf Jona. 8Da sprachen sie zu ihm: »Teile uns doch mit, [a][wessenthalben uns dieses Böse traf,][a] was dein Beruf ist, woher du kommst, welches deine Heimat ist und aus welchem Volk du stammst!« 9Er sagte ihnen: »Ein Hebräer[a] bin ich, und Jahwe, den Gott des Himmels, fürchte ich[b], der das Meer und das Festland gemacht hat.« 10Da gerieten die Männer in große Furcht und sprachen zu ihm: »Was hast du da getan!«[a] Die Männer hatten nämlich erfahren, daß er sich auf der Flucht von Jahwe weg[b] befand; [c]denn er hatte es ihnen mitgeteilt[c]. 11Sie sprachen zu ihm: »Was sollen wir mit dir machen, damit[a] das Meer uns in Ruhe läßt?« Denn das Meer tobte immer heftiger[b]. 12Er sprach zu ihnen: »Nehmt mich und werft mich ins Meer! Dann wird das Meer euch in Ruhe lassen. Denn ich bin gewiß, daß meinetwegen[a] dieser gewaltige Sturm über euch (tobt).« 13Aber die Männer legten sich in die Ruder[a], um wieder das Festland zu erreichen, vermochten es jedoch nicht. Denn das Meer tobte ihnen noch immer heftiger entgegen[b]. 14Da riefen[a] sie zu Jahwe und sprachen: »Ach[b], Jahwe! Laß uns doch nicht umkommen wegen des Lebens dieses Mannes und belaste uns nicht mit Blut, das zu Unrecht[c] vergossen wird. Denn du bist Jahwe, wie es dir gefällt, so handelst du«. 15Dann nahmen sie Jona und warfen ihn ins Meer.

Da hörte das Meer auf zu tosen[a]. 16So kamen die Männer zu großer

Furcht vor[a] Jahwe. Sie brachten Jahwe[b] ein Opfer dar[c] und legten Gelübde ab.

4a *G* (πνεῦμα) *T* (רוח) lassen גדולה unübersetzt; ist der kürzere Text ur- 4
sprünglich oder will er (sekundär) an Gen 1,2 erinnern? σ' stützt *M*. – **b** Nach der
in V. 3 im impf.cons. (Narrativ) erzählten Geschehniskette erscheint in V. 4aβ
das nächste impf.cons. als Folgesatz, dessen Voraussetzung V. 4aα als solche
durch Inversion des (betont vorangestellten) Subjekts (Jahwe!) und (konstatie-
rendes) pf. hervorhebt. Vgl. Gen 4,1; 22,1aβ.b; 36,2–4 und BrSynt § 122m. – **c** V.
4b verhält sich als Vordersatz mit Inversion des Subjekts und perfektischem
Verb ebenso zu den in V. 5a folgenden Narrativen wie V. 4aα zu 4aβ; s. Textanm.
V. 4b. Der Umstand des drohenden Schiffbruchs ist Voraussetzung der mensch-
lichen Reaktionen. – **d** inf.ni. wörtlich »zerbrochen zu werden«. – **e** חשב pi. wird
sonst nie von leblosen Dingen gebraucht; das gilt aber ebenso von זעף in V. 15
und ist deshalb kein ausreichender Grund, nach einer Konjektur wie חָבָה (von
חוב, DNFreedman nach Dan 1,10) zu suchen, zumal eine solche die Alliteration
(חשבה להשבר) zerstört; *G* (ἐκινδύνευε, *V* periclitabatur »lief Gefahr«) *T* (בעיא
= »war darauf aus«) geben *M* sinngemäß wieder. – **5a** Wörtlich »die Gefäße«, 5
womit zunächst die Krüge, Amphoren und ähnliches gemeint sind, die dem Wa-
rentransport dienten; doch *G* (ἐκβολὴν ἐποιήσαντο τῶν σκευῶν) scheint an Ge-
räte der Schiffsausrüstung gedacht zu haben; vgl. Apg 27,19 und u.S. 88. – **b** Der
invertierte Perfektsatz mit plusquamperfektischer Bedeutung V. 5b zieht Jona in
die Ereignisse auf dem Schiff hinein (V. 6), indem er zunächst nachholt, was Jona
nach 1,3 getan hat. – **c** Vgl. Am 6,10 und BK XIV/2, 328. – **d** Im Unterschied zu
אניה in V. 3.4.5a meint das im Aramäischen häufigere Wort ספינה, das im Alten
Testament nur hier erscheint, das gedeckte Schiff (ספן = decken; vgl. MWagner
88) und hier wohl genauer das Unterdeck (Ehrlich V 264; GHCohn, Jonah 13).
S.u.S. 89. – **e** *G* (ἔρρεγχε) übersetzt das Wort vom Tiefschlaf (Gen 2,21; Ri 4,21;
Ijob 4,13) frei: »er schnarchte«. – **6a** S. Textanm. 1,5b. – **b** Wörtlich: der Oberste 6
der Schiffsmannschaft; *T*: רב ספניא (Schiffshauptmann); *G* (πρῳρεύς) *V* (guber-
nator): Steuermann; חֹבֵל hingegen meint den Matrosen, der die Schiffstaue
(חֶבֶל) verknotet (II חבל); das Wort kommt wie מַלָּח (V. 5) nur hier und Ez 27,8f.
27–29 vor. – **c** עשׁת hitp. ist ein Aramaismus (vgl. Dan 6,4 und MWagner 93:
»sich eingedenk zeigen«); *G* (διασώσῃ = »rettet«) *T* (יתרחם = »erbarmt sich«)
deuten frei, während *V* (recogitet = »überdenkt«) den Wortsinn trifft. – **7a** Die 7
Form besteht aus vier Elementen: der praep. ב, der Relativ-Partikel שֶׁ, der praep.
ל und dem Fragepronomen מִי. Die Relativ-Partikel שֶׁ ist ursemitisch, im Hebrä-
ischen weithin durch אֲשֶׁר verdrängt (vgl. 1,8!) und erst unter aramäischem Ein-
fluß wieder öfter verwendet (auch in 4,10); vgl. MWagner 110f. Die praep. ל wird
vor folgendem Pronominalsuffix (vgl. 1,12) und vor Fragepronomen (vgl. Hld
1,7) wie hier eingeschaltet. – **8a–a** V. 8aβ ist sekundär: er fehlt in *M*[MSS] *G*[BSV] 8
u.ö.; die Frage ist schon durch das Los geklärt (V. 7, WRudolph); sie wirkt hier
vor den vier knappen Fragen ebenso umständlich wie unnötig (anders RPesch
579). Der Zusatz entstammt wohl einer Randglosse zu V. 7aα, die die Relativ-
partikel שֶׁ durch אשר austauschen wollte und später vom Rande an falscher
Stelle in den Text aufgenommen wurde. *T* (בדיל מא) setzt באשר לְמָה voraus, er-
fragt also nicht die Person, sondern den Sachgrund, was nach der Personalent-
scheidung durch das Los verständlicher ist. – **9a** *G* (δοῦλος κυρίου) verliest ר in 9
עברי als ד und versteht י als Abkürzung des Tetragramms (עֶבֶד יהוה = »Knecht
Jahwes«; vgl. LCAllen 81); *T* (יהודאה = »Judäer«) bestätigt wie *V* (Hebraeus)
M. – **b** Der partizipiale Nominalsatz ist als duratives Praesens zu verstehen:

10 Ges-K § 140e; Joüon, Gr § 121c; Meyer^3 III § 104,2b. – **10a** Häufiger Ausdruck
erschrockener Nachfrage nach einem schuldhaften Vorgang (neutr. זאת; vgl.
Gen 3,13); eine Antwort wird nicht unbedingt erwartet (vgl. Gen 12,18; 26,10). –
b *T* interpretiert wie in 1,3; s.o. Textanm. V. 3b. – **c–c** Die einhellige Textüberlie-
ferung rechtfertigt eine Streichung des Schlußsatzes nicht, wie sie Wellhausen,
Bewer, Nowack, BHS u.a. vorschlagen, wenn auch ein dritter כי-Satz in V. 10b
11 stilistisch befremdet. – **11a** Das Impf. der Folge (mit ו – copul.) zeigt hier wie
schon 1,6bβ.7aβ und in V. 12aβ den vorwärts drängenden, die Spannung stei-
gernden Stil (Ges-K § 165a). – **b** הלך als pt. act. bringt als verbum relativum in
der Funktion eines Adverbs die fortdauernde Steigerung der mit dem zweiten pt.
bezeichneten Tätigkeit zum Ausdruck; vgl. Ges-K § 113u; BrSynt § 93g und Ex
12.13 19,19; 1Sam 17,41; 2Sam 3,1. – **12a** S.o. Textanm. V. 7a. – **13a** Wörtlich:
»durchbohrten«, d.h. sie suchten sich mit Rudern durch die Wogen hindurchzu-
14 arbeiten. – **b** S.o. Textanm. V. 11b. – **14a** *G* (ἀνεβόησαν) *V* (clamaverunt) über-
setzen קרא hier und in 3,8 wie זעק in 1,5 (»schreien«), jedoch in 1,6 ἐπικαλοῦ
bzw. invoca (»anrufen«). – **b** Der Aufschrei setzt sich zusammen aus dem Ruf
elementaren Erschreckens אָה zur Eröffnung der Bittklage (s. BK XIV/2,25) und
der Partikel des Nachdrucks נָא (vgl. E Jenni, THAT I 73f.; weniger wahrschein-
lich: אַל + נָא = »nicht doch«; vgl. jedoch *G* μηδαμῶς !); *T* (קביל בעותנא) um-
schreibt »nimm unsere Bitte an!«, ähnlich *V* (quaesumus). – **c** נקיא wird im Alten
Testament nur hier und Joel 4,19 mit א-metatheticum geschrieben, womit (öfter
in Qumran) angezeigt wird, daß das vorangehende י als Vokalbuchstabe zu lesen
15 ist. Zur Übersetzung s.u.S. 96. – **15a** Wörtlich: »Da stand das Meer ab von sei-
nem Wüten.« Zu עמד מן im Sinne von »aufhören« vgl. Gen 29,35; 30,9; vgl. auch
16 Textanm. 1,4e. – **16a** Nach dem »inneren Objekt« wird das »äußere« mit der
nota acc. eingeführt. – **b** ליהוה blieb in G^s ursprünglich unübersetzt. – **c** *T* (ואמרו
לדבחא דיבח) ergänzt: »sie versprachen Schlachtopfer darzubringen«, da es erst
nach der Rückkehr zum Festland möglich erschien.

Form Mit V. 4 setzt eine n e u e S z e n e ein. Jetzt ist der Schauplatz das Schiff auf hoher See, und als neue Akteure treten die Matrosen auf; beides reicht bis V. 16. Doch verknüpft der Erzähler deutlich mit der Eröffnungsszene. Der Einsatz mit Jahwes Handeln in V. 4a ist nur als Antwort auf Jonas Fluchtversuch zu verstehen, so wie »das Schiff« in V. 4b als aus V. 3b bekannt vorausgesetzt wird. V. 10b nimmt das in V. 3a.b betonte Motiv der Seereise מלפני יהוה (ברח) im Wortlaut auf. Hier wie schon seit V. 7 und noch direkter im folgenden (V. 12.14!) wird das in V. 1–3 exponierte Problem der Schuld entfaltet. Seine vorläufige Lösung findet es, indem Jona ins Meer geworfen wird (V. 15a). Damit ist aber zugleich eine weitere Szene vorbereitet; denn der Leser muß sich fragen: was wird mit ihm und dem Auftrag aus 1,2?

Doch vor einer dritten Szene (2,1ff.) wird die Schiffsszene zunächst in einer Weise abgeschlossen, die die S t i l k u n s t des Novellisten verdeutlicht. Nachdem nämlich Jona über Bord ging (V. 15a) und damit sein in V. 5b eingeleiteter Eintritt in die Szene abgeschlossen ist, wird in einem kurzen Schlußbild (V. 15b–16) Geschick und Verhalten der Matrosen geschildert. Damit aber entspricht der Schluß genau dem kurzen Eingang der Szene (V. 4–5a). Mit der Entsprechung wird zugleich eine große Veränderung gezeichnet: In V. 4 wirft Jahwe den Sturm aufs Meer, in V. 15b kommt das Meer zur Ruhe; in V. 5a fürchten sich die Matrosen und schreien zu ihren Göttern, in V. 16 kommen sie zur großen Furcht vor Jahwe und bringen ihm Dankopfer und Gelübde. Im großen Mittelstück der Szene (V. 5b–15a), in dem nicht wie in den Rahmenstücken Jahwe den Matrosen gegenübersteht, sondern Jona, wird die Ursache der großen Wandlung dargestellt. Dabei steht im Zentrum Jonas Bekenntnis in V. 9, in dem sich die drei Hauptworte der Rahmenbilder finden: Jahwe, die Furcht (vor ihm) und das Meer. Noch ein anderes Stichwort verknüpft das Mittelstück mit dem Eingangsbild: טול hi. Nachdem Jahwe den Sturm aufs Meer »warf« (V. 4), »warfen« die Matrosen zunächst vergeblich Ladung über Bord (V. 5a); erst nachdem Jona sie aufforderte, ihn selbst ins Meer zu »werfen« (V. 12), kommt es zu jenem »Wurf«, der das Meer zur Ruhe bringt (V. 15).

Seine Zielstrebigkeit läßt dem Erzähler keine Zeit zum beschreibenden Verweilen. Wie in V. 3 so verknüpfen auch in V. 5aβ und V. 13a Finalsätze (inf.c. ל) Handlungen sofort mit deren Absicht; ebenso eröffnen Imperfekta der Folge die Perspektive ins Künftige (V. 7aβ.12aβ vgl. V. 6bβ und 14a). Vor allem aber treiben Fragen die Erzählung kräftig voran (V. 6aβ.7aγ.8b.10aβ.11a). So bleibt der Leser in Hochspannung.

Die Zielstrebigkeit bringt Sprünge mit sich. So erfährt der Leser gar nicht, ob Jona das angeforderte Gebet leistete oder nicht (V. 6), welches sein Auftrag war und woher er kam (V. 8). Das vorrangige Interesse an den jeweiligen Folgen der Geschehnisse, besonders in der Wirkung auf Menschen, macht Nachholungen notwendig. So wird nach dem Ausbruch des Sturms zunächst die Wirkung auf die Matrosen berichtet (V. 4–5a). Wenn dann Jona in die Szene geholt wird, muß zunächst nachgetragen werden, daß er sich inzwischen schlafen gelegt hatte (V. 5b). Solche Nachholung ist hier deutlich durch Inversion des Subjekts und perf. markiert. In V. 10b finden wir eine ähnliche erläuternde Nachholung im perf., da hier nach dem Bekenntnis Jonas in V. 9 zuerst in V. 10a die Wirkung auf die Matrosen geschildert wurde.

Der Unterschied zwischen Geschehnisfolge und Erzählfolge ist zu beachten, wenn man die szenische Gestaltung erkennen will. So wie das Verhalten Jonas im Schiff in V. 5b nachgeholt wird, um sie in die stürmischen Vorgänge auf Deck V. 4–5a einmünden zu lassen (V. 6), so erfolgt andererseits nach V. 15a eine Gabelung der Erzählung. Dem zielstrebigen Nacheinander der Erzählung von V. 5b–15a folgt nach der Trennung der Seeleute von Jona zunächst ein Nebeneinander. In V. 15b–16 kommt Jahwes Geschichte mit der heidnischen Schiffsbesatzung zu einem guten und endgültigen Ziel. Damit findet zugleich die Schiffsszene ihren Abschluß. Was unterdes mit Jona weiter geschah, wird erst von 2,1 ab in einer neuen Szene berichtet. Jahwes Geschichte mit Jona ist noch längst nicht zum Ziel gekommen.

Einmündung (mit V. 5b) und Gabelung (nach V. 15a) zeigen die gestalterische Kunst. Die Gattung Novelle zeigt in dieser Szene noch andere Spezifika. Die soeben beobachtete (s.o.S. 85) große Anzahl von direkten und indirekten Fragen hat auch eine didaktische Seite. Sie heben die für die theologischen Hauptprobleme besonders wichtigen Antworten hervor, die den Grund des Sturmes klären (V. 12) und dabei direkt lehrhafte Funktion für die heidnischen Menschen gewinnen (V. 9). Doch solche Belehrungen sind in Satirik verkleidet. Wie macht sich doch dieser Erzähler lustig über einen Hebräer, der mit größtem Aufwand vor seinem Gott flieht und dabei wider seinen Willen Nicht-Israeliten zum Glauben an diesen Gott führt! Wie lächerlich macht er ihn als einen nichtsnutzigen Tiefschläfer, im Kontrast zu dem Rettungseifer der Schiffsmannschaft! Hier hat ein Stück ironischer Protest-Literatur Gestalt gewonnen, die ein Israel aufs Korn nimmt, das sich seinem Auftrag in der Welt meint entziehen zu können.

Ort Vergleichbare Vorbilder kennt das Alte Testament nicht. Wohl ist vom Zerbrechen (שׁבר vgl. V. 4) von Tarschisch-Schiffen vereinzelt die Rede (Ps 48,8; 1Kön 22,49 = 2 Chr 20,37). Doch mehrere Motive aus Jon 1 finden sich nur in zwei Texten. Ps 107,23–32 nennt »Schiffe« auf dem »Meer« (V. 4) in V. 23, den »Meeressturm« (V. 4) in V. 25 (רוּחַ סְעָרָה), das »Aufschreien« der Beter (V. 5 זעק) in V. 28 (צעק) und das »Zur-Ruhe-Kommen« (V. 11f. שׁתק) der See in V. 30. Sprachlich noch etwas näher steht unserem Jona-Text Ez 27,25–28 (zur Erweiterung des dem Klagelied über Tyrus zugehörigen Teils [V. 26.28] durch den Prosatext [V. 25.27] vgl. WZimmerli, BK XIII 634ff.). Hier erscheinen die »Tarschisch-Schiffe« (V. 25), die »auf hoher See« der »Ostwind« »zerbricht« (V. 26); darüber hinaus werden auch die beiden Gruppen von Seeleuten מַלָּחִים und חֹבְלִים (V. 27) erwähnt, die Jon 1,5f. vorkommen, sowie deren »Schreien« (זעק V. 28). Es fällt auf, daß Motive und Termini aus Ps 107 und Ez 27 nur am Anfang der Szene erscheinen. Insbesondere werden die Seeleute nie mehr mit den speziellen Ausdrücken wie in V. 5f. benannt; sie heißen nachher nur noch »die Männer« (V. 10a.b.13.16). Auch daß sich in höchster Seenot ein Frage- und Antwortspiel wie bei Begegnungen in einer Oase entwickelt (V. 8ff.), mag zwar mit der satirischen Gestaltung des theologischen Interesses zusammenhängen, aber doch wohl auch damit, daß dem Erzähler selbst wie Israel insgesamt Seefahrterlebnisse fernlagen. Streit auf einem Schiff zwischen Schiffsleuten und einem Fahrgast kennt noch die griechische Sage vom Sänger Arion (um 620 v.Chr.). Matrosen wollen ihn über Bord werfen, um seine Schätze zu behalten. Nach listigem Verhandeln und Morddrohungen stürzt er sich im vollen Sängerschmuck selbst ins Meer, wird aber von einem Delphin gerettet (Herodot I 23f.; vgl. HSchmidt, Jona, 1907, 98ff.). Eine direkte Abhängigkeit ist unserem Novellisten weder von alttestamentlichen noch außerbiblischen Texten her nachzuweisen. Er hat Stoffe, wie sie besonders in einer Hafenstadt wie Jafo erzählt, aber auch schon in biblischen Texten tradiert wurden, aufgenommen und frei ausgestaltet.

Einige Spracheigentümlichkeiten weisen in persische Zeit, in der die Sprache der königlichen Kanzlei, das sog. Reichsaramäische, weite Verbreitung fand. Zwar beobachteten wir מלח (V. 5) und חבל (6) auch schon bei Ez (27,8f.27–29); beide Wörter fehlen aber sonst im AT; hingegen kommt מלח oft in aram. Texten vor (vgl. Jean-Hoftijzer, DIS 152; MWagner 76f.), חבל nur vereinzelt phönikisch (Jean-Hoftijzer, DIS 81). ספינה (V. 5) ist im Alten Testament ebenfalls (neben auch bei Jona [1,3.4.5] geläufigem אניה) singulär, dagegen im Aramäischen verbreitet (vgl. Jean-Hoftijzer, DIS 196; MWagner 88). MWagner 117 zählt auch שתק (V. 11f.) zu den Aramaismen; in der Tat ist es nicht nur altaramäisch (KAI 222 B 8), sondern mehrfach reichsaramäisch belegt (Jean-Hoftijzer, DIS 322, s.u.S. 94); zu עשת V. 6 vgl. MWagner 93. Deutlich verweist auf aramäischen Einfluß die wiederholt verwendete Partikel שֶׁ in V. 7.12 (vgl. 4,10); vergleichbare Verbindungen mit שֶׁ finden sich vornehmlich in Hld und Koh (vgl. Ges-K § 36; MWagner 110f.). So erklärt sich auch diese Szene am besten aus spätnachexilischer Zeit.

Die Exposition hatte betont mit der wiederholten Absichtserklärung Wort 4
Jonas geschlossen: »fort von Jahwe«; nun setzt die neue Szene im Gegenschlag mit dem ebenso betont vorangestellten Subjekt »Aber Jahwe« ein. Das Schiff befindet sich zwar längst auf offenem Meer (V. 5.13). Doch der Erzähler war nicht interessiert daran zu berichten, wie das Schiff aus Jafo auslief und wie Jona sich darauf einrichtete; das Nötigste wird er später nachholen (V. 5b). Nicht die Ereignisfolge als solche leitet ihn, sondern die Frage nach der Beziehung zwischen Gott und Mensch. Wie reagiert Jahwe auf Jonas Flucht? Er »wirft« den Wind aufs Meer, so wie Saul seine Lanze »wirft« (טול hi. 1Sam 18,11; 20,33). Was bewirkt der Windwurf? Einen סער־גדול. Das kann hier nicht den Windsturm meinen wie zumeist (Jer 23,19; Ps 83,16); vgl. LSchmidt, De Deo 65 Anm. 40. Denn erstens verhalten sich der Wurf des Windes und das Entstehen des סער zueinander wie Ursache und Wirkung; s. Textanm. V. 4b. Zweitens wird der Wind »auf das Meer« (אל־הים) geworfen, der סער aber entsteht »im Meer« (בים). Drittens zeigt der verbale Gebrauch von סער in 11b.13b, daß das Meer selbst sein Subjekt ist. Demnach meint סער hier den hohen Seegang, die aufgepeitschten Wogen des Meeres. Nicht die Windstärke als solche, sondern die »über« (vgl. V. 12b הסער . . . עליכם) sie hereinbrechenden Wellen bringen die Schiffsleute in Not. V. 4b schildert den Zu-

stand akuter Gefahr; zur Syntax s. Textanm. V. 4c, zu חשב Textanm. V. 4e. שבר ist geläufiger Ausdruck für Schiffbruch (1Kön 22,49; Ez 27,26; Ps 48,8). Von Jona ist zunächst noch gar nicht die Rede. Die neue Szene ist nicht nur durch den neuen Schauplatz, sondern auch durch neue Akteure bestimmt. מלחים bezeichnet hier die gesamte Schiffsbesatzung; die Händler können einbegriffen (Ez 27,9), aber auch gesondert von ihnen genannt werden (Ez 27,27); in Ez 27,29 bilden die מלחים neben den Ruderern und den חבלים einen speziellen Teil der Schiffsmannschaft. Hier dürften trotz des folgenden רב החבל (V. 6) alle Matrosen gemeint sein (s.u.S. 89). Sie geraten in Angst vor den tosenden Elementen und dem drohenden Untergang. Kennzeichen dieser »Furcht« als einer völligen Unsicherheit ist es, daß man sowohl die Götter einzuspannen sucht als auch selbst alle technischen Möglichkeiten zur Abwehr der Gefahr einsetzt; vgl. 1Sam 28,5ff. Der Novellist berichtet die seelische Reaktion vor den einzelnen Maßnahmen. Die Angst erzeugt als erstes das religiöse Klageflehen. Der Erzähler läßt »jeden zu seinem Gott schreien«. Damit zeigt er an, daß Menschen aus vieler Herren Ländern auf dem Schiff beisammen sind; es ist fast das Miniaturbild einer Weltstadt wie Ninive, der Jona entgehen wollte. Zwar hofft jeder auf seinen Gott, aber Jahwe, um den der Leser schon als einzigen Urheber des Unwetters weiß, kennt keiner von ihnen. Zum je eigenen religiösen Aufschrei der Matrosen kommt als zweites das seemännische Handeln. Wie Jahwe den Wind »aufs Meer warf« (V. 4a), so »werfen« sie nun Gefäße »ins Meer«; der Urtext verbindet das gleiche Verb (טול hi.) mit der gleichen praep. (אל־הים). Jahwes Tun fordert ein entsprechendes Tun des Menschen heraus. Doch was die Mannschaft jetzt leistet, ist noch nicht das, worauf Jahwe eigentlich hinaus will (vgl. V. 12aα.15aβ). Jahwe meint Jona, aber die Seeleute denken an כלים. Das Wort kann zwar auch »Geräte« bezeichnen (KBL^3). Doch wird man die für das eigene Überleben wichtige Schiffsausrüstung wie Teile des Takelwerks oder Ruder sicher nur in letzter Verzweiflung über Bord werfen. Vorher wird man die Ladung entfernen, so wie es auch Apg 27,18f.38 geschieht; vgl. EHaenchen, Die Apostelgeschichte: KEK III (^{15}1968) 628. Dann wird man bei כלים an Gefäße zu denken haben, die zum Transport von Gütern geeignet waren, vor allem Tongefäße wie Amphoren, vielleicht auch Körbe; vgl. OLoretz, Gotteswort und menschliche Erfahrung (1963) 193. Von solchen Transportgefäßen wird man auch eher als von schiffseigenen Geräten sagen, daß sie sich »im Schiff« befinden. Der Akt soll das Schiff »erleichtern«. Je geringer sein Tiefgang ist, um so weniger Brecher kommen über Deck, und um so leichter wird die Notlandung an einem Strand. Damit ist in Kürze gesagt, welche Anstrengungen die heidnischen Matrosen unternehmen: sie beten und arbeiten.

Keins von beidem tut Jona. Um ihn in die Szene hineinzubringen (V. 6), muß erzählerisch nachgeholt werden, was mit ihm vorging, seitdem er in Jafo an Bord kam (V. 3). Berichtenswert erscheint nur, daß er sich alsbald ins Innerste des Schiffes begeben hatte, um sich schlafen zu legen. Vom »Hinabsteigen« (ירד) Jonas wird nun zum dritten Mal gesprochen (vgl. V. 3bα.β); es geht immer tiefer mit ihm; der den Psalm einfügte, mag schon die Richtung zum Tode erkannt haben (2,6f.), zu dem der Ungehorsame wie der Tor »hinabsteigt«; vgl. Spr 5,5 und die häufige Verbindung von ירד mit Tod, Grab und Unterwelt (1Sam 26,10; Ps 22,30; Ijob 33,24). Daß Metaphorik anklingt, läßt auch die Fortsetzung vermuten: Ins »Unterste des Schiffes« steigt er. ירכתי־בוֹר heißt in Jes 14,15 das »Unterste des Grabes« und steht parallel zur Unterwelt (שְׁאוֹל) als Ziel des »Herabsteigens«; s.o.Textanm. V. 5c. Wenn hier für »Schiff« das im Alten Testament einmalige Wort ספינה gebraucht wird, so ist an den überdeckten Teil des inneren Schiffes zu denken (ספן »zudecken« Hag 1,4; 1Kön 6,9); vgl. schon Ehrlich V 264 und s.o.Textanm. 5d. Die Verbindung des Hinabsteigens mit »niederlegen« (שׁכב) findet sich öfter in der Todesmetaphorik; vgl. Ez 32,21.27–30; Ps 88,5f. Eine erste Hindeutung auf den Todeswunsch Jonas in 4,3.8 wird im Sinne des Erzählers liegen, zumal auch Elija sich nach 1 Kön 19,4f. mit dem gleichen Wunsch »niederlegte«. Doch einstweilen kommt es erst zu einem Tiefschlaf, der völliger Betäubung gleicht (רדם ni.; Ps. 76,7; vgl. Gen 2,21) und Vorstufe des Todes sein kann (Ri 4,21). Im Zusammenhang zeigt sich die Satirik in V. 5b: der vergeblichen Aktivität der Seeleute (V. 5a) wird die gänzliche Passivität Jonas gegenübergestellt, des einzigen, der die Gefahr für alle heraufgeführt hat und der sie abwenden könnte.

So tritt denn der Kapitän an ihn heran. רב bezeichnet den Anführer, 6
etwa den obersten Hofbeamten (Est 1,8; Dan 1,3) oder den Oberbefehlshaber von Truppen (Jer 39,3.13), hier den Kommandanten der Schiffsbesatzung. חֹבֵל steht coll. für die Gesamtheit der Matrosenschaft; vgl. חֹבְלִים in Ez 27,8.27–29 und Textanm. V. 6b; das Wort gehört etymologisch zu חֶבֶל (Strick, Tau) und zu תַּחְבֻּלוֹת (Steuermannskunst; Spr 1,5; 12,5); nach Ez 27,8 gehören die so benannten Matrosen zu den חֲכָמִים, also zu den fachkundig Erfahrenen (vgl. GvRad, Weisheit in Israel, 1970, 34f.), die sich etwa auf das Tauwerk, das Setzen der Segel und das Steuern verstehen. Wenn חֹבֵל sich ursprünglich auf besonders befähigte Seeleute bezieht, versteht man die vorliegende Benennung des »Kapitäns« besonders gut. Er tritt an Jona mit der empörten Frage heran, wie er dazu komme, sich dem Tiefschlaf hinzugeben. נרדם nimmt das Stichwort aus V. 5b auf und betont damit das Ziel des bisherigen Verhaltens Jonas, sich aus der menschlichen Lebens- und Gefahrengemeinschaft total zu entfernen. Die Anrede des Kapitäns zeigt indirekt, daß inzwischen die religiösen wie die technischen Möglichkeiten der Matrosen erschöpft sind. Ungenutzt ist nur noch die Religion des unbekannten Passagiers. קום קרא (»Auf! Rufe!«) läßt der Erzähler den Kapitän fortfahren, als läge ein Echo

auf die Anrede Jahwes an Jona in V. 2a vor. Aber seinen Gott soll er »ru-
fen« (קרא steht auch in 1,14 und 3,8 für »beten«; vgl. 1,5 זעק). Die Hoff-
nung des Kapitäns ist vage (»vielleicht!«), ist doch für ihn »der Gott« je-
nes Fremden nicht mehr als einer der vielen, die schon vergeblich angeru-
fen wurden. Zu עשׁת hitp. s. Textanm. V. 6c. Immerhin bleibt Jonas Ge-
bet die einzige Möglichkeit, »daß wir nicht umkommen«. Rettung also
wird erwartet. Mit dem Finalsatz ולא נאבד (»daß wir nicht umkommen«)
fällt ein Leitsatz, der in 1,14 von den Matrosen aufgenommen und in 3,9
in Ninive genau wiederholt wird. Die Seefahrt, von Jona als Flucht ge-
plant, erweist sich mehr und mehr als Vorspiel des Geschehens in Ninive.
Dem Leser muß die Auskunft über die Verzweiflung und über die Hoff-
nung des Kapitäns genügen. Jona läßt der Erzähler weiterhin schweigen,
als läge er noch im todesähnlichen Schlaf. Nicht ein einziges Gebetswort
7 kommt über seine Lippen. Auch im folgenden wird ein Gebet Jonas nicht
vorausgesetzt, denn damit hätte er sich wohl jetzt schon schuldig gespro-
chen und das Loswerfen der Matrosen wäre unnötig (vgl. RPesch 579).
Jona bleibt einstweilen auf der Flucht »fort von Jahwe« (V. 3). So kommt
es zur Beratung der Matrosen untereinander mit dem Ergebnis, das Los
entscheiden zu lassen. Für den Erzähler und demnach für seine Seeleute
ist vorweg entschieden, daß ein Mensch an Bord persönlich für das Un-
glück verantwortlich ist; ihn zu entdecken, ist der Zweck des Losens (aβ).
Über die Art der Durchführung erfahren wir nichts Genaues. Jedenfalls
wird eine Vielzahl von Losen gebraucht, auch wohl mehr als zwei (so
1Sam 14,38–42), wie es ebenfalls in Jos 7,14–18; 1Sam 10,20f. vorausge-
setzt wird. Ob die Lose tatsächlich »fallen«, nachdem sie geworfen wur-
den, oder ob hier ein archaischer Ausdruck vorliegt, wobei die gegenwär-
tige Praxis etwa im »Ziehen« der Lose aus einem Behälter (Gewand-
bausch Spr 16,33) bestehen könnte, bleibt ebenso dunkel wie das Mate-
rial der Lose (Steine, Holz?) und die Art der Kennzeichnung des Schuldi-
gen durch eines der Lose (vgl. Lindblom a.a.O.). Erzähler und Leser ha-
ben offenbar ein bekanntes Verfahren vor Augen, das sie auch an Bord ei-
nes Schiffes im Seesturm anwendbar finden. Das Ergebnis ist eindeutig:
Jona ist der Schuldige.

8 Aber statt ihn sofort als solchen zu behandeln, werden ihm vier (zu aβ
s. Textanm. V. 8a) Fragen gestellt, wie sie zumeist bei einer ersten Begeg-
nung zweier Menschen üblich sind (Jos 9,8; Ri 19,17; 2Kön 20,14). Le-
diglich die Frage nach seiner מְלָאכָה könnte nicht nur allgemein seinen
Beruf, sondern seine spezielle Aufgabe (*לאך »schicken« KBL^3 488) und
den Sinn seiner »Geschäftsreise« erfragen; vgl. Ps 107,23; Spr 22,29 und
WFAlbright, Specimen of Late Ugaritic Prose: BASOR 150 (1958)
36–38 (38^{14}). Daß der Erzähler dem Wort im Munde der Seeleute die
Bedeutung »kultische Tätigkeit« (»Religion«) beigelegt habe, wie sie z.B.
Esr 2,69; Neh 7,69f.; 11,12 (vgl. LSchmidt, De Deo 64) vorkommt, ist im

Textzusammenhang wie im Sprachraum der Novelle unwahrscheinlich. Die übrigen Fragen nach seinem letzten Aufenthaltsort, nach seiner Heimat und seinem Volk wirken unangemessen inmitten des tosenden Meeres und angesichts der festgestellten Schuld. Gehört es zur Ironie des Novellisten, in dieser Situation die Skizze einer Autobiographie zu erwarten? Vgl. EMGood, Irony 44. Will er auf diese Weise herausheben, daß jetzt auch für die Matrosen alles darauf ankommt, den Reisegefährten genau kennenzulernen? An seiner Person vorbei gibt es offenbar kein Überleben. Und so gewiß Jona alle übrigen in Lebensgefahr bringt, so offenkundig sind diese Heiden das Gegenteil von leichtfertiger Gewalttätigkeit. Sie reden, nein, sie fragen, wo doch schon ein Urteil zu vollstrekken wäre.

Jona aber geht nur auf die vierte Frage nach seiner Volkszugehörig- 9
keit ein, nicht auf die zweite und dritte, geschweige denn auf die heikelste erste nach seinem Auftrag. »Ein Hebräer bin ich.« עברי wird im Alten Testament besonders häufig im Munde von Ausländern und gegenüber Ausländern gebraucht, speziell Ägyptern (Gen 40,15; 41,12; Ex 1,16 u.ö.) und Philistern (1Sam 4,6.9; 13,3 u.ö.). An unserer Stelle liegt sicher nicht ein soziologischer, sondern ein rein ethnologischer Sinn vor, wie er im nachalttestamentlichen Sprachgebrauch üblich wird; vgl. GvRad, ThWNT III 359; KKoch, Die Hebräer vom Auszug aus Ägypten bis zum Großreich Davids: VT 19 (1969) 37–81 (43f.); MWeippert 84–88. Wird die Bezeichnung »Israelit« vermieden, weil damit eher ein Bezug zur speziellen Heilsgeschichte gegeben wäre? Wohl kaum. Denn er ist mit dem gleich folgenden Jahwe-Namen noch eher gegeben. Wichtiger ist, daß auch hier der Propheten-Titel nicht erscheint, wo er noch mehr zu erwarten wäre als in V. 1; s.o.S. 76. Im »Hebräer« kann sich die vom Autor angesprochene Leserschaft leichter selbst erkennen, ebenso in dem folgenden Bekenntnis, das nicht das geringste über den Sonderauftrag Jonas oder gar über sein Verfehlen aussagt. Es läßt allerdings sofort den Namen »Jahwe«, ohne daß danach gefragt wäre, auf das »Ich« dieses Hebräers folgen. Auf dieses Gegenüber kommt ja seit V. 1–3 alles an. »Jahwe« ist im folgenden Satz betont vorangestellt, wie im Szeneneingang V. 4a. Zum ersten Mal wird der Name auf dem Schiff ausgesprochen. Aber wer ist Jahwe? Zwei Erklärungen fügt Jona hinzu.

Zuerst die Apposition »Gott des Himmels«. Jahwe wird im Alten Testament weitere 19mal »Gott des Himmels« genannt (z.B. 2Chr 36,23; Ps 136,26; Esr 1,2; Gen 24,3.7, »Gott des Himmels und der Erde« ist nicht mitgezählt), davon 17mal in den Büchern Esr-Neh-Dan (z.B. Neh 1,4.5; 2,4) und nicht weniger als 12mal in aram. Sprache (אֱלָהּ שְׁמַיָּא z.B. Dan 2,18; Esr 5,11; 7,12), außerdem 9mal in den aramäischen Elephantine-Papyri (Cowley, ArPap, z.B. 30,2.28; 31,27). Der Topos ist somit typisch für die persische Zeit und seine Herkunft aus der diplomatischen Kanzleisprache wahrscheinlich; vgl. Esr 6,9f.; 7,21 und DKAndrews 51f., wenn er auch für Ahura Mazda nicht belegt ist. Die Judenschaft könnte Jahwe als den »Gott des Himmels« *Baʿalšamēm* entgegengestellt haben (vgl. OEißfeldt, *Baʿalšamēm* und Jahwe: ZAW 57, 1939, 1–31 = KlSchr II 171–198). Persische Toleranz kann der Judenschaft diesen Gottestitel zugestanden haben. Wie er zum Verkehr mit Ausländern gehört, so erscheint er auch hier vor den fremden Seeleuten angebracht. Jona gibt bekannt, daß sein Gott nicht eine Lokal- oder Nationalgottheit ist, sondern der schlechthin Überlegene.

Die zweite Erklärung zum Jahwe-Namen bringt der Relativsatz, »der das Meer und das Festland gemacht hat«. Er macht unüberhörbar, daß Jahwe als Schöpfer des Meeres auch sein alleiniger Gebieter ist (vgl. Ps 89,10). Damit wird erstmalig höchst verhalten angedeutet, daß Jona und das Unwetter in irgendeiner Verbindung stehen. Daß das Meer vor dem Trockenen genannt wird, setzt den Akzent genau richtig. Eine wörtlich gleiche Bekenntnisformel ist nicht belegt. Doch kann man auch nicht eine umgekehrte Reihenfolge nachweisen. Vielmehr zeigt sich von den priesterschriftlichen Berichten über die Schöpfung und den Durchzug durchs Meer an, daß Jahwe eben als der, der den Fluten gebietet, das Trockene schafft (Gen 1,9f.; Ex 14,16; Ps 66,6; Neh 9,11). Ps 95,5 steht Jonas Satz besonders nahe, weil an beiden Stellen Jahwe das Meer »gemacht hat« (עשׂה). Die Texte bezeugen sonst mit Jahwes Schöpfermacht immer zugleich seine Güte und seinen Rettungswillen. Hier wird zunächst nur seine Zuständigkeit erklärt. Es geschieht durch den Mund seines immer noch störrischen Boten.

Jona bekennt seine persönliche Zugehörigkeit zu diesem Gott mit der Aussage אני ירא. Hier ist die Mitte des Satzes, die die zweite Erklärung von der ersten trennt und so den Relativsatz betont. ירא hat dabei die »abgeschliffene, technische Bedeutung ›verehren‹« und besagt kaum mehr als die »Konfessionszugehörigkeit« (JBecker, Gottesfurcht im AT: AnBibl 25, 1965, 176); vgl. schon 1Kön 18,3.12 und SPlath, Furcht Gottes (1962) 52. Mit Jahwe als dem im Perserreich offiziellen »Himmelsgott« gibt Jona seinen amtlichen »Glauben« an, mit einem nur sehr unpersönlichen Hinweis auf dessen akute Bedeutung. Weit entfernt ist damit Jonas ירא von dem der Matrosen in V. 5: keine Spur jener elementaren Angst vor dem Untergang, er »fürchtet« ja Jahwe; aber ohne jede Ehrfurcht, die den Fluchtversuch bereut und Schuld vor Jahwe bekennt. Er bleibt von Jahwes Angesicht abgewandt, trotz seines Wissens um Gott, ja trotz der Erfahrung seiner Ohnmacht auf der Flucht. Er läßt nur eben die heidnischen Matrosen wissen, mit wem sie es zu tun haben.

10 Darüber wandelt sich deren völlige Unsicherheit (V. 5) in eine »große Furcht«. Der Novellist betont die seelische Reaktion, indem er dem Verbum das (innere, effizierte) Objekt von der gleichen Wurzel hinzufügt

(BrSynt § 92a; Meyer³ III § 105,4); entsprechend seinem Erzählinteresse liebt er diese Konstruktion (vgl. V. 16a; 4,1a.6b) und nennt dazu die jeweilige psychische Regung regelmäßig »groß«. In V. 10 wird die »große Furcht« zwar noch nicht direkt auf Jahwe bezogen wie nachher in V. 16, aber sie zielt doch nach Jonas Erklärung in V. 9 schon deutlich in diese Richtung. Die Angst vor den unheimlichen Elementen in V. 5 ist zu einer wissenden Furcht geworden, die die Ursache des Unwetters zu durchschauen beginnt. Der sofort folgende Ausruf aβ konkretisiert sie. Denn die Frage »Was hast du da getan?!« (ebenso Gen 3,13; 12,18; 26,10; 29,25; Ex 14,11; Ri 15,11) ist mehr ein Schrei des Erschreckens, der schon von einem Wissen herkommt (b), als eine Erkundigung, die erst eine Antwort erwartete. מה fungiert öfter nicht als Fragepronomen, sondern als Ausdruck staunender Überraschung (Gen 28,17; Num 24,5; Ez 19,2; Ps 119,97; Ijob 26,2), dem die eigentliche Nachfrage erst folgen kann (Gen 12,18; 29,25; vgl. Ri 15,11). זאת verweist dabei auf einen schon konkret bekannten Vorgang (Gen 3,13; Ex 14,5.11; Ri 2,2), hier auf den der Flucht vor Jahwe, der dann mit den Worten aus V. 3 erwähnt wird. Woher haben »die Männer«, wie die Matrosen von nun ab nur noch genannt werden, ihr »Wissen«? Hat Jona es ihnen gesagt, wie der überlieferte Text berichtet (bβ), oder haben sie es selbständig aus Jonas Worten in V. 9 gefolgert, so daß bβ als nachgetragene Glosse anzusehen wäre (s. Textanm. V. 10c–c)? Ein derartiger Nachtrag wäre zwar in unserem Text nach dem Vorgang von V. 8aβ (s. Textanm. V. 8a–a) nicht ungewöhnlich. Auch befremdet die Folge dreier כי-Sätze. Doch ist der Aufschrei des Entsetzens »Was hast du da getan?!« erzählerisch besser verständlich auf Grund einer direkten Auskunft Jonas als auf Grund eines denkerischen Schlußverfahrens der Matrosen. הגיד gehört zur Sprache des Erzählers (V. 8a). Ein Sprechvorgang wird auch im Kontext nicht immer als direkte Rede ausgeführt; vgl. V. 5a und 16b. Das dreifache כי hat verschiedene Funktion; es eröffnet zuerst die gesamte Explikation, dann einen Objektsatz und schließlich einen Kausalsatz. Im ganzen zeigt die nachträgliche Erläuterung die perspektivische Erzählweise, die die zeitliche Folge der Fakten dem leitenden Interesse unterordnet (vgl. NLohfink, BZ NF 5, 1961, 193–195). Durch Verschiebung der Erzählfolge gegenüber der Zeitfolge wird sowohl die Furcht der Matrosen in a wie auch das eigentliche Geständnis Jonas in b hervorgehoben. Das erregte Hin und Her zwischen Besatzung und Passagier wird so noch deutlicher.

In V. 11 stellen die Seeleute wieder eine echte Frage mit einem vierten 11
מה der Ratlosigkeit nach V. 6.8.10. Was mit Jona zu tun und wie der immer noch heftiger werdende Seegang zu überstehen sei, das ist jetzt ein und dieselbe Frage; aber sie ist nicht von seemännischer Tüchtigkeit zu beantworten, sondern nur von Jona; denn nur er weiß um Jahwes Willen. Die Formulierung der Frage »Was sollen wir mit dir machen?« gibt schon

zu erkennen, daß sie Vollstrecker des Willens Jahwes an Jona werden müssen, wenn sie nicht mit ihm untergehen wollen. Ihr Ziel ist klar: »daß das Meer uns in Ruhe läßt« (s.Textanm. 11a). שׁתק kommt außer Jon 1,11.12 nur noch in Ps 107,30 und Spr 26,20 vor und bedeutet eigentlich »zur Ruhe kommen«, wie die Doppelpräposition auch an unseren Stellen erkennen läßt (מן zeigt die Entfernung, על das Überragen der Wogen an: daß das Meer »von über uns weg« zur Ruhe kommt).

PJvanZijl, Baal: AOAT 10 (1972) 20ff. vermutet, daß שׁתק als *šafʿel*-Form mit kausativer Bedeutung aus einer in Ugarit vielleicht belegten Wurzel *tky* (Gordon, UT 137,18.34; hebr. תקה?) entstanden ist; doch wird der Beleg von Gordon u.a. anders gedeutet; vgl. Gordon, UT 414 Nr. 1143:*yqy*. Die aufgezeigte Bedeutung des Hebräischen spricht nicht für die Herkunft aus einer Kausativ-Form mit praefigiertem שׁ der Wurzel תקה; eher ist an die Verwandtschaft von שׁתק mit שׁקט zu denken (Metathesis zweier Radikale; vgl. KBL).

Die Frage an Jona wird in ihrer Dringlichkeit vom Erzähler unterstrichen mit dem Hinweis, daß die Gefahr noch ständig wächst; zu b vgl. Textanm. 11b, zu סער s.o.S. 87.

12 Jonas schnelle Antwort geht präzis auf den Wunsch ein, »daß das Meer zur Ruhe komme« (vgl. V. 12aβ mit 11aβ). Zeigt sich darin Opferbereitschaft und Großherzigkeit? Zu seiner Anweisung »Nehmt mich und werft mich ins Meer« ist zunächst zu bemerken, daß sie das Leitwort aus V. 4a aufnimmt: Jahwe »warf« den Sturm, der nicht abgewehrt wurde, als die Matrosen die Ladung »ins Meer warfen« (V. 5). Jetzt befiehlt Jona selbst den einzig hinreichenden »Wurf«. Will er damit Jahwe gehorsam werden, oder spiegelt die entscheidende Wiederaufnahme des Leitworts הטיל in ironischer Weise den Trotz Jonas? Vgl. EMGood, Irony 45 und JDMagonet, Form 162. Die Begründung seines Ratschlags in b zeigt zwar eine Steigerung gegenüber seinen bisherigen Äußerungen: In V. 9 gab er seinen Gott Jahwe als den zu erkennen, der auch über das Meer verfügt; nach V. 10 hatte er seine Flucht vor Jahwe eingestanden; erst jetzt bringt er die wilde See und seine Schuld ausdrücklich zusammen. Aber wie? »Ich weiß«, sagt er und läßt in der Anrede der Matrosen weiter anklingen, was sie längst durchs Los wissen (7aβb). Kein Wort des Gebets wird laut: kein Schuldbekenntnis vor Gott, kein Flehen um seine und aller anderen Rettung (vgl. V. 5a), keine Frage nach Gottes Willen (vgl. V. 14), erst recht kein Gehorsamsgelübde (vgl. V. 16b). Nur eins: Er will seinen Tod. Damit führt er die Linie fort, die wir schon in V. 5b auffanden (s.o.S. 89) und die in 4,3.8 sein letztes Wort bestimmen wird. Wenn man Jonas Verhalten mit dem der Matrosen vergleicht, wird ganz deutlich, wie unser Satiriker ihn als einen widerborstigen, unentwegt vor Jahwe und nun – nach seiner Meinung – endgültig in den Tod hinein Flüchtenden zeichnet. Nur der konkrete Anlaß ist hier anders als in 4,3.8; aber eine wesent-

liche Differenz zwischen der Bitte in 1,12 und 4,3.8 sollte man schon deshalb nicht annehmen, weil 4,2f. in V. 2a auch schon Jonas Motive in Kap. 1 aufdeckt (gegen GMLandes, Kerygma 22f.).

In אני in bα »das Schiff« אֳנִי bzw. seine Besatzung wiederfinden zu wollen (WJHornitz), erscheint ganz abwegig. Denn erstens bedeutet im AT אֳנִי sonst nur coll. die »Flotte« (s. KBL³ 69); zweitens heißt gerade bei Jona das Einzelschiff אניה (V. 4f.), nicht aber im Sinne der Besatzung (vgl. Meyer³ II § 42,7); drittens ist die Bedeutung »ich« einhellig durch *M* und Vrs belegt.

Daß der Novellist nichts als einen trotzigen Jona darstellen will, zeigt
am klarsten die Fortsetzung. Die bisher als vorbildlich dargestellten Ma- 13
trosen zeigen sich nicht geneigt, auf Jonas Weisung einzugehen. Sie setzen stattdessen nochmals (vgl. V. 5a) ihre seemännischen Fähigkeiten ein, nun aber mit äußerster Kraftanstrengung als Ruderer. חתר meint in Ez 8,8; 12,5.7.12 das Durchbrechen einer Mauer (vgl. Am 9,2). Hier sind die Mauern der Wogen zu durchbohren. Da Segel in diesem Sturm nicht helfen, vielmehr aufgerollt werden, müssen »die Männer« sich in die Ruder legen, um das Schiff »ans Festland zurückzubringen«. Ein Objekt zu שׁוב hi. wird nicht genannt; mehr als an das Schiff und seine Besatzung insgesamt ist unmittelbar nach V. 12 speziell an Jona zu denken; er, der den Tod gewählt hat, soll auf den Weg des Gehorsams kommen. Damit wäre auch die Mannschaft gerettet. Wie das Meer Ort der Flucht und des Gerichts ist, so das Trockene der der Rettung und der Erfüllung des Auftrags an Ninive. Über beides verfügt Jahwe allein (V. 9b). Die Satirik Gottes will es, daß Jona aufs Festland nicht durch die Rettungsanstrengungen der »Männer« gelangt, sondern erst durch seinen Todessturz hindurch (2,11). Jene »vermochten es jedoch nicht«. »Denn die See tobte ihnen noch immer heftiger entgegen«. עליהם - dieser Zusatz deutet an, daß die Lage sich seit V. 11b nochmals verschlimmert hat – eine dritte Steigerung der Unwetter-Schilderung, wenn man von der ersten Erwähnung des »hohen Seegangs« als Sturmfolge in V. 4 ausgeht; jetzt richtet er sich gezielt »gegen« die (gute) Absicht der Matrosen.

Obwohl sie mit ihrem Versuch scheitern, gehen sie noch nicht auf den 14
unheimlichen Todeswunsch Jonas ein. Wie in V. 5 zum Gebet die Arbeit kam, so jetzt – in umgekehrter Folge – zur harten Arbeit das Gebet, nun aber an Jahwe gerichtet und ausführlich im Wortlaut zitiert – das längste Stück direkter Rede in der ganzen Szene. Trotz und mit seiner Flucht hat Jona Männer fremder Religion überzeugt, daß kein anderer Gott anzurufen ist. Mit אנה als einem Ausdruck »verstörter, aufgeschreckter Betroffenheit« wird ein Klageflehen eröffnet; vgl. CHardmeier, Kritik der Formgeschichte, Diss. Heidelberg (1975) 190f. und o.Textanm. V. 14b. So schreien vom Tode Bedrohte: 2Kön 20,3 = Jes 38,3; Ps 116,4.16; Dan 9,4; Neh 1,5.11; vgl. auch 4,2 und u.S. 139. So folgt denn auch hier als er-

ste Bitte: »Laß uns doch nicht umkommen!« Die Aufnahme von V. 6bβ ist unverkennbar. Sie erflehen die Rettung von Jahwe, was der Kapitän von Jona vergeblich erwartet hatte. So wird Israels Vorrecht der bitteren Lächerlichkeit ausgesetzt. Gefahr droht בנפש »dieses Mannes«. נפש bedeutet im Zusammenhang nicht die (verkehrte) seelische Einstellung Jonas, sondern sein (nacktes) Leben; vgl. HWWolff, Anthropologie des AT 37–40. ב könnte heißen »zusammen mit« wie Jer 41,15 u.ö. (BrSynt § 106 b), ist aber wahrscheinlicher ב-causale wie V. 7a.12b; Gen 18,28 u.ö. (KBL³ 101 [19]). Diesen Sinn (»wegen des Lebens dieses Mannes«) verdeutlicht die folgende Bitte: »Gib nicht unschuldiges Blut über uns!« Hier ist geprägte israelitische Rechtsterminologie aufgenommen; vgl. den Wortlaut von Dtn 21,8; Jer 26,15; KKoch, »Sein Blut bleibe auf seinem Haupt«: VT 12 (1962) 396–416 = WdF 125 (1972) 432–456; JDMagonet, Form 125ff. 203f.; LSchmidt, De Deo 77–80. »Unschuldiges Blut« meint in jedem Falle das Blut(-vergießen) eines Getöteten oder zu Tötenden (vgl. Dtn 21,8), hier also das Blut Jonas und nicht das Blut der Matrosen (vgl. HWWolff, Anthropologie 100: דם = vergossenes Blut). Unsicherheit kann nur entstehen, weil es »unschuldig« genannt wird. Denn Jona hat seine seit dem Loswerfen (V. 7) den Matrosen bekannte Schuld in V. 12 endgültig selbst erklärt (s.o.S. 94). Dann kann sich נקיא nur auf das Verhalten der Männer beim Blut(-vergießen) Jonas beziehen. Ihre Sorge ist, daß die Art des Tötens, die Jona nach V. 12 erwartet, als Strafe nicht seiner Schuld entspricht, daß Jahwe also eine andere Sühne als den Wurf ins Meer erwarten könnte. Dann würde er verantwortungsloses (nicht der Schuld Jonas wirklich entsprechendes) Blutvergießen als Schuld auf sie legen. דם נקיא bedeutet also »ungerecht vergossenes Blut«; נתן על hat dementsprechend den Sinn von »vergelten«, »belasten«. Die Schwierigkeit im Verständnis rührt daher, daß der Erzähler den Matrosen Sätze aus israelitischer Tradition (Dtn 21,8) in den Mund legt, um zu zeigen, wie korrekt jahwistisch sie sich verhalten. Den ironischen Unterton vernimmt man, wenn man das Gegenbild Jeremias mit den Worten von Jer 26,15 im Ohr hat. Dort warnt ein rechter Prophet ein böses Volk (Jerusalem!) vor dem Vergießen seines unschuldigen Blutes. Hier bitten gute Nichtisraeliten im Blick auf einen unguten Propheten, daß sie nicht schuldig werden an seinem Tod. Nur ein Satiriker vertauscht so die Rollen, zur demütigenden Belehrung seiner Leser.

Was bedeutet nach dem Bittflehen der das Gebet beschließende Begründungssatz in b: »Denn du bist Jahwe, wie es dir gefällt, so handelst du«? Zunächst muß auch dieser Satz als Zitat erkannt werden. Er entspricht fast genau Ps 115,3 und 135,6, wobei 135,6 den Satz ausdrücklich auf Jahwes freies Verfügen über die Meere bezieht. Das konstatierende perf. will praesentisch mit iterativem Sinn verstanden werden. In beiden Psalmen wird Jahwe mit diesem Bekenntnis ohnmächtigen Göttern

(135,5) und Götterbildern (115,4–7) gegenübergestellt (LSchmidt, De Deo 78ff. auch zum folgenden). Im Zusammenhang des Matrosengebets ist diese hymnische Anbetung mit כי אתה eingeführt und gewinnt so innerhalb des Klagegebets die Funktion einer Vertrauensaussage; vgl. Ps 22,4.10; 86,5; 143,10. So zeichnet der Erzähler die bisher heidnischen Matrosen mit dem Gebet im ganzen und mit seinen Einzelsätzen als Menschen, die sich jedenfalls in Sachen Jonas und der Seenot wie vorbildliche Israeliten Jahwe zuwenden.

Jetzt erst folgen sie Jonas Aufforderung (V. 12), nachdem die beiden 15
retardierenden Akte, die die Spannung steigerten, einerseits keinen anderen Ausweg ließen (V. 13), andererseits ihr Gewissen entlasteten (V. 14). In V. 15a greift der Erzähler die Worte von Jonas Anweisung aus V. 12a auf; während Jona Jahwes Wort zuwider handelte, entsprechen die Matrosen genau Jonas Wort. »Sie nahmen Jona und warfen ihn ins Meer.« Jetzt erfolgt – mit dem vierten Vorkommen von הטיל – das rechte »Werfen«, auf das Jahwes »Werfen« in V. 4 offenbar hinauswollte – im Unterschied zu dem vergeblichen »Werfen« in V. 5. Sie halten sich dabei an die Weisung Jonas; er ist und bleibt für sie der alleinige Kenner des Willens Jahwes, obwohl er selbst ungehorsam war. Das ist sein einziger Vorsprung. Jahwe gibt sein klares Wort den Heiden nach wie vor nicht anders als durch die Vermittlung des Hebräers. Sie haben auch nach ihrem Gebet (V. 14) nicht darauf gewartet, daß Jahwe unmittelbar zu ihnen rede.

Daß sie recht handelten, zeigt der Erzähler sofort: »Da stand das Meer still von seinem Wüten.« Zu עמד מן s.Textanm. V 15a. זַעְפּוֹ kann sowohl Nomen (Grimm, Wut; *G* ἐκ τοῦ σάλου αὐτῆς) wie inf. sein (wüten, toben); nach Gen 29,35; 30,9 liegt letzteres näher; auch der Stil des Kontextes läßt eher an die Aktion denken (vgl. V. 4b.11b.13b). Das Tosen des Meeres kommt zum Stehen. Das Gebet um Rettung ist erhört.

Was aus Jona wird, darf den Leser – so sehr er mit dieser Frage in 16
Spannung gehalten wird – noch nicht beschäftigen. Zuerst soll er erfahren, was aus den Betern wird, die die Wende herbeiführten. Drei Aussagen bringen ihre Geschichte zu einem Ende, das in schärfsten Kontrast tritt zu der bisherigen Geschichte Jonas. Während Jona im Meer versinkt und damit anscheinend sein Ziel, sich von Jahwes Angesicht zu entfernen, erreicht hat, kommen »die Männer zur großen Furcht vor Jahwe«. Was wesentlich mit dem Gebet von V. 14 geschehen war, wird nun auf den Begriff ירא את־יהוה gebracht. Diese Wendung im Munde Jonas aus V. 9 beschreibt nun ihr neues Verhalten; aber während es bei Jona nur ein Wortbekenntnis war, beschreibt die Wendung hier das ganze Verhalten. Jahwe ist mit den Matrosen zu einem guten Ziel gelangt: aus ihrem hilflosen »Fürchten« in V. 5 auf Grund des Sturmes und aus ihrer »großen Furcht« auf Grund der Orientierung durch Jona in V. 10 ist jetzt »die

große Furcht vor Jahwe« geworden, auf Grund der Bestätigung des Jonawortes durch die Sturmstillung. Der Erzählsatz erinnert an den Begriff »Furcht Jahwes«, der beim Elohisten und in der Weisheit nicht nur dauerhafte Verehrung bezeichnet, sondern mehr noch ein lebendiges Gehorsams- und Vertrauensverhältnis; vgl. Gen 22,12; Ex 20,20; Spr 1,7; Ps 111,10 und HWWolff, EvTh 29 (1969) 62ff. = GesStud ([2]1973) 405ff.; GvRad, Weisheit in Israel (1970) 91ff. Wieder bringt der Erzähler erst nach dem Bericht der seelischen Grundreaktion (wie in V. 5a und 10f.) die konkreten Aktionen. Zunächst opfern sie. Bei זבח ist hier an das Dankopfer gedacht, wie es Lev 7,12 beschrieben wird (vgl. dazu KElliger, Leviticus: HAT I/4, 1966, 99f.) und wie es in Ps 107,22 unmittelbar vor jener Seenotschilderung erwähnt wird, an deren Motive uns die Darstellung von V. 4f. erinnerte (s.o.S. 86). Das Opfer wird Jahwe im Sinne des Erzählers offenbar sofort auf dem Schiff dargebracht (anders *T*, s.Textanm. V. 16c). Zum Dankopfer gegen Jahwe gehört aber in der ordentlichen Dankopferfeier das Erzählen der Rettung vor anderen (Ps 22,23; 66,16 und FCrüsemann, Studien zur Formgeschichte von Hymnus und Danklied: WMANT 32, 1969, 263–284). Auf diesen Teil der Dankopferfeier könnten die als zweiter Akt bezeugten Gelübde hinweisen. Sie beziehen sich hier nicht wie in Ps 50,14; 66,13; 116,17f. auf das Opfer als erfülltes Gelübde; sie werden von den Matrosen erst nach dem Opfer gelobt und könnten das Erzählen der Rettung durch Jahwe nach glücklicher Landung als unentbehrlichen zweiten Teil der Dankfeier meinen (so LSchmidt, De Deo 80f.). Wahrscheinlicher deuten die Gelübde auf eine dauerhafte Vertrauensverbindung mit Jahwe hin. So werden sie auch, abgesehen vom einzelnen Dankopfer, in Ps 61,9 verstanden: »Allzeit will ich deinem Namen lobsingen, meine Gelübde tagtäglich erfüllen.« So sind Verehrer fremder Götter durch Jonas Flucht zu Menschen geworden, die »Jahwe fürchten«; vgl. Ps 103,11.13.17, dazu Ps 103,8 mit Jon 4,2 (s.u.S. 140f.).

Ziel Die spezifische Aussage der Szene 1,4–16 betrifft den »Erfolg« der Flucht. Er wird ganz und gar nicht von Jona bestimmt, sondern von Jahwe. Sein Name eröffnet das Geschehen (V. 4a), er steht in der Mitte des Bekenntnisses Jonas (V. 9), ihm gilt der letzte Satz (V. 16). Jona tritt verspätet in die Szene ein (V. 5b) und wird vorzeitig aus ihr entfernt (V. 15a). Vor und nach ihm sind die Matrosen zur Stelle. Im Vordergrund des Erzählens steht also zunächst die Reaktion der Matrosen auf Jahwes Handeln, das Jona betrifft. Jahwe handelt ausschließlich durch den Seesturm (V. 4), der sich steigert und alle menschlichen Aktivitäten beherrscht (V. 11b.13b), bis er sein Ziel erreicht; die Zielstrebigkeit dieses göttlichen Wirkens ist mit dem Leitwort »werfen« markiert (V. 4a.5a.12a.15a); erst nachdem der Wurf des Sturms zu Jonas Sturz ins

Meer geführt hat, kommt das Meer zur Ruhe (V. 15b). Auf Jahwes Handeln gehen die Matrosen als Menschen fremder Religion vorbildlich ein: Sie finden aus der elementaren Angst über ein ehrfürchtiges Fragen nach dem Willen Jahwes zu einer vertrauensvollen Verbindung zu ihm; vgl. die »growing phrases« (JDMagonet, Form 46–51 und o.S. 97f.) וייראו (V. 5) – אני ירא . . . את־יהוה (V. 9) – וייראו האנשים יראה גדולה (V. 10) – וייראו האנשים יראה גדולה את־יהוה (V. 16). Durch Jonas Erklärung und Weisung (V. 9.12) finden sie zu Jahwe. Der Weg dahin ist hart. Der Erzähler zeigt im Kontrast zu Jona, wie vorbildlich jene Heiden ihn beschreiten. Jona begibt sich in Tiefschlaf, während die Matrosen sich aufs äußerste anstrengen (V. 5). Jona legt ein eiskaltes Wortbekenntnis zu Jahwe ab (V. 9) und beharrt zugleich auf der Flucht vor Jahwe (s.o.S. 92), während die Besatzung in größter Sorgfalt und Behutsamkeit dem Willen Jahwes zu entsprechen sucht (V. 11–14). Jona flieht vor der Aufgabe, der großen Stadt Ninive die Wahrheit zu sagen, während die Seeleute alle Kräfte für diesen einen Passagier einsetzen (V. 13). Sie beten, flehen und danken (V. 14.16), während Jona nicht zu einem Gebet zu bewegen ist (V. 6) und nur von Jahwe fort strebt. Jona bekennt (V. 9) nur die Schöpfermacht Jahwes und erfährt sie unwiderstehlich; die Seeleute erflehen und erfahren seinen Retterwillen (V. 6.14.16). Er will den Tod, die Matrosen wollen das Leben. So bezeugt der Erzähler auf seine Weise: »Ich bin von denen gesucht, die nicht nach mir fragten; ich werde von denen gefunden, die mich nicht suchten« (Jes 65,1; vgl. auch 1Kön 8,41–43; Jes 2,2–5; 56,6f.). Paulus kann diese Erfahrung gegenüber dem Israel seiner Tage wiederholen (Röm 10,20). Eine allzu sehr mit sich selbst beschäftigte christliche Gemeinde kann jederzeit damit überrascht werden. Vom Gott jenes Hebräers lehrt unser Novellist im Medium satirischen Erzählens, daß er unter ganz Fremden Gehorsam und Vertrauen zu finden vermag, die ihm der eigene Bote versagt.

Doch das ist nur der Vordergrund und Sonderbeitrag der Matrosenszene. Im Hintergrund geht die Geschichte Jahwes mit Jona weiter. Der vor Jahwe flieht (V. 3.10), ist doch keinen Augenblick den Augen und Händen Jahwes entronnen. Eben als der Versager wird er in Dienst genommen. So ironisch das Gelächter über den Ausreißer durch alle Zeilen klingt, so deutlich wird doch Israel gerade damit belehrt, daß es seiner Erwählung nicht entrinnen kann. Man würde schon dieses Kapitel gründlich verkennen, sähe man hier ausschließlich eine weisheitliche Schöpfungstheologie vertreten, die den unentrinnbaren Machtwillen des Himmelsgottes doziert (vgl. LSchmidt, De Deo 82–84). Gewiß klingt hier keine der typischen großen Erwählungstraditionen an; auch liegt weisheitliches Denken nahe (s.o.S. 86), und Jahwes Schöpfermacht ist stark betont (V. 9). Aber steht sie schon gegenüber den heidnischen Matrosen im Zeichen der Rettung (V. 6.14–16), so wird an Jonas Funktion das spezifisch Israelitische erst recht deutlich. Nur durch Jona erfahren die Seeleute von Jahwe als dem Urheber des Unwetters. Jahwe gibt sich durch keine andere Stimme als durch die des Hebräers zu erkennen. Und die Seenot entsteht überhaupt nur deswegen, weil der Hebräer seinen Botendienst unter den Fremden nicht wahrnehmen will. Die Selbstoffenbarung Gottes in Israel und die Erwählung Israels zum Botendienst in der Völkerwelt ist wesentliche und erzählerisch konsequent durchgehaltene Voraussetzung[1]. Die Satirik macht die bittere Lehre nur noch würziger. So gewiß die Heiden die humaneren, aktiveren, weiseren, auch frömmeren Menschen sind und so gewiß Jona dem Gelächter preisgegeben wird, allein er kann doch den anderen sagen, an wen sie sich zu halten haben. Ob er auch anders möchte, er kann doch nicht anders. Im Neuen Testament wird Petrus, der sich ins Abseits stiehlt, zum Felsen deklariert. »Weiter konnte man die Ironie nicht gut treiben, finden Sie nicht auch?« meint Albert Camus dazu (Der Fall, Bibliothek Suhrkamp 113 S. 109). Mancher christlichen Gruppe kann schon bei dieser zweiten Jona-Szene das Lachen vergehen. Oder sollte sie nicht besser das Lachen dessen, der im Himmel wohnt, über christliche Fluchtversuche, Schlafsuchtsanfälle, Sterbewünsche mithören? Sollte sie sich angesichts der Misere ringsum nicht ehrlich selbst denunzieren? Und wenn sie mit Recht in die Wellen geworfen wird, darf ihr einfallen, daß der zweiten Szene eine dritte folgt.

[1]Nach jüdischer Überlieferung waren Vertreter aller 70 Nationen an Bord des Schiffes; vgl. OKomlós, Jonah Legends: EtOr PHirschler, ed. OKomlós, (Budapest 1950) 50; vgl. ferner AFáj, Stoic Features 337.

Verschlungen und ausgespuckt

(2,1 – 3,3a)

Literatur

RDWilson, מנה, »To Appoint« in the Old Testament: PrincThR 16 (1918) 645–654. – JBegrich, Der Satzstil im Fünfer: ZS 9 (1934) 169–209. = Ders., GesStud: ThB 21 (1964) 132–167. – ARJohnson, Jon 2,3–10. A Study in Cultic Phantasy: Studies in Old Testament Prophecy, ed. HHRowley. Festschr THRobinson (1950) 82–102. – MStenzel, Altlateinische Canticatexte im Dodekapropheton: ZNW 46 (1955) 31–60 (54–60). – JBBauer, Drei Tage: Bibl 39 (1958) 354–358. – FNötscher, Zur Auferstehung nach drei Tagen: BBB 17 (1962) 231–236. – USteffen, Das Mysterium von Tod und Auferstehung. Formen und Wandlungen des Jona-Motivs (1963). – GMLandes, The Kerygma of the Book of Jonah: Interp 21 (1967) 3–31. – Ders., The »Three Days and Three Nights« Motif in Jonah 2,1: JBL 86 (1967) 446–450. – FCrüsemann, Studien zur Formgeschichte von Hymnus und Danklied in Israel: WMANT 32 (1969). – WRudolph, Jona: Archäologie und Altes Testament. Festschr KGalling (1970) 233–239. – JDMagonet, Form and Meaning. Studies in Literary Techniques in the Book of Jonah: Diss. Heidelberg (1973). – GBader, Das Gebet Jonas. Eine Meditation: ZThK 70 (1973) 162–205.

Text

1 Inzwischen hatte[a] Jahwe einen großen Fisch bestimmt, Jona zu verschlingen. Jona war [b]drei Tage und[b] drei Nächte im Bauch des Fisches.
2 Dann betete Jona zu Jahwe, seinem Gott, aus dem Bauch des Fisches
3 und sprach:

Aus[a] meiner Drangsal rief ich zu Jahwe[b], und er hat mich erhört.
Ich schrie um Hilfe aus dem Bauch der Unterwelt, du hörtest meine Stimme.
4 Ins Herz[a] [die Tiefe][b] der Meere hattest du mich geworfen, daß[c] mich die Flut umringte.
Alle deine Brandungen und Wogen brachen über mich herein.
5 So sprach ich denn: Verstoßen[a] bin ich weg aus deinen Augen.
'Wie'[b] kann ich ferner schauen deinen heiligen Tempel?
6 Wasser umschlossen mich bis an die Kehle[a], das Urmeer, es umringte mich.
Seetang[b] war um mein Haupt geschlungen 7 am Wurzelgrund der Berge[a].
Hinabgestiegen war ich in das Land, das[b] seine Riegel hinter mir für immer (schließen sollte).
Doch du hast aus dem Grab herausgeführt mein Leben, Jahwe, mein Gott!
8 Als ich selbst[a], an mir verzweifelt, an Jahwe gedachte[b],
da kam zu dir mein Klageflehn in deinen heiligen Tempel.
9 Die Haltlos-Nichtiges[a] verehren[b], verlassen ihre Hilfe[c].
10 Doch ich will dir mit lautem Danklied opfern.
Was ich gelobt, will ich erfüllen. Rettung ist bei Jahwe.
11 Dann sprach Jahwe zu dem Fisch, und der spie Jona aufs Festland.

3[1]Darauf erging Jahwes Wort zum zweiten Mal an Jona. Es lautete: [2]»Brich auf, wandere nach Ninive, der großen Stadt, und[a] predige ihr die Botschaft[b], die ich dir (jetzt)[c] sage!« [3]Da brach Jona auf und ging nach Ninive, dem Worte Jahwes gemäß.

2,1 **1a** Sachlich liegt hier eine Nachholung vor wie in den Perfekt-Sätzen 1,5b
und 10b; doch schließt das impf.cons. dichter an die Gabelung 1,15a als Parallel-
handlung zu 1,15b–16 an; vgl. 3,6 und 4,5. Zur Möglichkeit der plusquamper-
fektischen Übersetzung des impf.cons. vgl. die Darlegungen zur hebr. Satzlehre
bei RMeyer[3] II §§ 62.63 und III 100, vor allem NLohfink, BZ NF 5, 1961, 191f. –
b–b τρεῖς ἡμέρας καὶ bleibt in der lateinischen Übersetzung der *G* (La[c], 5.Jh.)
und in der sahidischen Übersetzung (teilweise) unübersetzt. Im Bauch des Fi-
3 sches gibt es nur Nächte. – **3a** *G* (ἐν) gleicht mit ψ 119,1 (*M* Ps 120,1 בַּצָּרָתָה) an
die Situation an. – **b** *G* (τὸν θεόν μου) ergänzt »meinem Gott«, wohl nach V. 2a,
4 vgl. 7b. – **4a** »Das Herz der Meere« meint zumeist die (unerforschliche) offene,
»hohe See« (Spr 23,34; 30,19; Ez 27,4.26), dann aber auch die (unergründliche)
»Meerestiefe« (Ps 46,3; Ez 28,8); vgl. HWWolff, Anthropologie 72. – **b** מצולה be-
zeichnet eindeutig die Meerestiefe (Mich 7,19; Sach 1,8; Ps 68,23; 69,3.16;
107,24; Ijob 41,23) und wird so als Nachinterpretation zum mehrdeutigen »Her-
zen der Meere« verständlich, die zunächst am Rande einer Handschrift und
darum ohne eine im Kontext unentbehrliche praep. notiert war; anders
GMLandes, Kerygma 6[13]. MBuber faßt das Wort als Subjekt auf (»Mich hatte
der Strudel geworfen ins Herz der Meere«); damit wird zwar das Fehlen der
praep. verständlich, aber von V. 5a her ist doch Jahwe als Subjekt in V. 4a wahr-
scheinlicher. Auch rhythmisch ist מצולה inmitten der regelmäßig fünftaktigen
Reihen überschüssig. – **c** Die Inversion ist als Folgesatz zu verstehen, der den
5 neuen Zustand beschreibt. – **5a** S.u.S. 110. – **b** ϑ' (πως) setzt אֵיךְ voraus und ist
im Zusammenhang der Erzählung der Not wahrscheinlicher als eine Äußerung
des Trotzes oder der Sehnsucht, auf die *M* hinweist; denn אַךְ ist als Partikel der
Einschränkung oder des Gegensatzes zu verstehen; vgl. NHSnaith, The Mea-
ning of the Hebrew אַךְ: VT 14 (1964) 221–225 und HWWolff, BK XIV/1, 90.94.
Die Übersetzung »Doch möchte ich noch einmal . . .« (WRudolph) trifft auch
deshalb kaum den ursprünglichen Textsinn, weil יסף hi. mit inf. (ununterbro-
chenes) »fortfahren« bezeichnet; vgl. Gen 4,12; Ex 5,7; Am 7,8. Die Verlesung
von ursprünglichem אֵיךְ in אַךְ kann auf Grund der Ähnlichkeit von V. 5a mit Ps
6 31,23a und dessen Fortsetzung mit adversativem אָכֵן in V. 23b erfolgt sein. – **6a** *T*
(עד מותא) deutet richtig, daß es um (Leben und) Tod geht; vgl. HWWolff, An-
thropologie 29f. – **b** *M* »Schilf« steht für Meerespflanzen überhaupt. *G* (ἐσχάτη)
verlas סוֹף (»Ende«); vgl. σ' απεραντος (»unbegrenzt«). *T* (ימא דסוף) α' (ερυ-
ϑρα) denken an das »Schilfmeer« (Rotes Meer; *V* pelagus = »Meer«), da סוף
7 weitaus am häufigsten in dieser Verbindung vorkommt. – **7a** Die beiden ersten
Worte von V. 7 sind zur Vervollständigung der fünftaktigen Reihe zu V. 6b zu
ziehen; zudem hat folgendes ירדתי in . . . הארץ seine eigene Ortsbestimmung; so
auch *V*. – **b** Den asyndetischen Relativsatz erkannte schon *G* (εἰς γῆν, ἧς οἱ μο-
8 χλοὶ αὐτῆς). – **8a** נפש steht hier für die Person hinsichtlich ihres verzagten Ge-
müts; vgl. HWWolff, Anthropologie 36.41f. – **b** perf. vor impf.cons. gibt die Vor-
9 aussetzung der folgenden Handlung an. – **9a** Entsprechend Ps 31,7 sind die wert-
losen Abgötter gemeint; Dtn 32,21 steht הֲבָלִים parallel zu לֹא־אֵל (»Nicht-Gott«).
G (μάταια καὶ ψευδῆ = »Vergebliches und Trügerisches«) löst die constr.-Ver-
bindung auf; anders ψ 30,7 (ματαιότητας διὰ κενῆς). – **b** שׁמר pt. pi. findet sich
nur hier; Änderung nach Ps 31,7 (הַשֹּׁמְרִים) ist schon wegen der Bestätigung von

M durch α' (αποφυλασσοντων) nicht vertretbar, da απο auf ein (als praep. mißverstandenes) מן hinweist; pi. meint die wiederholte, intensivierte Aktion. – **c** Obwohl das suff.3.pl. Menschen meint, steht חסד hier für den wahren Gott in seiner gütigen Verläßlichkeit; vgl. Ps 144,2. – **2a** L stellt zur Wahl, die Kopula *ū* 3,2
oder *wi* zu sprechen. – **b** Das im Spätheb. häufige Wort kommt im AT nur hier vor. *G* (κατὰ τὸ κήρυγμα τὸ ἔμπροσθεν = »entsprechend der zuvor befohlenen Botschaft«) wird freie Interpretation sein, die 1,2b als Botschaftsinhalt verstanden hat. S.o.S. 77. – **c** Der Partizipialsatz meint die Gegenwart bzw. die unmittelbar bevorstehende Zukunft; demgemäß übersetzt *V* (loquor) richtig, *G* (ἐλάλησα) entsprechend ihrem Rückbezug auf 1,2 falsch; vgl. Textanm. 3,2b.

Form

Die neue Szene ist bestimmt und zugleich begrenzt durch Jahwes neues Handeln an Jona und durch sein neues Reden zu ihm. Nachdem die Geschichte der Seeleute zum guten Ende geführt ist (1,16) und bevor Ninive zum Schauplatz wird (3,3b), findet der Leser wie in 1,1–3 Jona wieder mit seinem Gott allein. Daß zu Jahwe und Jona keine anderen Personen hinzutreten, macht die Geschlossenheit dieser novellistischen Szene aus. Sie ist durch den Bildwechsel deutlich gegliedert. Zuerst handelt Jahwe auf See schweigend an Jona durch den Fisch (2,1.11); dabei zeigt die aus Kap. 1 bekannte Satirik ihn von heiter-ironischer Seite. Sodann spricht er ihn auf dem Festland aufs neue an (3,1–3a).

Fraglich ist, ob Jonas Gebet vom Verfasser der Prosaerzählung stammt. Neuerdings treten GHCohn, Jonah 93f., OKaiser, Wirklichkeit 97f. und besonders ausführlich JDMagonet, Form 65–98 dafür ein. Man weist darauf hin, daß auch sonst ein Danklied in der Funktion der Klage eingeführt werde (vgl. וַתִּתְפַּלֵּל zur Einleitung des Lobpreises der Hanna in 1Sam 2,1 mit Jon 2,2). Der Psalm sei für die Situation der Erzählung gestaltet, da er mit dem Bericht der Notsituation beginne statt mit einem Lobspruch, der sonst ein Danklied einleitet; auch beherrsche die Schilderung der Not weiterhin das Ganze (bis V. 8a); dabei sei in V. 4 und 6f. von der speziellen Seenot so deutlich die Rede wie sonst nie in überlieferten Psalmen. Im übrigen sei das Gebet »in der gleichen Weise wie die ganze Erzählung aus übernommenen Zitaten und Neubildungen gemischt« (OKaiser, Wirklichkeit 97). GHCohn und vor allem JDMagonet sind bemüht, die Identität des Verfassers von Psalm und Erzählung durch Nachweis gleichartiger Wortwahl und Stilfiguren zu erhärten; doch ihre Beobachtungen liefern keine tragfähigen Argumente für das gewünschte Ergebnis.

Schon der Hinweis auf das Gebet der Hanna in 1Sam 2 spricht mehr für als gegen einen Interpolator; denn dort ist einmal die Erhörung der Bitte zuvor berichtet (1Sam 1,27) und insofern ein Danklied angebracht; sodann gilt auch dieses Danklied der heutigen Forschung als sekundär in den Erzählzusammenhang eingefügt; vgl. HJStoebe, KAT VIII/1 (1973) 106f.; es ist nur durch das Motiv von der Unfruchtbaren, die Kinder bekommt (2,5b), mit dem Kontext verbunden (1,5ff.), wo es aber ganz anders formuliert ist. Wer auf das Hiskia-Lied in Jes 38,9–20 hinweist (Magonet), trifft ebenfalls auf einen Nachtrag, den der Parallel-Text 2Kön 20 noch nicht kennt (vgl. OKaiser, ATD 18, 1973, 320ff.). Sekundäre Einschaltungen dieser Art sind also nicht selten.

Daß unser Psalm nicht vom Erzähler eingefügt wurde, ergibt sich aus drei Beobachtungsreihen.

1. Die Situation des Psalms paßt nicht zum Kontext. Auf Nöte (V. 3–7), Bittklage (תפלה V. 8b), Erhörung (V. 3.6b.8b) und Gelübde (V. 10b) schaut der Beter zurück als auf schon Geschehenes; jetzt bringt er im Tempel, nach dem er sich im Meer gesehnt hatte (V. 5b.8b), sein Danklied (תודה V. 10a) zum Dankopfer vor Gott und zur Unterrichtung der versammelten Gemeinde dar; darum spricht er nicht nur zu Jahwe (V. 3b–5.7b.8b), sondern auch über ihn (V. 3a.8a.9.10b). Diese »doppelte Sprechrichtung« ist für das Danklied nach erfolgter Rettung ebenso kennzeichnend wie die rückblickende Erzählung der vergangenen Not, Bitte und Erhörung (V. 3–8), wie die Belehrung der Mitfeiernden (V. 9.10b) und wie der Hinweis auf das gelobte Opfer (V. 10b); vgl. FCrüsemann, 247ff.264ff. So paßt dieses Lied besser in den Tempel als in den Bauch des Fisches.

2. Die Sprache des Psalms ist eine andere als die der Erzählung (vgl. auch GMLandes, Interp 1967). Vor allem sind die Gebete der Erzählung (1,14; 4,2f.) zu vergleichen: sie sind echte Klagegebete (»Ach, Jahwe!«), sprechen nur zu Gott und nie über ihn, passen genau in den Ablauf der Erzählung, nehmen wichtige Wortgruppen aus dem Kontext auf (vgl. 1,14aα mit 1,6bβ; 4,2a mit 1,3 und 4,2b mit 3,9f.); sie haben auch die gleiche prosaische Form wie der Kontext. Hingegen schildert der Psalm die Not des Beters mit völlig anderen Worten, als 1,4 – 2,1 erwarten lassen. Einzig das Wort »Meer« (1,4f.12.15) wird aufgenommen, aber selbst dies nur in der poetischen Abwandlung »Herz der Meere« (2,4). Vom Sturm und vom Tosen der See ist keine Rede, nicht von der Flucht des Jona und vom großen Fisch; kein Schuldbekenntnis, keine Bitte kommt vor. Das Lieblingswort des Erzählers »groß« (גָּדוֹל 14mal in 39 Versen) kommt in 2,2–10 keinmal vor. Statt prosaischer Notschreie lesen wir die Festsprache des Tempels. Es kann nicht verwundern, daß sie keine Aramaismen enthält. Denn sie schließt sich eng an überliefertes Psalmengut an, wandelt es jedoch z.T. im Blick auf die vorliegende Erzählung ab und erweitert es (s. die Einzelerklärung u.S. 109ff.). Deshalb dürfte dieser Nachtrag nicht älter sein als die Erzählung (anders CAKeller 278); vgl. GMLandes, Kerygma 16, dessen Strukturvergleich zwischen 2,2–10 und 4,2–3 die entscheidenden Unterschiede verdeckt . Die wertvollen Beobachtungen von GMLandes beweisen die Möglichkeiten sekundärer Harmonisierung des Psalms und der Prosaerzählung, ja, das Einfühlungsvermögen

des Psalmisten; aber sie können nicht die Wahrscheinlichkeit primär einheitlicher Konzeption und Sprachgestalt begründen.

Die Rhythmik des Psalms ist ungewöhnlich kunstvoll. Es finden sich ausschließlich fünftaktige Reihen (zu V. 4a s. Textanm. 2,4b). Den »Satzstil im Fünfer« hat JBegrich untersucht. Am häufigsten finden sich in unserem Psalm »Fünfer mit durchgehendem Satz« (Begrich 136), bei denen nach dem dritten Takt ein gewisser logischer Einschnitt und zugleich eine Pause im Rhythmus zu beobachten ist: V. 4b.5b.6b–$7a\alpha^{1}$.7b.8a.b.9.10aα. Vereinzelt enthält ein Fünfer zwei verschiedenartige (Begrich 140f.; V. 3b.10aβ–b) oder auch zwei synonym parallele Sätze (145; V. 4a.6a). Wenn das rhythmische Prinzip (3+2 Takte) mit dem logischen im Widerspruch liegt, sprechen wir von einem Enjambement (Begrich 140f.); so ist V. 4a logisch 4+1-taktig, V. 5a und $7a\alpha^{2}\beta$ 2+3-taktig. In der Regel sind je zwei Fünfer synonym parallel zu einer Periode verbunden, so daß insgesamt sieben Perioden vorliegen. Zwei Ausnahmen von der genannten Regel fordern Beachtung. In der fünften Periode (V. $7a\alpha^{2}\beta$b) stehen die beiden Fünfer antithetisch zueinander; hier wird die Wende der Not berichtet. Die siebente Periode besteht aus drei Reihen; hiervon steht die erste Reihe (V. 9) antithetisch zu den beiden folgenden synonymen Reihen (V. 10; Begrich 157); damit ist eine letzte Steigerung angezeigt, die in dem kurzen, bündigen Bekenntnissatz in V. 10b gipfelt.

3. Der Jona des Psalms ist ein anderer als der der Erzählung. Darum sprach GvRad von der »psychologischen Unglaubwürdigkeit«: »Diese frommen und dankergebenen Worte passen doch gar nicht zu dem störrischen Jona, der sich nachher nur noch unglaublicher benimmt als vorher« (Jona 13 = Gottes Wirken in Israel 76f.). Selbst da, wo der Erzähler im folgenden vorübergehend von einem gehorsamen Jona zu sprechen weiß, bleibt dieser spröde und wortkarg wie in Kap. 1. Am Ende aber steigert sich sein anfänglicher Widerwille zum Todestrotz. Nein, der Mann, der sich im Psalm seinem Gott dankerfüllt hingibt und seine Brüder willig belehrt, ist ein ganz anderer, ein späterer. Er hat die bittere Lehre der Satire auf seine Weise verstanden.

Ihm ist auch 2,2 zuzuweisen, wie es von KMarti bis WRudolph erkannt worden ist, nicht nur V. 2b, wie AJepsen (Anmerkungen 297) erwog. In V. 2b stört die sonst nur in kollektiver Bedeutung vorkommende Wortform für den Fisch (דגה statt דג in V. 1 und 11). In V. 2a befremdet die Wendung »Jahwe, sein Gott«, die in der gesamten Erzählung nichts Vergleichbares hat, wohl dagegen im Psalm (V. 7b »Jahwe, mein Gott«). Auch daß »Jona« und der »Bauch des Fisches« nach V. 1b in V. 2 noch einmal wiederholt werden, entspricht nicht dem schlanken Stil des Erzählers; vgl. 4,1f.; 3,3; 1,3 und LSchmidt, De Deo 56. In 1Sam 2,1 und Jes 38,9 stammen die überleitenden Sätze ebenfalls vom Ergänzer. Somit bleibt für die alte Erzählung in der dritten Szene zunächst nur 2,1.11 und 3,1–3a.

Doch mit 3,1 erhebt sich ein neues Problem: Bilden Kap. 3f. und Kap. 1f. eine ursprüngliche literarische Einheit? Daß die Seegeschichten und die Geschichte der Bekehrung Ninives stoffgeschichtlich weit auseinanderliegen, ist unbestritten. Aber zeigen sich nicht schon in 3,1–3a literarische Nähte? Die wörtliche Wiederaufnahme von 1,1–2a in 3,1–2a könnte vermuten lassen, daß Kap. 1–2 später eingeschaltet wurde; vgl. CKuhl, Die »Wiederaufnahme« – ein literarkritisches Prinzip? ZAW 64 (1952) 1–11 (10). Am gleichen Phänomen ist das Wachstum der Hiob-Rahmenerzählung zu erkennen; vgl. 1,6ff. mit 2,1ff. und FHorst, BK XVI/1³ IX.22f. Das in Jon 3,1 eingeschaltete שֵׁנִית könnte ähnlich wie in Gen 22,15 (vgl. V. 11) die literarischen Wachstumsringe verdeutlichen. Zeigt sich nicht auch im unmittelbaren Anschluß an die »Wiederaufnahme« in bezeichnenden sprachlichen Kleinigkeiten ein anderer Erzähler? Es beginnt mit der anderen praep. קרא אליה (3,2b) statt קרא עליה (1,2b) (aber vgl. u.S. 114f.) und verdeutlicht sich daran, daß in der Fortsetzung häufig als Gottesbezeichnung אלהים erscheint (3,3b.10; 4,6–9), wo Kap. 1–2 nur יהוה kannte; vgl. LSchmidt, De Deo 18ff.

Doch reichen diese Beobachtungen hin, um zwei literarische Schichten zu rekonstruieren? LSchmidt (De Deo 18–47) arbeitet eine Grundschicht heraus, zu der 1,2; 3,3a (ohne »gemäß dem Wort Jahwes«) 3,3b–10; 4,1.5a.6aα (ohne »Jahwe«) 4,6b–11 (mit Elohim statt Jahwe in V. 10) gehören sollen. In jedem Falle ist die prägende Kraft des jüngeren Erzählers, dem die heutige Buchgestalt zu verdanken ist, unübersehbar. Er hat in 4,2 Kap. 1f. sachlich mit Kap. 3f. verknüpft; er, der Jahwe-Zeuge aus Kap. 1f., läßt in 3,3a Jona »dem Worte Jahwes gemäß« nach Ninive gehen. Er sagt in 2,1, daß Jahwe ebenso den Fisch »bestellte« wie (Jahwe) Elohim die Geschöpfe in 4,6–8. So läßt sich mit Sicherheit nur feststellen, daß der heute zu lesende Erzähler mehr oder minder fest geprägtes Überlieferungsgut selbständig eingeschmolzen hat; ob es teilweise vor ihm schon Literatur war, bleibt ungewiß. Jedenfalls fehlen eindeutige Argumente und Abgrenzungskriterien, wie sie (o.S. 103ff.) für die literarische Interpolation von 2,2–10 beizubringen waren.

Ort

Die Einzelinterpretation wird davon auszugehen haben, daß die Szenen 1,1–3 und 1,4–16 in 2,1.11; 3,1–3a ihre Fortsetzung finden; sie wird im einzelnen zu klären versuchen, woher älteres Gut aufgenommen und wie es verarbeitet wird. Das Fisch-Motiv (2,1.11) mag angeregt sein durch Erzählungsgut, das in Hafenstädten wie Jafo umlief; s. USteffen, Mysterium 89; HWWolff, Studien 20–28 und LSchmidt, De Deo 57–59.

Davon zu trennen ist die Frage der Herkunft des Psalms und seiner Einleitung (2,2–10). Es ist unsicher, ob er in der vorliegenden Form jemals selbständig existiert hat; vgl. OKaiser, Wirklichkeit 97. Es fällt auf, daß zwar einzelne Reihen genau (zu V. 4b vgl. Ps 42,8b) oder ungefähr (zu V. 3a vgl. Ps 120,1; zu V. 5a Ps 31,23a) überlieferte Psalmensätze aufnehmen; noch häufiger trifft das für Satzteile zu (vgl. die Einzelerklärung). Aber gerade darin könnte sich der selbständige Versuch des Interpolators zeigen, aus überkommenen Einzelelementen eine geeignete Dichtung zu komponieren. Daher würde sich dann erklären, daß sich in anderen Psalmen Aussagen über Seenot so gehäuft nicht finden (V. 4.6f.), auch, daß der Psalm mit dem Bericht der Not beginnt und selbst da Jahwe anredet, wo in Dankliedern über Jahwe berichtet wird (s.o.S. 104). Doch bestimmte ihn der Anschluß an Überliefertes immer noch stärker als die Neigung, spezifische Motive der Erzählung wie die der Flucht oder des Fisches aufzunehmen. Vielleicht war also der Interpolator zugleich der Komponist des Psalms. Natürlich war er dann jünger als der Erzähler (anders OEißfeldt, Einleitung³ 548; GMLandes, Kerygma 30: »It was carefully selected for this purpose from some other source«; s.u.S. 109). Dieser Dichter stellt einen verwandelten Jona vor. Er reagiert ganz anders als der Jona aus Kap. 1 und vor allem als der aus Kap. 4. Er hat sich die Erzählung zu Herzen genommen und wird so auch zu einem Lehrer der Gemeinde (2,9.10b), der der Jona der Erzählung ganz und gar nicht ist. Vgl. zum Ort des Psalms in der Erzählung weiter u.S. 115f.

Der Erzähler berichtete zuletzt von Jona, daß die Seeleute ihn ins Meer warfen (1,15a). Kommt er auf seinen »Helden« zurück, dann wieder so – wie nach der Flucht in 1,3–4 –, daß er von Jahwes neuem Handeln an ihm berichtet. Aufs neue bedient er sich der stummen Kreatur: dort des Sturms, hier des Fisches. Dieser Theologe kennt etwas von Jahwes spielerischem Umgang mit seinen Geschöpfen aus weisheitlichem Denken (Spr. 8,30f.; vgl. GBader 162). Er setzt es in humorvolles Erzählen um. Jahwe »bestellt« den Fisch, wie man unter Menschen Personal »einstellt« (Dan 1,11; vgl. pu. 1Chr 9,29) oder Speisen »zuweist« (Dan 1,5.10; vgl. Mühsalsnächte in Ijob 7,3); מנה bezeichnet im ḳ. »zählen«, »abzählen« (Gen 13,16; Ps 90,12 u.ö.) und von daher im pi. »zumessen«, »bestimmen«, bei Personen »anstellen«, »ernennen«; vgl. RDWilson; EJenni, Piʿel (1969) 213 und 4,6–8. Auch dieses Wort gehört in seiner pi.-Form zur späteren aramaisierenden Literatur; vgl. o.S. 54 u. MWagner, Aramaismen 78. Wort 2,1

Jahwe stellt für Jona einen »großen Fisch« an. Landratten wie die Israeliten wissen ihn nicht näher zu bestimmen; *G* (κῆτος) mag schon an einen Wal oder Haifisch denken. An der Küste erzählte man von sagenhaften Helden wie Herakles oder Perseus, die in den Rachen eines Seeungeheuers stiegen und es von innen her töteten, um danach wieder aus dem erlegten Tier herauszukommen; auch der Held der Jason-Sage wird von einem Drachen verschlungen; er befreit sich selbst durch eine Zaubersalbe, die dem Tier solche Übelkeit verursacht, daß es Jason ausspeit (vgl. HWWolff, Studien 24). Angeregt durch solche Stoffe, gestaltet unser Erzähler völlig frei; bei ihm entfaltet weder das Seeungeheuer noch der

»Held« irgendeine eigene Aktivität. Jahwe hat das »Verschlingen« verfügt (wie später das Ausspeien V. 11). בלע bedeutet in der Psalmensprache immer äußerste Gefährdung, oft sogar Vernichtung; vgl. Jer 51,34; Ps 21,10; 35,25; 69,16; 106,17; 124,3; Klgl 2,2.5.8.16; an Rettung soll der Leser hier also noch keineswegs denken (anders GMLandes, JBL 86, 1967).

Die Ohnmacht des Helden wird noch unterstrichen durch den Zug, daß sich Jona »drei Tage und drei Nächte im Bauch des Fisches« aufhalten mußte. Zwar kann auch gerade diese Zeitangabe durch Mythen und Sagen angeregt sein. Drei Tage ruht der »Schwarzmond« (Neumond) im Himmel, bis das spitze Mondsichelschwert daran erinnert, daß das Ungeheuer, das den Mond verschlang, von innen aufgeschlitzt wurde. »Drei Tage und drei Nächte«, nachdem Inanna in das »Land ohne Rückkehr« hinabstieg, ruft der Götterbote die Hilfe herbei; vgl. ANET 52–57. Herakles »sprang in den Rachen des Ungetüms hinein, tötete es von innen und entstieg, wie einige sagen, erst nach drei Tagen als Sieger dem Leib des toten Tieres« (USteffen 41); vgl. HWWolff, Studien 22ff. Unser Erzähler nennt diesen Zeitraum als einen verhältnismäßig großen; vgl. 3,3b; 1Sam 30,12; Est 4,16; Lk 2,46, JBBauer 356 und GMLandes, Kerygma 11f. Danach ist kaum noch Hoffnung auf Überleben (Lk 24,21). Nicht im geringsten deuten der »große Fisch«, das »Verschlingen« und die »drei Tage und drei Nächte« auf eine Rettungsaktion hin. Das Gegenteil ist der Fall. Daß der große Fisch mit seinem Passagier in dieser Zeit die Strecke zurückzulegen hat, die das Tarschisch-Schiff auf dem Weg zu seinem fernen Ziel trotz des Ruderns in der Gegenrichtung (1,13) abgetrieben worden war, ist erst in V. 11 vorausgesetzt. Wichtiger ist, daß überhaupt die Dauer von Jonas Aufenthalt im Fischbauch schon nach V. 1b feststeht. Der Termin von Jonas Lebensrettung und Landung wird nicht durch ein Gebet bestimmt. Jahwes freie Verfügung ist es, die die Voraussetzungen dafür schafft, daß sein störrischer Bote wieder zum Einsatz kommt. Daß das Fahrzeug ganz phantastisch ist, darf der Ausleger nicht rationalistisch wegdeuten wollen. Mit Humor konfrontiert der Erzähler der falschen Fluchtrechnung Jonas (1,3) die unausrechenbaren Möglichkeiten seines Gottes; vgl. GQuell, Das Phänomen des Wunders im Alten Testament: Festschr WRudolph (1961) 274f.

2,2 Ein Ergänzer (s.o.S. 103ff.) fügt genau an der Stelle, wo die Erzählung die Dauer des Aufenthaltes Jonas im Fischbauch beschrieb, den Psalm ein, und zwar als ein Klageflehen (פלל hitp. wie 4,2). Daß er ihn zunächst nicht als ein Danklied verstanden wissen will, geht daraus hervor, daß er in V. 2b ausdrücklich – in Aufnahme von V. 1b – betont, dies Gebet sei »aus dem Bauch des Fisches heraus« gesprochen; und diese Ortsangabe findet sofort im Eingang des Psalms die Erklärung, daß es der Ort der »Bedrängnis«, ja »der Bauch der Unterwelt« sei; ממעי הדגה in V. 2 entspricht מצרה und מבטן שאול in V. 3. Das Gebet soll also zunächst Jonas völlige Hilflosigkeit verdeutlichen und damit zugleich seine Bereitschaft, sich dem Gott, vor dem er zu fliehen versuchte, endlich zuzuwenden. Zu solcher Haltung lädt der Ergänzer diejenigen ein, die die Jona-Satire begriffen haben.

Sein Psalm zeigt nachweisbar die überkommene Psalmensprache. 2,3
Der erste Fünfer entspricht fast genau Ps 120,1; er ist ein ganz typischer Dankliedbericht; vgl. Ps 118,5; 34,5; 138,3; 18,7; doch geht kein Lobpreis vorauf, wie in Ps 118,1–4; 34,2–4; 138,1–2; 18,2f. Darin gleicht der Ps 120,1, der auch in der Fortsetzung nur Klagen bringt. Zwei kleine Differenzen zwischen Ps 120,1 und der Eröffnung des Jona-Psalms sind bemerkenswert. בַּצָּרָתָה לִּי (»in meiner Drangsal«) wird zu מצרה לי (»aus meiner Drangsal«); die Angleichung an V. 2b ממעי הדגה (»aus dem Fischbauch«) wird Absicht sein; s.o. zu V. 2. Zum andern ist קראתי an die Spitze des Psalms gezogen und damit betont. Auch das mag Absicht sein. Endlich hat Jona die Anrufung Jahwes vollzogen, um die ihn der Kapitän in 1,6 vergeblich gebeten hatte (קְרָא אֶל־אֱלֹהֶיךָ) und die die Matrosen längst geübt hatten (1,14 וַיִּקְרְאוּ אֶל־יהוה). Für den Ergänzer ist der Gebetsschrei von seiner Erhörung nicht zu trennen. – Der neue Jona spricht auch im zweiten Fünfer (V. 3b). Im überlieferten Psalmgut findet sich nicht eine so enge Parallele wie zu V. 3a. Doch daß der Dichter sich auch hier an Überkommenes anlehnt, ist wahrscheinlich; denn nur so wird der Übergang zur Anrede Jahwes in V. 3b verständlich. Daß das Flehen jetzt »aus dem Leib der Unterwelt« aufsteigt, könnte als bewußte Deutung der Situation des Gebets »aus dem Bauch des Fisches« (V. 2b) verstanden werden. Mit שאול klingt das Thema von Ps 18,6 an, wie nachher in V. 4a.6a; Ps 18,5f. Spätestens »ich flehte, du hörtest meine Stimme« nimmt geprägtes Gut auf; denn der Wechsel der Sprechrichtung (s.o.S. 104) trifft zusammen mit dem Anklang an Ps 31,23b (שָׁמַעְתָּ קוֹל תַּחֲנוּנַי בְּשַׁוְּעִי), weil im folgenden die Anlehnung von V. 5a an Ps 31,23a nicht zu verkennen ist. Wir beobachten also starke Anlehnung an tradierte Psalmensprache bei leichter Anpassung an den Kontext der Erzählung. Dabei ist aus dem speziellen Jona-Schicksal im Fischbauch ein mehr generelles Menschenschicksal geworden; und die Not ist bereits völlig überwunden.

Auch V. 4a lehnt sich nicht an Wortwahl und Anschauung von 1,4– 4
2,1 an, sondern an bekannte Psalmen. In der Jona-Erzählung werfen die Seeleute Jona ins Meer, im Psalm der angeredete Jahwe; in 1,12.15 heißt solches »Werfen« entsprechend 1,4f. הֵטִיל אֶל־הַיָּם, im Psalm wie öfter im Psalter הִשְׁלִיךְ (Ps 102,11; 51,13; 71,9 u.ö.); טול hi. hingegen kennt der Psalter nicht. Auch »das Herz der Meere« löst die Sprache des Erzählers (ים 1,4f.9.12.15) durch die gehobene Psalmensprache ab (Ps. 46,3; s.Textanm. V. 4a und b). Die »Flut« (נהר), die den Beter umzingelt, erinnert in der Psalmensprache mehr an die mythischen, unterirdischen

Chaos- und Todesströme der Unterwelt (Jes 44,27; Ps 24,2; 93,3) als an das Mittelmeer, zumal der Zusammenhang in V. 3–6 wiederholt an die Anschauungen von Ps 18,5f. anklingt; Subjekt des Umzingelns (סבב) sind dort statt der »Flut« die »Stricke der Unterwelt«; vgl. CBarth, Die Errettung vom Tode (1947) 85f. *jm* und *nhr* finden sich häufig synonym parallel in ugaritischen Mythentexten, vor allem in Gordon UT 68,12–17.19f.22. 25.27.29f. (= CTA 2 IV), vgl. 129,7–9 (= CTA 2 III) und 51 II,6–7 (= CTA 4 II). Gegen WRudolphs Lesung von V. 4a s.o. Textanm. V. 4b. – Daß V. 4b ganz genau mit Ps 42,8b übereinstimmt, ist kein Grund, ihn für nachgetragen zu erklären (CAKeller, WRudolph), bestätigt vielmehr die weitgehende Abhängigkeit von bekannten Klage- und Dankliedern; auch die beobachtete Strophenbildung (s.o.S. 105) spricht für die ursprüngliche Zugehörigkeit des Fünfers zum Jonapsalm. V. 4 schildert nur die vergangenen Nöte (wie V. 5–7a), nicht auch die nach V. 3 schon eingetretene Erhörung. Die in V. 3 bezeugte Drangsal wird jetzt näher als die eines Ertrinkenden dargestellt; auch bekennt der Beter seinem Gott, daß kein anderer als er selbst ihn den Wassern auslieferte (aα.b). In den drei Sätzen (aα.β.b) sieht man die Lebensgefahr wachsen.

2,5 V. 5 verdeutlicht sie durch Zitat der damaligen Klage, wie das häufig in Dankliedern geschieht: אני אמרתי zur Einführung auch in Ps 31,23; 41,5; 116,11; Jes 38,10; vgl. Klgl 3,54. Über die Einführungsformel hinaus erinnert das Zitat selbst (aβ) an den Wortlaut von Ps 31,23a (V. 23b klang schon in 3b an). Das dortige Verb נִגְרַזְתִּי (»abgeschnitten bin ich«) klingt fast wie נגרשתי; 2 MSS bieten sogar in Ps 31 dieses Wort aus Jon 2; möglich ist auch, daß an beiden Stellen wie ursprünglich auch in Klgl 3,54 נִגְרַזְתִּי (»verloren bin ich«) gestanden hat; so LDelekat, VT 14 (1964) 11. Sonst fehlt in V. 5a im Vergleich zu Ps 31,23a nur בְחָפְזִי. Die Auslassung kann sachliche Gründe haben: der Beter des 31. Ps spricht wie ein Verfolgter (V. 16!) von seinem geängsteten »Forteilen«; zum Ertrinkenden paßt das nicht. Außerdem bewirkt die Auslassung rhythmisch die Herstellung des regelmäßigen Fünfers (s.o.S. 105). Wieder sehen wir, daß unser Dichter so genau wie möglich geprägte Sätze aufnimmt (wie in V. 4b wörtlich Ps 42,8b), aber auch des Sinnes wegen leicht abwandelt (wie in V. 3a; Ps 120,1; s.o.S. 109). Im Zusammenhang erklärt a die Todesgefahr als Verstoßung aus der Gegenwart Jahwes (»aus deinen Augen verstoßen«; vgl. HWWolff, Anthropologie 160–162; der Erzähler würde sagen: מִלִּפְנֵי יהוה 1,3a.b). Wie könnte der Beter des Endes solcher Verwerfung gewiß werden? Dadurch, daß er selbst Jahwes heiligen Tempel wieder schauen dürfte. Danach sehnt er sich in b; s.o. Textanm. V. 5a. היכל קדשך heißt das Jerusalemer Heiligtum (Ps 79,1). Es ist der Ort seiner (prüfenden) Augen (vgl. Ps 11,4 zum Parallelismus der Aussagen in V. 5a und b). Wer ins Heiligtum gelangen kann, der ist an dem Ort, wo er das Danklied darbringen darf (Ps 138,1f.; vgl. Ps 138,3 mit 3a s.o.S. 109).

Zur Zeit der zitierten Klage war der Beter noch weit davon entfernt.
Die Fluten »umschließen« ihn. אפף findet sich nur in Psalmen (18,5; 2,6
40,13; 116,3; 2Sam 22,5). In der gleichen Form (»sie umschlossen mich«)
hat das Verb in Ps 18,5 und 116,3 »Stricke des Todes« (חֶבְלֵי־מָוֶת) zum
Subjekt, in 2Sam 22,5 »Brandungen des Todes« (מִשְׁבְּרֵי־מָוֶת vgl. משבריך
in V. 4b = Ps 42,8b), hier dagegen die aus Ps 69,2 bekannten Worte
»Wasser«, die »bis an die Kehle« (s.o. Textanm. V. 6a) gehen. Wie in V. 4
steigert sich in drei Sätzen (aα.β.b) nochmals die Todesnot des Ertrin-
kenden. Aus der »Flut«, die ihn in V. 4aβ umringte, ist jetzt das »Ur-
meer« geworden; von der תהום sprach Ps 42,8a in Parallele zu 8b, jenem
Satz, den wir in V. 4b wörtlich wiederfanden; vgl. auch Ps 88,18. Zum
unmythischen Gebrauch von תהום im ganzen Alten Testament vgl. CWe-
stermann, BK I/1, 145ff. Der Psalmist ist fasziniert von der Vorstellung
gewaltiger Wassermassen und ihrer fesselnden Wirkung (אפף,סבב); die
Erzählung (1,4–2,1) läßt ihn dabei verweilen. So kommt er in V. 6b–7a
auf dem Höhepunkt des Berichtes der Not zu Aussagen, die weder der
speziellen Lage Jonas noch den Aussagen überlieferter Psalmen entspre-
chen; vgl. JDMagonet, Form 77–90. Meerespflanzen, um den Kopf des
Ertrinkenden geschlungen, nehmen die Funktion der »Todesstricke«
wahr (Ps 18,5f.). סוף bezeichnet sonst nur das Schilf am Nilufer (Ex 2,3.5;
Jes 19,6). Hier aber muß an großwüchsige Algen gedacht sein, die in den 7
Tiefen des Meeres wachsen, denn die קצבי הרים sind doch wohl jene Ver-
ankerungen der Berge, die sie über den Urfluten festhalten (vgl. Ps 24,2);
sie entsprechen dem, was in Dtn 32,22 die »Grundpfeiler« der Berge
(מוֹסְדֵי הָרִים) und in Ijob 28,9 ihre »Wurzel« (שֹׁרֶשׁ) heißt; vgl. auch 1 QH
III 31. Daß der Sänger so dem Tode ausgeliefert war, sagt der letzte Satz
der Notschilderung unmißverständlich. Der Tote ist im Psalter oft als der
beschrieben, der »hinabsteigt« in den Staub (עָפָר 22,30), in die Grube
(בּוֹר 28,1; 30,4), ins Grab (שַׁחַת 30,10) oder in die Unterwelt (שְׁאוֹל
55,16); hier aber heißt das Ziel einmalig »das Land, das seine Riegel für
immer hinter mir schloß«. Daß der Dichter die dreimalige Verwendung
von ירד in 1,3 und 5 (s.o.S. 89) bewußt steigern wollte (vgl. JDMagonet,
Form 13f.), ist unwahrscheinlich. Die Vorstellung von der Totenwelt als
dem Land ohne Rückkehr ist dem Alten Testament und seiner Umwelt
wohl vertraut (vgl. Ijob 7,9f. und FHorst, BK XVI/1, 117). Aber die
Ausdrucksweise ist im Alten Testament sonst nicht belegt. ארץ, das auch
das Erdinnere bedeutet (Ps 139,15), meint hier wie akk. *erṣetu* die Unter-
welt (AHw 245). Das Wort steht durchaus nicht im Gegensatz zu der
Vorstellung von den Urfluten (V. 4.6), kann doch Ps 71,20 auch von den
תְּהֹמוֹת הָאָרֶץ sprechen. Die »Riegel« deuten daraufhin, daß die Totenwelt
als befestigte Stadt vorgestellt ist (vgl. Am 1,3; Jes 45,2 und HWWolff,
BK XIV/2, 189). Wurden diese Riegel »hinter« (בעד) einem Menschen
verschlossen, so bleiben sie »endgültig« geschlossen; zu לעולם als Rechts-

terminus für das Unabänderliche s. HWWolff, BK XIV/1, 64. So erschien dem Psalmisten Jonas Geschick am Ende der Seefahrt als unausweichlicher Abstieg in den Tod.

Aber er hat erkennen können, daß Jahwes Barmherzigkeit nicht nur bei den Menschen auf dem Schiff und in Ninive das letztgültige Wort spricht, sondern auch bei jenem Jona, der nur noch den Tod für sich wollte (1,12; 4,3.8f.). V. 7b berichtet die unerwartete Wende von der Todesnot zum neuen Leben in der Form der dankbaren Anrede an Jahwe, seinen Gott; zu יהוה אלהי vgl. in V. 2 יהוה אלהיו und o.S. 105. Daß Jahwe den Hilflosen »heraufführt«, ist seine ureigene Rettungshandlung seit der Heraufführung Israels aus Ägypten (zu עלה hi. vgl. BK XIV/2, 206 und Ps 81,11); Ps 30,4; 71,20 brauchen das Wort auch für die Rettung vom Tode. Jetzt bricht die vertraute Psalmensprache wieder durch, auch in משחת חיי, wie Ps 103,4 zeigt. Nun, da das Leben gerettet ist, tritt an die Stelle der ungewöhnlichen Beschreibung des Meeresgrabes (V. 4.6–7a) das gewöhnliche Wort für »Grab« (שׁחת wie Ps 16,10; 49,10; 103,4; Jes 38,17 u.ö.).

2,8 In V. 8 wird noch einmal, ähnlich wie in V. 3, der ganze Weg der Not, des Gebets und der Erhörung zurückgelegt. Dabei greift der Dichter wieder nachweisbar auf vertraute Wendungen zurück. Vielleicht erklärt sich daraus, daß Jahwe in a in 3. Person erscheint, in b hingegen wie vorher in V. 7b angesprochen wird. Wo עטף hitp. vom Subjekt נפשׁ ausgesagt wird (Ps 107,5) und wo im unmittelbaren Kontext זכר erscheint (Ps 77,4), ist auch von Jahwe in 3. Person die Rede. Angeredet wird Jahwe in Ps 142,4; 143,4, wo der Verbform wie hier עלי folgt. Daß der Verfasser aus dem Schatz der Psalmensprache schöpfte, dürfte im ganzen sicher sein, unsicher bleibt hingegen, welche Texte er im Ohr hatte. עטף hitp. beschreibt das subjektive Empfinden der durchlittenen Nöte; vgl. Textanm. V. 8a. Der Gefährdete fühlte sich gänzlich schwach und verzagt; in ihm selbst war nichts mehr, woran er sich aufrichten, wodurch er sich retten konnte. Da »gedachte er Jahwes«; זכר pf. meint jenes Sich-erinnern an Jahwe, das die Voraussetzung (s.Textanm. V. 8b) dafür ist, daß er sich an Jahwe wendet, ja, זכר meint diese Hinwendung selbst (so WSchottroff, Gedenken, WMANT 15, ²1967, 177f.). So also werden noch einmal Notsituation und Gebet erwähnt, um in b die Erhörung kräftig herauszustellen. Denn ebendas soll hier solenn gesagt sein, daß das Klageflehen bei Jahwe am Ort seiner Gegenwart, in seinem heiligen Tempel, »Eingang fand« (ותבוא). Was dem Beter selbst noch versagt war – im Heiligtum einzukehren (V. 5, vgl. Ps 5,8a) –, das war seinem Gebet gelungen. Was in den Klageliedern Ps 88,3; 102,2 noch erfleht wurde, wird mit ganz ähnlichen Worten hier als Geschehnis berichtet. Die Kraft von Jahwes Gegenwart im Heiligtum läßt auch den Schrei aus fernen Meerestiefen zum Ziel gelangen.

Nach solcher Erfahrung wird der erhörte Beter zum Lehrer seiner 2,9
Mitmenschen. Sein Lehrsatz läßt wie keine andere Stelle des eingeschalteten Psalms die Hörer erkennen, an die er sich wendet. Es sind solche, die etwas anderes anstatt Jahwe verehren. Die Cstr.-Verbindung הבלי־שוא steigert den Sinn der fast synonymen Einzelnomina zu einem kräftigen Superlativ (vgl. Joüon, Gr § 141m): הבל, das windig-nichtig Vergängliche, ist nichts anderes als שׁוא, der unnütz-wertlose Trug. Die Wortverbindung ist aus Ps 31,7 bekannt und bezeichnet dort wie in Dtn 32,21 die Abgötter. Während aber der Beter von Ps 31,7 seinen Haß gegenüber den Götzenverehrern erklärt, werden sie hier über die Kehrseite ihres Tuns aufgeklärt. »Sie verlassen den, der ihnen treu ist.« חסד bedeutet hier nicht die menschliche Treue, sondern jenes Verhalten Gottes, das im Psalter immer wieder als seine Treue, Güte und Huld besungen wird, die des Menschen einzige wahre Hilfe ist. Das suff. 3.pl. meint nicht das Subjekt, sondern das Objekt des חסד (vgl. Ps 59,18; 144,2), also die, denen die verläßliche Hilfe gilt. חסד, das in 4,2 wie zumeist zu den göttlichen Attributen gehört, wovon aber gelegentlich »fast wie von einer Persönlichkeit geredet werden« kann (WZimmerli, ThWNT IX, 375,23ff.; vgl. Ps 23,6; 57,4; 85,11.12.14), steht hier direkt als Synonymon für Gott (vgl. Ps 144,2 und NGlueck, Das Wort *ḥesed*: ZAWBeih 47, 1927, 61f.). Die Lehre ist eindeutig: Wer Abgötter respektiert und von Jahwe desertiert, der tauscht zuverlässige Güte gegen Windig-Nutzloses ein. Die Hörer, die der Psalmist vor Augen hat, sind also nicht Heiden, sondern Israeliten; anders würde יעזבו nicht passen: sie »verlassen« Jahwe, »fallen ab« (vgl. Jer 1,16; 2,13) von ihm, der »Hilfe« heißt. So stellt der Ergänzer den Lesern des Jonabuches dem abschreckenden Bild des alten Jona ein neues Bild des Beters und Lehrers Jona gegenüber, der seinen Abfall nicht zuletzt am Gegenbild der Heiden in Kap. 1 und 3 als Torheit erkannt und den Trotz von Kap. 4 durch Jahwes anhaltende Güte überwinden ließ. Am lehrreichsten aber war ihm die Rettung aus dem Meer.

So kommt der neue Jona zur Dankopferfeier. Endlich tut er, was die 10
heidnischen Matrosen schon vor ihm taten. Der Dichter kann bewußt an 1,16 anknüpfen (so GHCohn, Jonah, 1969, 93), indem er deutlich das Repertoire der Danklieder des Psalters aufgreift. Als erstes gehört die »Stimme des Dankliedes« (קול תודה) mit seinem lauten Jubel zur Dankopferfeier (Ps 118,15; vgl. 26,7; 42,5). Mit ihm wird die Dankopfermahlzeit für Jahwe im Kreise der Mitfeiernden eingeleitet. Der Kohortativ (אזבחה, wie nachher auch אשלמה) zeigt die Ankündigung (»ich will«). Ebenso wird die Erfüllung der Gelübde versprochen. Das Gelübde im Klagelied kann die Dankopferfeier selbst zum Gegenstand haben, aber auch darüber hinaus ständiges Lob Jahwes und dauerhaftes Vertrauen zu ihm versprechen; s.o.S. 98 zu 1,16. Die parallele Aussage über Opfer und Gelübde ist in den Dankliedern des Einzelnen mit ganz verwandten

Wendungen geläufig; vgl. Ps 66,13; 116,14.17f; ferner 50,14. Der Schlußsatz geht nochmals von der dankbaren Anrede Jahwes zum Bekenntnis vor der Gemeinde über. Es entspricht Ps 3,9a, stellt aber betont den Namen Jahwes ans Ende und unterstreicht damit noch einmal die Lehre von V. 9. Damit bezeugt der Psalmist lapidar, wie er das von ihm vorgefundene Jonabuch verstanden hat: Auf Jahwes Rettungswillen ist unbedingt Verlaß, sogar für einen widerspenstigen Jona.

2,11 Der alte Erzähler spricht solche Gedanken auch jetzt noch nicht aus (s.o.S. 108 zu 2,1). Er betont vielmehr Jahwes grandioses Verfügen; es bewirkt, daß der Fisch Jona ausspeien muß. Das Motiv kann von der Jasonsage und ähnlichem angeregt sein (s.o.S. 107). Doch der Leser wird einen bitteren Humor und einen spöttischen Ton in diesem würdelosen Umgang mit Jona erkennen. Das Wort קיא kommt im Alten Testament nur in Ekel erregenden Bildern vor (Jes 19,14; 28,8; Jer 48,26; Ijob 20,15; Lev 18,28) und entspricht unserem derben Wort »kotzen«. Vgl. dagegen Jer 51,44, dazu u.S. 114. Auf groteske Weise also wird der Flüchtling vom Herrn über Meer und Festland (1,9) wieder »aufs Trockene« gesetzt. Der Satiriker hat kein Interesse daran, den Landeplatz genauer zu bestimmen. Stattdessen gibt er dem schallenden Gelächter seiner Leser an dieser Stelle Raum. Wie steht dieser Jona da auf dem Festland! Fliehen wollte er und sterben – das war breit erzählt. Und nun ganz knapp: auf Jahwes Weisung vom Fisch verschlungen, drei Tage in dessen Bauch und dann wie etwas ganz Unverträgliches an Land gespuckt! So wird einer ironisiert, der Jahwes Wort meint entgehen zu können. Dabei ist diese Ironie mit ihren Übertreibungen eher freundlich schalkhaft als grimmig.

Man wird diese satirische Skizze nicht von Jer 51,34.44 her als Allegorie des babylonischen Exils deuten dürfen (vgl. JDSmart 888). Nur das Motiv des Verschlingens und Ausspeiens verbindet die beiden Texte, im Wortlaut sogar nur das Verschlingen (בלע). Statt vom großen Fisch ist vom Drachen (תַּנִּין) die Rede, sein Bauch heißt כָּרֵשׂ, und das Ausspeien wird weit vornehmer beschrieben: Jahwe führt das Verschlungene aus dem Maul des Ungeheuers heraus (וְהֹצֵאתִי . . . . מִפִּיו). Babel wird als das Ungeheuer genannt. Unsere satirische Novelle ist auch in dieser Szene nur am Verhältnis Jahwes zu Jona interessiert.

3,1 Nach dem ungewöhnlichen erzählerischen Effekt von 2,11 ist eine Steigerung nur noch mit der fast unterkühlten Wiederaufnahme von 1,1f. in 3,1f. zu erreichen. Jona ist durch Jahwes Macht und Humor (Ps 2,4!) genau an den Ausgangspunkt seiner Geschichte zurückgebracht worden. Jahwes Geduld beginnt nun gelassen »ein zweites Mal«. Der Auftrag,
2 nach Ninive zu gehen, wird wörtlich wiederholt (3,2a = 1,2a). Doch dann wird der Befehl zur Verkündigung nicht begründet wie in 1,2b, sondern die Botschaft selbst wird ihm aufgetragen (3,2b). Mit dieser Abwandlung mag der Wechsel der praep. von עַל zu אֶל zusammenhängen; die Bosheit

Ninives begründet das Reden »gegen« die Stadt; die Botschaft selbst ist »in sie hinein« zu tragen. Wie sie lautet, wird nicht ausgeführt. Vom Thema des Buches her ist an dieser Stelle nur wichtig, daß Jonas Verkündigen genau aufnimmt, was Jahwe jetzt zu ihm sagt (zum Relativsatz s. Textanm. 3,2c). Der Relativsatz erinnert an Ex 6,29b; auch die Beauftragung Moses für Pharao gilt einem widerwilligen Boten (vgl. V. 30). Die Gehorsamserwartung wird in beiden Fällen unterstrichen. Die Spannung
des Lesers – wie wird sich Jona beim zweiten Mal verhalten? – löst sich so- 3,3a
fort mit dem Schlußsatz der Szene. Er nimmt noch die ersten beiden Worte aus 1,3 auf, besagt aber in der Fortsetzung, daß Jonas Handeln jetzt genau dem Auftrag entspricht, der in 3,2a wiederholt war. Ausdrücklich wird hinzugefügt, sein neuer Aufbruch sei »dem Worte Jahwes gemäß«. Damit hat die dritte Szene des Buches ihr Ziel erreicht.

Jahwes Tat und Wort haben zwar nicht Jonas Zunge gelöst; kein Ziel
Wort bringt er vor Jahwe, geschweige denn ein Schuldbekenntnis oder eine Bereitschaftserklärung. Er spricht mit Jahwe ebensowenig wie in der ersten und zweiten Szene (s.o.S. 99); erst zur großen Abrechnung in 4,2ff. wird er sich an ihn wenden.

Jetzt will der Erzähler viel mehr von Jahwe als von Jona berichten. Gottes schweigendes Handeln durch den Fisch bewirkt, daß Gottes Reden zu Jonas schweigendem Gehorsam führt. Der Weg durch den Tod wird zur Zurüstung zum Dienst. Schon der Wurf ins Meer lieferte ihn den Vernichtungsmächten aus (1,15a). Diese Todesdrohung wird durch den großen Fisch vollendet, zumal er zum »Verschlingen« bestellt ist (s.o.S. 108; vgl. CAKeller 277: »Der Fisch, das ist die Hölle«). Die lange Dauer des Aufenthalts im Fisch besiegelt die Hoffnungslosigkeit (s.o.S. 108). Doch mit dem Ausspucken Jonas aufs Festland erweist sich schlagartig das dreifach besiegelte Todesgeschick als die extrem grotesk geschilderte Bewahrungstat Jahwes. Er beginnt mit seinem Flüchtling geduldig ein zweites Mal. Alles mußte dazu dienen, daß Jona, der in 1,3 »von Jahwe fort« wollte, nun sich »nach dem Worte Jahwes« verhält. So ist »Jahwe« das erste und letzte Wort dieser dritten wie zuvor der ersten Szene (1,1–3). Aber der Ausgang ist verwandelt. Jahwe bringt Jona trotz allem auf den Weg nach Ninive.

Dieser Jona wird zum Subjekt des Nachtrags: »Siehe, er betet!« (Apg 9,11). Verstand der Ergänzer die Satirik nicht mehr, die Jona der Lächerlichkeit preisgab und Gottes machtvolle Güte verherrlichte? Fürchtete er ein fatalistisches Mißverstehen beim Leser? Konnte es angehen, daß die Seeleute und die Niniviten nach ihrem Gebet gerettet wurden (1,14f.; 3,8ff.) und daß Jona ohne ein Wort des Gebets dem Gericht entging? Jedenfalls betont er die Bedeutung der Anrufung Gottes vor der Befreiung in der Einführung (V. 2) wie im Psalm selbst (V. 3a.b.5a.b.8a.b). Dabei ist der Bezug auf die speziellen Züge der Jona-Erzählung recht schwach (s.o.S. 104f.). Wir konnten beobachten, wie »die individuelle Biographie entriegelt wird in Richtung auf ein Allgemein-Menschliches« (GBader 188; s.o.S. 109). Dieser Psalm kann als Dank für Errettung aus mancherlei Gefahr in der Gemeinde nachvollzogen werden. Er bietet sich aber besonders denen an, die Jahwe, die Güte in Person, zu verlassen in Gefahr stehen (s.o.S. 113 zu 2,9). Ein solcher war der Jona der Erzählung. Nur Protestgebete und Todeswünsche brachte er über seine Lippen (4,3f.8b.9b). Im Zusammenhang des Schlußkapitels konnte der Redaktor nicht gut ein so gänzlich anderes Gebet unterbringen, ohne die Erzählung zu zerstören. Der relativ beste Platz für einen Psalm, in dem sich ein neuer Jona aussprechen konnte, war der in äußerster Not (also unmittelbar nach 2,1). Darin hat der Psalmist die sarkastische Lehre des Prosatextes begriffen, daß er für sich wie für alle Jahwes Retterwillen bekennt (10b). Mit 2,2–10 ist in die satirische Novelle ein legendärer Zug eingetragen worden, sofern es in der Legende um das imitabile geht (AJolles, Einfache Formen, [2]1958, 34ff.). Wie nirgendwo sonst wird Jona hier, im Abgrund seiner Verlorenheit, zu einem Vorbild. So wurde der Psalm für die alte Synagoge wie für die altchristliche Kunst ein Paradigmengebet, das ihre Themen ganz stark bestimmte; vgl. EDinkler, RGG[3] I 279; EStommel, Zum Problem der frühchristlichen Jonasdarstellungen: JAC 1 (1958) 112–115; USteffen, Mysterium 108f. Das Gebet wird regelmäßig als ein Akt der Umkehr verstanden, indem Jona mit dem Kopf zuerst verschlungen und dann mit dem Kopf zuerst wieder ausgespieen dargestellt wird. Eine Randminiatur zum Jonapsalm im Psalter Pantokratoros 61 vom Berg Athos aus dem 9.Jh. zeigt Jona in einem Untier mit Vorderpranken und aufgerolltem Drachenschweif knieend aufgerichtet, so daß der Bauch des Ungeheuers hoch gewölbt und geweitet wird (vgl. PHuber, Athos, 1969, 172 Nr. 54; zu den Walfischkanzeln in Schlesien und Böhmen, zu denen der Prediger durch den ganzen Fischleib heraufsteigen muß, um dann aus dem geöffneten Maul heraus die Gemeinde anzusprechen, vgl. USteffen, Mysterium 135f. und GGrundmann, Schlesische Barockkirchen und Klöster, 1958, 20f. u. Tfl. 38: Walfischkanzel der Kath. Kirche Reinerz 1730).

Betonte die alte Erzählung Jahwes Werk an Jona, so der Nachtrag Jonas Gebet als Umkehr im Rahmen des Werkes Jahwes. Keine der beiden Schichten legt es jedoch nahe, hier eine Allegorie auf die Geschichte Israels im babylonischen Exil zu erkennen in Parallele zu Jer 51,34.44 (s.o.S. 114), so daß Jona das Volk, der Fisch Babylon darstelle und der Sinn des Exils darin zu sehen sei, daß Israel sein Zeugenamt in der Völkerwelt wahrnehmen solle; vgl. ADMartin, The Prophet Jonah. The Book and the Sign (1926); ARJohnson; PRAckroyd, Exile and Restoration (1968); dagegen mit Recht MBurrows, Category 80–107 (89f.!). Die Erzählung möchte ihren Leser vorbereiten, in mancherlei neuen Situationen Jahwes machtvolle Güte zu entdecken, die trotz seines widerspenstigen Boten an ihm und durch ihn arbeitet.

In Mt 12,38–40 weist Jesus die Zeichenforderung der Schriftgelehrten und Pharisäer zurück; nur das σημεῖον Ἰωνᾶ soll ihnen gegeben werden. Dieses Zeichen ist mit dem Zitat von 2,1b gegeben, wonach »Jona drei Tage und drei Nächte im Bauche des Ungetüms war«. Dabei wird merkwürdigerweise weder die Rettung Jonas erwähnt noch in der Deutung die Auferweckung Jesu, sondern nur ein dem Zeitraum des Jona entsprechender Aufenthalt von »drei Tagen und drei Nächten im Herzen der Erde«. Das klingt so, als wolle dieses Logion zunächst nur das Wort von der Zeichenverweigerung verstärken, indem es auf die ärgerliche und leidvolle Verborgenheit des Propheten hinweist. Das wäre bei einem atomisierenden Schriftgebrauch durchaus möglich. Doch wird wahrscheinlich schon Mattäus wie die Errettung des Jona so die Auferwekkung Jesu als »Legitimierung des Gottgesandten« (JJeremias, ThWNT III 413) mitgedacht haben (vgl. ESchweizer, NTD 2^{13}, 1973, 190). Jedenfalls ist im Jonabuch der Fisch zwar der Todesabgrund des Verworfenen (vgl. 1,12ff. mit 2,1 und 5); doch der Erzähler bezeugt, daß schon in dieser Verwerfung Gott am Werke und seine Rettung nahe ist. So wird Jonas Geschick zum Typos des Geschicks Jesu. Vgl. KHRengstorf, ThWNT VII 231.

Wie unser Erzähler mit Jona sein ganzes Israel anspricht, so sollte sich auch die Christenheit den Spiegel dieser grotesken dritten Szene vorhalten: wenn sie auch in weitesten Kreisen nicht mehr verdient hat, als verschlungen und ausgespuckt zu werden, so darf sie doch den spielerischen Triumph ihres Gottes nicht vergessen, der sie mit alledem brauchbar und willig macht, den Weg nach Ninive endlich anzutreten. Vgl. KHMiskotte, Wenn die Götter schweigen (1963) 423–427.

Sogar das Vieh tut Buße

(3,3b–10)

Literatur HWinckler, Zum buche Jona: Altorientalische Forschungen II, 2 (1900) 260–265. – IBSchaumberger, Das Bußedikt des Königs von Ninive bei Jona 3,7.8 in keilschriftlicher Beleuchtung: Miscellanea Biblica edita a Pontificio Instituto Biblico ad celebrandum annum XXV ex quo conditum est Institutum (1909 – VII. Maii – 1934) 123–134. – AFeuillet, Les sources du livre de Jonas: RB 54 (1947) 161–186. – DWThomas, A Consideration of some Unusual Ways of Expressing the Superlative in Hebrew: VT 3 (1953) 210–224. – AParrot, Ninive und das Alte Testament: BiAr I (1955) 111–169 (übers. aus dem Französischen v. EJenni: Ninive et l'Ancien Testament, 1953). – HBardtke, Der Erwekkungsgedanke in der exilisch-nachexilischen Literatur des Alten Testaments: ZAWBeih 77 (1958) 9–24 (21–23). – NLohfink, Jona ging zur Stadt hinaus (Jona 4,5): BZ NF 5 (1961) 185–203. – EKutsch, »Trauerbräuche« und »Selbstminderungsriten« im Alten Testament: ThSt Zürich 78 (1965) 25–42. – MWagner, Die lexikalischen und grammatikalischen Aramaismen im alttestamentlichen Hebräisch: ZAWBeih 96 (1966). – GHCohn, Das Buch Jona im Lichte der biblischen Erzählkunst (1969). – AJepsen, Anmerkungen zum Buche Jona: Wort-Gebot-Glaube. Festschr WEichrodt (1970) 297–305. – AFáj, The Stoic Features of the Book of Jonah: AION 34 (1974) 309–345. – JJeremias, Die Reue Gottes: BiblStud 65 (1975) 98–109.

Text **3b Ninive war damals (selbst) für Gott[a] eine große Stadt, drei Tage zu durchwandern[b]. 4 Da schickte Jona sich an, in die Stadt hineinzugehen. Er wanderte einen Tag lang[a]. Dann predigte er und sprach: »Noch vierzig[b] Tage, und Ninive ist zerstört«[c].**

5 Aber die Männer von Ninive setzten Vertrauen in[a] Gott. Sie riefen ein Fasten aus und zogen das Sackzeug an, [b]sie (alle), vom Größten bis zum Kleinsten[b]. 6 Das Wort hatte (nämlich)[a] den König von Ninive erreicht. Der erhob sich von seinem Thron, warf sein Herrschergewand von sich ab, zog das Sackzeug an[b] und setzte sich in den Staub. 7 Dann ließ er in Ninive als[a] Erlaß[b] des Königs und seiner Großen ansagen: »Menschen und Tiere, Rindvieh und Kleinvieh sollen überhaupt nichts genießen; sie sollen nicht weiden, sie sollen kein Wasser trinken, 8 sondern sollen sich das Sackzeug anziehen, [a]Menschen und Tiere[a], und sollen mit Macht zu Gott rufen. Und umkehren sollen sie, jeder einzelne von seinem bösen Wege und von der Gewalttat, die an ihren Händen haftet. 9 Vielleicht[a] bedauert es der Gott noch einmal[b], und er kehrt um von seinem glühenden Zorn, so daß wir nicht umkommen.«

10 Und der[a] Gott sah ihre Taten, wie sie von ihrem bösen Wege umkehrten. Da bedauerte der[a] Gott das Böse, das er ihnen zu tun angesagt hatte. Und er tat es nicht.

3 **3a** So und ähnlich wird im Alten Testament öfter das unter Menschen ganz und gar Ungewöhnliche ausgedrückt; vgl. Gen 10,9; Ps 36,7; 80,11 und

DWThomas 210f. 216f. (zum Ausdruck des Superlativs). – **b** Das Hebräische de-
finiert die Größe nominal: »eine Wegstrecke dreier Tage«. – **4a** Die Entfernung 4
des Predigtplatzes im Stadtinneren vom Stadtrand wird auch nur nominal be-
stimmt: »die Wegstrecke eines Tages«; vgl. Textanm. V. 3b. – **b** *G* (τρεῖς) wird
kaum auf den Urtext zurückgehen; denn *M* wird durch α'σ'θ' (τεσσαρακοντα) *T*
(ארבעין) gestützt; die Zahl »drei« ist als Schreiberversehen zu erklären, da sie
unmittelbar vorher in 3,3 und zweimal in 2,1 vorkam. Duhm, Bewer, Jepsen u.a.
entscheiden sich aus sachlichen Gründen für *G*; s.u. Wort. – **c** Wieder beschreibt
das Partizip die in der Gegenwart unmittelbar bevorstehende Zukunft; vgl.
Textanm. 3,2c und BrSynt § 44d; Ges-K § 116p. – **5a** *T* (במימרא דיוי) verdeut- 5
licht: »in das Wort Gottes«. – **b–b** Wörtlich: »von ihrem Größten bis zu ihrem
Kleinsten«; vgl. 1Sam 30,19 und Joüon, Gr § 141j. – **6a** Gegenüber dem Pau- 6
schalbericht in V. 5 liegt in V. 6–9 eine Nachholung vor, die die durch Jonas
Predigt in V. 4 ausgelösten Aktivitäten im einzelnen entfaltet; vgl. Textanm.
2,1a. – **b** *T* (ואתכסי) setzt wie in V. 8 hitp. (וַיִּתְכַּסּוּ) voraus. Der Wechsel von pi. zu
hitp. in *M* dürfte ursprünglich sein. – **7a** *GV* verstehen *M* so, daß der Wortlaut des 7
Erlasses erst nach לאמר, also mit V. 7b beginnt. Dann stört in V. 7a המלך, da der
König (nach V. 6) Subjekt ist; *G* versteht deshalb die Verben passivisch (ἐκη-
ρύχθη καὶ ἐρρέθη), nicht jedoch *V* (clamavit et dixit). Nach בנינוה und mit מטעם
den Wortlaut des Erlasses ohne לאמר einsetzen zu lassen (so zuletzt Rudolph),
erscheint undeutlich. מן bezeichnet Urheber (2Sam 3,37) und Ursache (2Chr
36,12), die der Erzähler mit offiziell klingendem Terminus einführt (»auf Grund
des Erlasses des Königs und seiner Großen«) statt der hier zu blaß klingenden
pronominalen Form (»auf Grund seines Erlasses«), wobei sich zudem das postu-
lierte Suffix zu טעם mit dem in גדליו stoßen würde. In Esr 7,13 spricht der König
zu Beginn des Erlasses von sich in 1. Person. Auch das läßt an den Anfang des Zi-
tats nach לאמר denken. – **b** טעם ist in der Bedeutung »Befehl, Erlaß« im AT sin-
gulär und eindeutig ein Aramaismus; vgl. Esr 6,14; 7,23 und MWagner, Ara-
maismen 61. – **8a–a** Die Wiederholung der Wendung vom Anfang des Erlasses 8
(V. 7b) ganz (Wellhausen) oder teilweise (Bewer, Rudolph והבהמה) zu streichen,
findet keinen Anhalt in der Textüberlieferung. – **9a** Wörtlich: »wer weiß?«; vgl. 9
Joel 2,14; 2Sam 12,22 und BK XIV/2, 59. – **b** ישוב, von *G* übergangen, steht hier
als verbum relativum in adverbialer Bedeutung; vgl. Ges-K § 120 d. Für das he-
bräische Ohr klingt der in b ausgeführte Gedanke der Umkehr Gottes in Analo-
gie zur Umkehr der Niniviten in V. 8b voll mit. – **10a** Der Erzähler führt den 10
Sprachgebrauch weiter, der dem Denken der Niniviten entspricht (vgl. V. 9a).

Die vierte Szene ist ganz durch die Ereignisse in Ninive bestimmt und Form
begrenzt. Das Geschehen schreitet novellistisch spannungsvoll fort. Eingangs wird der riesige Schauplatz vorgeführt (V. 3b); mit ähnlichen Zustandssätzen werden auch sonst Erzählungen eröffnet (vgl. 1Kön 1,1; Gen 13,2; 37,3). Dann tritt Jona kurz in die Szene (V. 4). Alles folgende ist zwar Wirkung seines Spruches, aber die Niniviten haben nicht mehr mit ihm, sondern nur noch mit Gott selbst zu tun (V. 5–10). Man hat seit HWinckler (1900) oft das Bild des wartenden Jona aus 4,5 hinter 3,4 einschalten wollen, doch hat NLohfink (1961) nachgewiesen, daß dieser literarkritische Vorschlag das leitende Interesse unseres Erzählers verkennt; vgl. im einzelnen HWWolff, Studien 40–48.

Nach 3,4 gabelt sich die Erzählung ähnlich wie nach 1,15a. Jona verschwindet aus der Szene und wird erst später in einer neuen Szene seinem Gott konfrontiert (4,1ff.). Zunächst muß der Leser erfahren, wie das Drohwort Ninive aufwühlt. Dabei ähnelt die szenische Entfaltung der in 1,4–16. Zuerst wird die zentrale Gesamtwirkung berichtet, danach einzelne Akte (vgl. 3,5 mit 1,5.10.16). Dabei werden nach 3,5b die Bußriten schon vom ganzen Volk durchgeführt, obwohl sie erst in V. 6ff. angeordnet werden. So ist wahrscheinlich V. 6–9 als nachholende Explikation zu verstehen, wie wir es ähnlich in 1,5b.10b (vgl. 2,1) fanden; die Gesamtheit der Betroffenen wird vor ihrem Anführer erwähnt (vgl. 3,6 mit 1,6). Die plusquamperfektische Deutung von V. 6f. erklärt, warum von der Ausführung der Verordnung nach V. 9 nichts mehr zu sagen ist; sie war in V. 5 vorweggenommen (V. 5bβ ist besonders zu beachten; s.u.S. 125. Aber auch der Bericht vom »Glauben« in V. 5 schließt schon die in V. 9 ausgesprochene Hoffnung ein; s.u.S. 125). Auf diese Weise kann höchst kunstvoll der Bericht, daß Gott sein Unheilswort zurücknimmt (V. 10), mit dem Ende des königlichen Erlasses verknüpft werden, in dem diese Erwartung in offener Spannung laut wird (V. 9: »wer weiß . . .?«). So ist die Szene meisterhaft gestaltet.

Dabei tritt ein geschichtliches Interesse ganz hinter dem d i d a k t i s c h e n zurück. Weder bekommt der König von Ninive einen Namen noch wird er einer bestimmten Epoche zugeordnet. Vielmehr scheint er als Gegenstück Jojakims, wie er aus Jer 36 bekannt ist, gezeichnet zu sein (so AFeuillet). Jeremias Unheilsworte finden in Jerusalem keinen König, der sich von seinem Thron erhebt; er bleibt vielmehr sitzen, um die Prophetenworte dem Feuer zu übergeben (Jer 36,22ff.); er wirft seine Kleider nicht ab (V. 24) und verfügt kein Fasten; »Mensch und Vieh« (V. 29; vgl. Jon 3,7f.!) ereilt das Unheil. Die Hoffnung Jeremias, daß man neu höre, sich bekehre und Gott sein Gerichtswort zurücknehme (V. 3.7), erfüllt sich nicht. Genau das alles aber geschieht in Ninive und wird in V. 8–10 mit den gleichen Worten beschrieben. Die im Alten Testament einzig in Jer 18,7f. verkündete Lehre, daß auch unter Heiden die Gerichtsbotschaft zurückgenommen wird, wenn sie Umkehr bewirkt, wird allein in unserer Szene als verwirklicht dargestellt. Der Erzähler übernimmt damit nicht nur jeremianisch-deuteronomistische Lehrsätze, sondern setzt sich so auch kritisch mit der Jerusalemer Wirklichkeit auseinander. So bringt der Erzähler eine unerhörte Hoffnung für die Völkerwelt ein.

Im Kontrastbild zu Jerusalem ist der satirische Ton nicht zu übersehen. Doch gewisse Übersteigerungen nehmen ihm die Schärfe und nähern sich dem G r o t e s k e n. Es beginnt schon bei der Ausmalung der Größe der Stadt (V. 3b) und der Beteiligung aller am Fasten »vom Größten bis zum Kleinsten« (V. 5b), erreicht aber seinen eigentlichen Höhepunkt da, wo selbst die Tiere nicht nur in das volle Fasten einbezogen werden, sondern auch die Fastenkleidung anlegen und mit Macht zu Gott schreien sollen (7f.). Im Gedanken an gegnerische Eiferer rechnet der Autor damit, »daß solche schalkhafte Behandlung der Sache ihren Grimm eher entwaffnet als ein ernsthafter Angriff in schwerer theologischer Rüstung« (BDuhm, ZAW 31, 1911, 202).

So selbständig die erzählerische Gestaltung wirkt, so deutlich zeigt doch die vierte Szene auch einen theologischen Standort des Erzählers an, und zwar in den jeremianisch-deuteronomistischen Traditionen, wie die Übernahme von Haupttopoi aus Jer 18,7ff. und Kap. 36 zeigt (s.u.S. 128ff.). Es ist weiter zu fragen, ob nicht unsere Szene auch hinsichtlich ihrer literarischen Herkunft von den Seeszenen abzuheben ist. Denn es fällt auf, daß in keinem Satz der Name Jahwe fällt. Das ist zwar innerhalb des Erlasses in V. 8f. ebenso verständlich wie im Munde des Kapitäns in 1,6. Doch schon der superlativische Ausdruck in V. 3b könnte auch mit יהוה gebildet sein (vgl. Gen 10,9; 1Sam 26,12), wenn auch Verbindungen mit אלהים häufiger sind (s.u.S. 122) und die Gottesbezeichnung beim Superlativ durchaus nicht kontextkonform sein muß (vgl. Ps 36,6f.). Eigentlich auffällig ist erst, daß in V. 5 vom Glauben an »Gott« die Rede ist, wo doch 1,16 von der Furcht vor »Jahwe« spricht, und vor allem, daß in V. 10 der Erzähler selbst sagt: »der Gott sah ihre Werke«, wie vorher der heidnische Erlaß (V. 9). Damit drängt sich die Frage auf, ob hier nicht der geschlossene Zusammenhang eines älteren literarischen Grundbestandes zu erkennen ist, der unabhängig von Kap. 1f. entstand und erst in einem späteren literarischen Prozeß in die heutige Erzählung hineingenommen wurde (so LSchmidt, De Deo 23f. 102f.; s.o.S. 57f.). Doch ist in V. 5 »Gott« als Objekt des Glaubens fast notwendig, da den Niniviten nichts von Jahwe gesagt wurde (wie den Matrosen in 1,9). Und 3,10 nimmt האלהים kunstvoll aus 3,9 auf (s.Textanm. V. 10a). Auch zeigte sich die vierte Szene mit der zweiten erzählerisch verwandt (s.o.S. 119f.); das gilt für wichtige Einzelzüge: Die Seeleute wie die Niniviten beten (קרא 1,14 und 3,8), die Führer beider Gruppen treten hervor (1,6 und 3,6f.), und vor allem ist beider Ziel, »daß wir nicht umkommen« (1,6[14]; 3,9 ולא נאבד). Mit Sicherheit läßt sich kaum mehr sagen, als daß der Erzähler gern überliefertes Gut in seine Szenen hineinnimmt, wie es am jeremianisch-deuteronomistischen Material (V. 8–10!) deutlich wird. Ob dieses schon in einer literarischen Frühform der Jona-Erzählung seinen Ort hatte, muß fraglich bleiben. Jedenfalls ist die Einschmelzung in den gegenwärtigen Text stärker, als daß eine literarkritisch sichere Herstellung der Vorlage möglich wäre. Ort

Der Erzähler verdeutlicht eingangs (s.o.S. 119) seinem Leser, wie er sich Ninive vorzustellen hat. Er versetzt ihn in uralte Zeiten und gibt zu erkennen, daß er gleichsam ein Stück lehrhafter Sage beginnt (vgl. zu Wort 3b

היתה Gen 1,2; 3,20; auch LSchmidt, De Deo 37f.). So erscheint denn auch Ninive in der jahwistischen Völkertafel als die »große Stadt« (Gen 10,12), allerdings in einem Nachtrag, der in den gegenwärtigen Text an unpassender Stelle aufgenommen wurde (HGunkel, Genesis, [7]1966, 88). Der sagenhafte Charakter Ninives wird in V. 6f. noch deutlicher, wenn der Titel »König von Ninive« die Vorstellung eines riesigen Stadtstaates vermittelt. Das entspricht zwar nicht dem archäologisch-historischen Befund, wohl aber dem Willen des Novellisten, einen Antitypos zu Jerusalem zu entwerfen (s.o.S. 120).

Ninive lag auf dem linken Tigrisufer gegenüber dem heutigen *mōṣul* an der Mündung des Chusur (nördlich des großen Zab); die antiken Ruinen konnten aus *tell kuyunjik* ausgegraben werden, nicht jedoch aus dem besiedelten benachbarten *tell nebi yūnus* (AParrot 118ff.)[1]. Der Grabungsbefund erbrachte, daß 22 Meter Schutt eine der ältesten Städte des Zweistromlandes repräsentieren, deren Anfänge in das 5. und 4.Jt. reichen. Sie wird seit dem Ende des 3.Jt. inschriftlich bezeugt, und zwar als eine der Göttin Ischtar geweihte Kultstätte. Alt-, mittel- und neuassyrische Könige hatten an Ninive gebaut, aber erst Sanherib (704–681) hat Ninive ein Vierteljahrhundert lang zur Hauptstadt des neuassyrischen Reiches mit Palästen, Tempeln, Wällen und Bewässerungsanlagen (Herodot I 193) ausgebaut und darin als »König von Assur« residiert. Assurbanipal (668–631) hat hier die berühmteste alte Keilschriftbibliothek geschaffen. Im Jahre 612 zerstörten die Meder und die Neubabylonier die Stadt endgültig.

Für unseren Erzähler und seine Leser ist also Ninive eine Größe grauer Vorzeit. Vorstellungen von der großen neuassyrischen Residenz und von einem uralten Stadtkönigtum verschwimmen ineinander. Man darf darum auch die märchenhafte Größe nicht historisch verifizieren wollen. עיר גדולה לאלהים meint einen extremen Superlativ (DWThomas 210.216). Eher als an ungewöhnlich große Phänomene wie den »Gottesfürsten« (Gen 23,6), die »Gotteskämpfe« (Gen 30,8), den »Gottesschrekken« (1Sam 14,15), den »Jahwe-Schlaf« (1Sam 26,12), die »Gottesberge« (Ps 36,7) und die »Gotteszedern« (Ps 80,11) erinnert die Verbindung mit ל an Nimrod, »den gewaltigsten Jäger vor Jahwe« (לִפְנֵי יהוה Gen 10,9 = soweit Jahwes Augen auf der ganzen Erde sehen, vgl. Gen 6,11). Die Größe Ninives wird also an dem unvergleichbaren Maßstab Gottes ge-

[1]FSarre-EHerzfeld (Archäologische Reise im Euphrat- und Tigris-Gebiet II, 1920, 206f.) berichten, daß nach der islamischen Legende dort am »Hügel der Reue« (*tell el-taubah*, wo die Niniviten ihren Tempel zerstört und den darin verehrten Abgott zertrümmert haben sollen) das Grab des Jona verehrt wird. Sieben Pilgerfahrten zum Jona-Heiligtum kommen einer Pilgerfahrt nach Mekka gleich. Ein Zahn des Walfisches wird im Heiligtum gezeigt. Ein christliches Jonaskloster wurde etwa ab 1000 in das islamische Heiligtum einbezogen.

messen. Auch dieser Superlativ paßt zum sagenhaften Charakter[1]. Konkretisiert wird er durch eine Maßangabe, die in der damaligen Welt schlechterdings unerhört ist: »drei Tagemärsche groß«. Dabei ist an einen Durchmesser der Stadt von 60–80 km gedacht. Sanheribs Ninive war in seiner weitesten (Nord-Süd-)Erstreckung 5 km groß. Historische Verifikationsversuche verfehlen den Aussagewillen des Novellisten. Das gilt von dem Vorschlag, an das »assyrische Dreieck« zu denken, das etwa 40 km große Gebiet zwischen Tigris und großem Zab, in dem sich zwischen Chorsabad und Nimrud zahlreiche Siedlungen aneinanderreihten (AParrot 167). Auch ist es sinnlos, den Umfang der Mauern oder gar die summierte Länge aller Straßen Ninives auszurechnen; denn V. 4a läßt fraglos an den Durchmesser denken. Der Leser soll nicht rechnen, sondern staunen, um so die folgenden Geschehnisse recht aufzunehmen. Er
beobachtet Jona kurz, aber genau. »Er beginnt« seinen Weg in die un- 4
heimlich große und böse Stadt. Er setzt seinen Einmarsch fort: לבוא kann nach ויחל nicht den momentan-punktuellen Eintritt bedeuten, sondern ist hier durativ zu verstehen (vgl. Joüon, Gr. § 111d): Er geht weiter hinein in die Stadt, »den Gehweg eines Tages«. Warum spricht der Erzähler aus, daß Jona ein Drittel des Durchmessers der Stadt zurückgelegt hat, als er das Wort ergriff? Er befindet sich jetzt mitten in der Stadt; von da aus kann sich die Botschaft nach allen Seiten wie ein Lauffeuer ausbreiten. Doch die Folgen werden den Novellisten weit mehr interessieren (V. 5ff.) als Jonas Auftritt selbst. Davon berichtet er so wortkarg, wie der zum Gehorsam genötigte Bote selbst es ist: »Noch vierzig Tage, und Ninive ist zerstört.«

In einer ironisch-didaktischen Novelle ist es – im Unterschied zu einem Geschichtsbericht – nicht zu verwundern, daß die Niniviten – und sogar ihre Tiere – hebräisch verstehen und auch sprechen (vgl. V. 7ff.). In der Kürze und Dichte des Jona-Spruchs wiegt jedes Wort. Der Akzent liegt mit Wucht auf dem letzten Wort, das als Partizip Ninive bereits als eine zerstörte Stadt vor Augen stellt (s. Textanm. V. 4c). Für das israelitische Ohr trifft die Stadt das Geschick Sodoms und Gomorras (vgl. הפך in Gen 19,25.29; Dtn 29,22; Jes 13,19; Jer 20,16; 49,18; 50,40; Am 4,11; Klgl 4,6), also die völlige Vernichtung. הפך kann zwar auch die neutrale Bedeutung »ändern«, »umwandeln« bis hin zum positiven »Sinneswandel« haben (1Sam 10,6.9; Jer 31,13; Neh 13,2; Ex 14,5; Hos 11,8; Est 9,22; vgl. Seybold, ThWAT II 458f.). Doch wird man aus Jonas Spruch kein zweideutiges Orakel machen dürfen: »Noch vierzig Tage, und Ninive ist umgewandelt«, sei es in ein Ruinenfeld oder in eine bußfertige Stadt. Das

[1]Wenn MLuther »eyne stad Gotts« übersetzte und dabei an Gottes geliebte Stadt dachte (WA 19, 234,30), so fand schon JCalvin diese Erklärung zwar geistreich, aber doch kindlich (Opera omnia XLIII 250; vgl. AFáj, Stoic Features 312).

wäre weder Jonas Meinung noch die des Erzählers (vgl. EMGood, Irony 48f.). Denn die Fortsetzung (V. 9f.!) zeigt klar, daß Jonas Botschaft nur als eindeutige Gerichtsansage des göttlichen Zorns richtig verstanden ist.

Doch warum wird von vierzig Tagen gesprochen? עוד läßt erkennen, daß mehr an die »Dauer« der Zwischenzeit gedacht ist (*G* ἔτι = noch) als an den Endpunkt (אחר μετά = nach). Zwischen Ansage und Eintritt der Zerstörung liegt noch ein Raum des Zuwartens. So gewinnt das Ereignis der Androhung eine eigene, hohe Bedeutung, ohne daß darüber ein besonderes Wort verloren würde. Das Gericht wird nicht an Bedingungen geknüpft; nichts wird über das gesagt, was in der Zwischenzeit geschehen könnte oder sollte. Aber es ist Raum gegeben. Es wird sich herausstellen, daß die Verzögerung nicht die Pein steigert, sondern die Änderung ermöglicht, eben eine Verwandlung durch das uneingeschränkte Gerichtswort. Es zeigt sich später, daß das den Ereignissen voraneilende Botenwort als solches eine Gabe göttlicher Geduld ist, auch wenn es nur Unheil verkündet; vgl. Am 3,7 und AFáj, Stoic Features 313f., der Jonas Wort von stoischer Konditional-Logik her deutet: »Wenn noch vierzig Tage ohne Reue vergehen, dann wird Ninive zerstört.« Doch der Erzähler deutet nicht im geringsten an, was innerhalb der vierzig Tage geschehen könnte.

Vierzig Tage sind eine lange Zeit, Zeit eines umfassenden Weltgerichts (Gen 7,4.12), Zeit einer völligen Unterweisung Moses durch Jahwe (Ex 24,18; 34,28; Dtn 9,9) und Zeit einer großen stellvertretenden Buße des Mose, um Jahwes Zorn über sein Volk abzuwenden (Dtn 9,18). Solche vierzig Tage sind Ninive gewährt. Im Sinne des Erzählers wird die Zeit benötigt, um einmal die Botschaft zu allen Bewohnern der riesigen Stadt gelangen zu lassen, vor allem um sie vor den König und seine Großen zu bringen und dort die notwendigen Beschlüsse herbeizuführen (V. 6f.), und schließlich, um Bußritual und Besserung eines jeden Einzelnen in der Weltstadt zu ermöglichen (V. 8.10). Wenn *G* statt von »vierzig« von nur »drei« Tagen spricht und wenn darin nicht nur ein Schreiberversehen vorliegt (s.Textanm. V. 4b), dann mag sie angesichts der in V. 3b angegebenen Ausdehnung der Stadt daran gedacht haben, daß drei Tage dazu erforderlich waren, um die Kunde in der ganzen Stadt auszubreiten. Die sofort damit verbundene Umkehr wäre in ihrer Schnelligkeit zugleich grotesk gesteigert. Doch die im Kontext unbekannte Zahl »vierzig« bleibt wahrscheinlicher als die »drei«, die durch Angleichung an 2,1; 3,3b leichter als sekundär zu erklären ist. Der bestimmt festgesetzte Zeitraum fordert zur Besinnung heraus: was ist noch zu tun?

5 Der Erzähler beantwortet diese indirekt herausgestellte Frage, indem er wieder (wie in 1,5.10.16) zuerst das entscheidende Grundverhalten aller Betroffenen darstellt, bevor er einzelne Handlungen skizziert und Einzelpersonen hervortreten läßt. Hier heißt es: »sie setzten in Gott Ver-

trauen« (zur Bedeutung von האמין ב vgl. Gen 15,6; Ex 14,31; Ps 106,12; HWildberger, THAT I 187ff.; AJepsen, ThWAT I 327f.). Wie innerhalb von Ex 14,31, so steht hier ויאמינו (באלהים) synonym parallel zu וַיִּירְאוּ . . . אֶת־יהוה in 1,16 (vgl. JDMagonet, Form 134). Höchstens um eine Nuance mag die Bedeutung unterschieden sein: unterstreicht ירא mehr das Gehorsamsverhältnis (vgl. 1,16 mit 1,10), so האמין mehr das Vertrauensverhältnis (vgl. Ps 78,22); doch beides will das völlige Sichverlassen auf Gott beschreiben. Es wird nicht gesagt, daß die Niniviten »dem Wort« Glauben schenkten (wie Ps 106,12; 119,66). Aber vom Wort des Boten ist es ausgelöst, daß sie sich an Gott festhalten (vgl. Ex 14,31; Jes 7,9; 2Chr 20,20). Glauben heißt: auf Grund des bezeugten Wortes vertrauen. Die erst im Königsedikt ausgesprochene Hoffnung (V. 9!) ist hier schon wirksam. Es zeigt sich wieder, wie wichtig die Erkenntnis ist, daß V. 6–9 als nachgetragene Explikation zu V. 5 verstanden werden sollte (s.o.S. 120). האמין ב wird sonst nur von Israel ausgesagt, wie alle genannten Stellen zeigen; allerdings heißt es oft, daß solches Glauben in Israel nicht geschieht (Num 14,11; 20,12; Dtn 1,32; 2Kön 17,14; Ps 78,22). Auf diesem Hintergrunde ist es »fast, als ob der Erzähler sagen wollte: Solchen Glauben habe ich in Israel nicht gefunden« (AJepsen, a.a.O. 328; vgl. Mt 8,10 mit 12,41 und Jon 1,9f.; 4,1ff.). Der Jonaspruch hatte von Gott nichts gesagt, geschweige denn von Jahwe (anders 1,9). Aber für den Erzähler nimmt nur der das Wort des Boten ernst, der sein ganzes künftiges Geschick im Willen des sendenden Gottes liegen sieht. So tun »die Männer Ninives«; für das Volk von Ninive verwendet der Erzähler dasselbe Wort wie in 1,10.13.16 (הָאֲנָשִׁים).

Der Glaube an den sendenden Gott zeigt sich darin, daß die angedrohte Gefahr genauso ernst genommen wird wie eine schon eingetretene: ein »Fasten« wird ausgerufen (vgl. 1Kön 21,9ff.; 2Chr 20,3; Joel 1,8ff.13f.). צום meint hier nicht nur die Enthaltung von Speisen, sondern ist umfassender Ausdruck der zu begehenden Trauer- und Bußzeit. Als erstes, sofort sichtbares Zeichen des begonnenen Rituals wird das Anlegen der groben, härenen Trauergewänder genannt, das äußere Zeichen der Demut und der Abwendung vom bisherigen Leben; s. BK XIV/2, 34.37f. Daß damit das Gesamtereignis der Volksbewegung in Ninive vorweggenommen wird, zeigt die Bemerkung, »vom Größten bis zum Kleinsten« hätten sich alle daran beteiligt (s.o.S. 120). Jetzt schon soll der Leser wissen, daß nicht nur eine begrenzte Zahl zum Glauben kommt, so wie es für Sodom erwogen worden war, wo nach Gen 18,23–33 am Ende schon zehn Gerechte zur Verschonung der ganzen Stadt ausreichen sollten. So sagte Luther, »das eytel heyligen sind ynn der stad gewesen (WA 19,234,29).

Wie es dazu kam, wird in V. 6–9 erklärt (zur »Nachholung« s.Text- 6
anm. V. 6a und o.S. 120). Das Wort hatte nämlich (auch) den König der

großen Stadt erreicht, getroffen und bewegt (נגע). הדבר meint hier nicht die Kunde von der Erweckung des Volkes; dafür wäre eher הַדְּבָרִים הָאֵלֶּה zu erwarten (Gen 15,1; 1Kön 17,17; 21,1 u.ö.). Es ist genau »das Wort«, das Jona verkündet hat, wie denn דבר speziell das prophetische Wort bezeichnet (Jer 18,18; Am 3,1; Ez 33,30 u.ö.). Den »König von Ninive« mit irgendeiner neuassyrischen Königsgestalt der Zeit des historischen Jona im 8.Jh. (2Kön 14,25) identifizieren zu wollen, ist sowohl von der Stadtgeschichte Ninives (s.o.S. 122) wie von der literarischen Gattung aus (s.o.S. 120) sinnlos. Was die Novelle von diesem König und seiner Stadt erzählt, ist nicht gedeckt durch Geschehnisse, die man in neuassyrischen Annalen auffinden könnte, sondern vom Kontrastbild Jojakims nach Jer 36 (s.o.S. 120) und durch die Hoffnung, die die alttestamentliche Prophetie auch für die fremden Völker in je verschiedenen Gestalten eröffnet hat (vgl. z.B. Jes 2,2–4; 19,23–25; 45,14f.20–25; Jer 18,7f.). Von daher ist unser Satiriker ermächtigt, ein ninivitisches Gegenbild zu Israels Starrsinn zu entwerfen. Der heidnische König ist, bevor er Regentschaftsfunktionen wahrnimmt, selbst Vorbild demütigen, bußfertigen Glaubens. Indem er von seinem Thron aufsteht, entäußert er sich seiner Herrscher- und Richterinsignien (vgl. Jer 36,22; 1Kön 1,46). Er wirft sein Prachtgewand, Zeichen seiner Hoheit, ab; עבר hi. ist ein kräftiges Wort für »wegschaffen«, insbesondere auch von Dingen, die Jahwe ein Greuel sind; vgl. 1Kön 15,12; Sach 3,4; 13,2. Er hüllt sich in das härene Büßergewand, wie es dann alle in Ninive tragen (V. 5.8); nur wird sein Akt nicht mit dem üblichen Wort für »ankleiden« (לבשׁ V. 5; Est 4,1) beschrieben, sondern mit dem selteneren »bedecken«, »verbergen« (כסה pi. c.acc. »sich zudecken mit« Ez 16,18). Schließlich setzt sich der König statt auf den Thron »in den Staub«. Dieses Stück des Buß- und Trauerrituals (vgl. Jer 6,26; Ez 27,30; Jes 47,1; 58,5; Ijob 2,8) mutet der königliche Erlaß in V. 7f. keinem seiner Untertanen zu; von ihm selbst aber wird solche Selbsterniedrigung als Platzwechsel an die Seite der Allergeringsten herausgestellt; vgl. 1Sam 2,8; Ps 113,7. So wird der heidnische Herrscher in der Konsequenz des Glaubens zum Modell eines Königs, wie er in Israel nach Dtn 17,20 eigentlich sein sollte: einer, der sein Herz nicht über die Menschen seines Volkes (»seine Brüder«) erhebt, sondern ein Vorbild in der Gottesfurcht ist.

7 Ein solcher Regent im Straßenstaub kann mit Vollmacht ein Dekret erlassen. Zum Problem des Anfangs des Erlasses s.Textanm. V. 7a. טעם kommt in der Bedeutung »Erlaß«, »Befehl« nur hier im Alten Testament vor, ist aber aramäisch mehrfach bezeugt; vgl. Jean-Hoftijzer, DIS 102 und Cowley, ArPap 26,22.23.25. Schon die Assyrer kennen neben dem König »die Großen« (*rabûtu/rabâni*), womit Prinzen, höhere Verwaltungsbeamte und Berater gemeint sind (PGavelli, RLA IV, 1975, 448f.; AHw 938a; vgl. Mi 7,3b). Doch daß Verordnungen zugleich vom »König

und seinen Großen« erlassen werden, ist weder aus Assur noch aus Israel, wohl aber aus dem Perserreich bekannt, wie Esr 7,14 (vgl. Est 1,13) und Herodot (3,31.84.118 sieben königliche Rechtsberater) belegen; vgl. EBickermann, RHPhR 45 (1965) 250. Die Formulierung des Dekrets scheint dem Erzähler besonderes Vergnügen bereitet zu haben. Er genießt die Übertreibungen: »Menschen und Vieh« werden angewiesen. Damit »Vieh« ja nicht überhört werde, unterstreicht er alsbald: »Rindvieh und Kleinvieh!« »Sie sollen nicht irgend etwas genießen!« Als ob das nicht eindeutig genug wäre, wird ausdrücklich für das Vieh noch hinzugefügt: »nicht weiden! kein Wasser trinken!« טעם meint nicht nur die gewöhnliche Nahrungsaufnahme (2Sam 3,35; 1Sam 14,24), sondern vor allem das genießerische Kosten des Feinschmeckers, bei dem es immer um kleine Proben geht: Ijob 12,11; 34,3; 1Sam 14,29.43; 2Sam 19,36. So untersagt der Befehl אל יטעמו auch die geringsten Kostproben, nun aber nicht von Köstlichkeiten einer Königstafel (2Sam 19,36) oder von Honig (1Sam 14,29.43), sondern von den einfachsten Grundnahrungsmitteln wie Wasser oder überhaupt »irgend etwas«; מאומה mag etymologisch von akk. *mīn-ma* (AHw 653) herkommen, für israelitische Ohren wird die verdoppelte Fragepartikel מָה (quid-quid) anklingen; vgl. RNorth, Exégèse pratique des petits prophètes postexiliens (English Summary 1969) 141. Nicht ein Krümelchen und nicht ein Tröpfchen sind erlaubt. Frömmer können die Heiden vor Israel nicht dargestellt werden. Wie hat Jonas Wort diese »Blutstadt« (Nah 3,1) verwandelt!

Die für Israels Ohren satirischen Klänge werden noch gesteigert. 8
Auch mit den Leidschurzen sollen sich nicht nur die Menschen, sondern ebenso das Vieh bedecken (כסה jetzt im hitp.); ebenso in Jdt 4,10; nach Herodot 9,24 schor eine persische Reitertruppe in der Trauer um den Tod ihres Anführers sich, ihren Pferden und den Zugtieren das Haar. Wie selbstverständlich werden die Tiere in die Aufforderung einbezogen, zu Gott zu schreien; das Vieh mag besonders dafür sorgen, daß es »mit Macht« geschieht; vgl. Joel 1,18.20 neben 19! Zur Zusammengehörigkeit von Mensch und Tier vgl. Koh 3,18–21, zur »Verantwortlichkeit« der Tiere vgl. Ex 21,28, zu ihrem Beten Ijob 38,41.

Erst b wendet sich nur den Menschen zu, zumal der einzelne (איש) betont wird. »Jeder einzelne soll sich von seinem bösen Verhalten abwenden«. Mit dieser Anweisung nimmt der Erzähler erstmals eine den Jeremiaüberlieferungen geläufige Wortfolge auf (Jer 18,11bα; 25,5aα; 26,3aβ; 35,15aα; 36,3bα.7aβ; vgl. auch Jer 23,14.22 und AFeuillet 169ff.). דרך meint als »Weg« das gesamte Verhalten eines Menschen. Abwendung vom bösen Wege wäre zugleich Abwendung vom Unheilsweg; die synthetische Füllung des Begriffs ist dem Erzähler nach V. 10 durchaus bewußt. Was beide Seiten von רעה, Bosheit und Unheil verbindet, ist das Schädliche; hier ist die Grundbedeutung von רעה zu sehen (vgl. HJStoebe, THAT I 659). Sie liegt schon in V. 8 im Sinne des königlichen Erlasses, doch geht es hier zunächst um die Abkehr vom schädlichen Verhalten. Es wird genauer bestimmt als »Gewalttat«. In der Sintfluterzählung wird ebenfalls die »Bosheit« (רעה), die nach Gen 6,5 (J) das Weltgericht heraufgeführt hat, in 6,11.13 (P) als חמס bestimmt. Das Wort kann »zum umfassenden Ausdruck für Sünde überhaupt« werden (HJStoebe, THAT I 587), wird aber hier wie meist den Angriff auf das Leben eines Menschen meinen und gleichbedeutend mit »Blutvergießen« sein; darauf weist der Zusatz, daß חמס »an ihren Händen klebt«, wie es ähnlich in Jes 1,15 vom »Blut« gesagt wird (vgl. Joel 4,19; Obd 9f.; Jes 59,6; Ijob 16,17; 1Chr 12,18 und BK XIV/2, 232). Ninive ist wie Assur insgesamt für Gewalttätigkeiten berüchtigt (Nah 3,1ff.). So hat der Erzähler die Stadt als eine solche vorgeführt, die um die Notwendigkeit radikaler und umfassender Umkehr weiß.

9 Doch sie weiß auch, daß sie damit noch nicht gerettet ist. Mit dem neuen Verhalten sind die Folgen des alten Verhaltens nicht weggeräumt. Das steht bei »dem Gott«, auf dessen Geheiß Jona die Zerstörung angedroht hat. האלהים ist hier innerhalb des höfischen Edikts von Ninive ebenso verständlich wie im Munde des Kapitäns in 1,6. מי־יודע »wer weiß?« ist Ausdruck der Hoffnung, die Gottes Freiheit zur letzten Entscheidung ehrt; s. Textanm. 9a. Es hat die gleiche Funktion wie אוּלַי in Ex 32,30; Am 5,15; Zeph 2,3; Klgl 3,29 (1,6b s.o.S. 90; vgl. auch 1,14bβ), knüpft aber hier offenkundig an den Text von Joel 2,14a an, wie der Wortlaut der Fortsetzung (und die wörtliche Aufnahme von Joel 2,13b in Jon 4,2, s.u.S. 141) zeigt. Was dort vom Propheten Joel dem gerichtsreifen Jerusalem angeboten war, nimmt Ninive an. Es erhofft auf Grund seiner eigenen entschlossenen Umkehr auch Gottes Umkehr. שׁוב aus V. 8b (Subjekt: die Niniviten) wird in V. 9 gleich zweimal aufgenommen (Subjekt: der Gott; s. Textanm. V. 9b).

Der erste Satz erwartet wie Joel 2,14a eine Wendung zum נחם. Sachlich ist damit die Rücknahme der Untergangsdrohung (V. 4b) gemeint. Die Wurzel נחם meint einen emotionalen Akt seelischer Erleichterung; vgl. JJeremias, Die Reue Gottes: BiblStud 65 (1975) 16. נחם ni. bezeichnet im Alten Testament das Bedauern einer vollzogenen Tat oder weitaus am häufigsten die Mißbilligung eines geplanten bzw. angekündigten Gerichts (Belege bei Jeremias 15–18). Hier wird erwartet, daß Gott sich das in V. 4b verkündete Wort leid sein lasse (genauer in V. 10b!). נחם ni. bedeutet somit hier und zumeist »widerrufen aus Mitleid«; es ist ein Akt göttlicher »Selbstbeherrschung«; so Jeremias 40ff. Solche Hoffnung auf Gottes Widerruf aus Mitleid ist das letzte Stück eines theologischen Dreisatzes: Der erste Satz spricht vom Ausrufen und Hören des göttlichen Gerichtsworts, der zweite von der daraufhin erfolgenden Umkehr der Hörer, der dritte vom Widerruf des Gerichtsworts. Dieser Dreisatz findet sich mit den wichtigsten hier (V. 4b.6 – 8b – 9) wiederkehrenden Topoi (Gerichtswort - Umkehr - Widerruf) in den Jeremiaüberlieferungen, auf die uns schon V. 8b hinwies (s.o.S. 127), vor allem in Jer 18,7f.; 26,2f.; 36,2f. Daß diese Jeremiaüberlieferungen deuteronomistischer Art sind, zeigt für unser Theologumenon der Vergleich mit Ri 2,18; 2Sam 24,16.

Der zweite שׁוב-Satz (V. 9b) erhofft Gottes Abkehr von seiner Zornesglut. Erinnerten die vierzig Tage im Drohwort V. 4b an Überlieferungen von Moses Fürbitte in Dtn 9,18f. (s.o.S. 124), so klingt hier deutlich eine ähnliche Überlieferung an: Ex 32,12 kombiniert die Bitte des Mose um Abwendung Jahwes von seiner Zornesglut (שׁוּב מֵחֲרוֹן אַפֶּךָ) mit dem Wunsch nach Widerruf des angesagten Unheils (וְהִנָּחֵם עַל־הָרָעָה)! Nur in Ex 32,12 und Jon 3,9 findet sich diese Verbindung. Aber dort ist sie auf Israel, hier auf das heidnische Ninive bezogen (vgl. JDMagonet, Form 129). Der einzige Text, in dem der so ausgebaute Dreisatz von Gerichtswort, Umkehr und Widerruf auf nichtisraelitische Völker bezogen ist, liegt in Jer 18,7f. vor. Jene bedingte Verheißung für irgendein Volk und Königreich hat die Niniveszene theologisch maßgeblich gestaltet. Das Ziel der Erwartung wird hier letztlich genauso wie in der Schiffsszene formuliert: »daß wir nicht umkommen« (vgl. 1,6.14). Im ganzen wird man nicht sagen können, daß Ninive lediglich durch seine moralische Besserung gerettet wird. Abgesehen von den Bußriten und dem Schreien zu Gott (V. 6–8) zeigt sich in V. 9 inhaltlich ein Vertrauen auf Spitzenaussagen prophetischer Verkündigung der Zornesabkehr Jahwes, ohne daß der Name des Gottes Israels hier erwähnt wird. Nur im Blick auf V. 9 wird die Aussage über den »Glauben« der Männer Ninives an Gott (V. 5a) verständlich.

Nachdem Ninives Verhalten zum Erlaß seines Königs in V. 5 vorweg 10
geschildert war (s.o.S. 124f.), kann die Reaktion Gottes im unmittelbaren Anschluß an die Hoffnung auf Gott am Ende des Erlasses berichtet werden. Daß Gottes Verhalten genau der Erwartung Ninives entspricht, verdeutlicht der Erzähler durch Aufnahme des Vokabulars aus V. 8b–9 in V. 10. Die Repetition geht so weit, daß sogar statt des von Kap. 1f. her zu erwartenden »Jahwe« האלהים aus der Sprache des ninivitischen Edikts (V. 9) in den Bericht (V. 10) hineingenommen wird (zum literarkritischen Problem s.o.S. 121). Trotzdem denkt der Erzähler natürlich auch bei dieser Einarbeitung des Ninive-Stoffes in seine Novelle nur an den Gott des Propheten (vgl. V. 4f.). Die Niniviten haben zu keinem Zeitpunkt mit einem anderen Gott zu tun, zumal das Unheil nicht vor dem Auftreten des Jahweboten über sie kam, wie das doch in 1,4ff. der Fall war. Es geht überhaupt nicht um die Erkenntnis des wahren Gottes, sondern um das rechte Verhältnis zu dem einen Gott (der Hauptakzent lag in 1,4–16 ähnlich; vgl. aber LSchmidt, De Deo 102f.).

Was »der Gott« in Ninive sah (a) und wie er sich dazu stellte (b), das wird in einer exakten Entsprechung der beiden Aussagen mit chiastischer Stellung der Hauptwörter ausgeführt (עשׂה-הרעה: הרעה-מעשׂיהם, vgl. JDMagonet, Form 25f.). Dabei wird inmitten der beiden Aussagen die große Wende durch die beiden Haupttopoi des aus V. 8b–9 (Jer 18,7f. s.o.S. 128f.) bekannten theologischen Dreisatzes markiert: Ninives Wende durch שׁוב (a), die Gottes durch נחם (b). So wird die Vollkommenheit der Geschehnisse in und um Ninive sprachlich dokumentiert. Gott sieht an den Taten Ninives, daß sie sich abkehren von ihrem schädlichen (üblen) Weg; so bedauert Gott das Schädliche (Übel), das er ihnen zu tun angesagt hatte, und er tat es nicht. Nicht irgendein gutes Werk findet die ausdrückliche Beachtung Gottes, weder die Fastenübungen noch die Gebete der Hoffnung noch ethisches Wohlverhalten, sondern allein die Abwendung von der Bosheit (dem Schädlichen רעה). Solcher Abkehr Ninives entspricht es, daß Gott die Androhung seiner Taten des Unheils (des Schädlichen רעה) widerruft. Nachdem V. 9b an den Wortlaut der Fürbitte Moses in Ex 32,12b erinnerte, verdient es Beachtung, daß V. 10b fast genau dem Bericht von der Erhörung in Ex 32,14 entspricht, wo es heißt וַיִּנָּחֶם יהוה עַל־הָרָעָה אֲשֶׁר דִּבֶּר לַעֲשׂוֹת לְעַמּוֹ. Was dort das frühe Israel erfuhr, widerfährt nun dem zuvor so brutalen Ninive. Die Verheißung von Jer 18,7f. (vgl. 26,3.13.19) malt der Novellist als erfüllt. In manches Israeliten Ohren muß es wie bitterer Hohn klingen, daß damit der letzte Vorzug Israels hinfällt. Mit dem Stichwort vom Bedauern Gottes zugunsten Ninives (נחם V. 9a.10b) und dem anderen von der רעה der Menschen (V. 10a) sowie der רעה Gottes (V. 10b) ist auch das Thema des 4.Kap. eröffnet (V. 2bγ! 1!) und damit die wichtigste Voraussetzung für das Gespräch des Erzählers mit seinen Zeitgenossen gegeben.

Ziel

Wenn auch die Niniveszene im ganzen der Jona-Novelle ähnlich der Schiffsszene eine untergeordnete Bedeutung hat und auf der einen Seite zeigt, daß Jona dem Willen seines Gottes nicht entrinnen kann (1,1–3; 2,1 – 3,3a), auf der anderen Seite, in welcher Sache Jahwe sein Einvernehmen erreichen möchte (4,1–11), so hat sie doch gerade im Blick auf das Schlußkapitel und damit auf das Ganze der Erzählung ihre eigene Aussage, in der sie theologisch weit über die zweite Szene in 1,4–16 hinausgeht.

Sie führt in schockierender Weise am Beispiel der brutalen Weltstadt (zu חמס V. 8b s.o.S. 128) aus, was es heißt, zum Glauben an Gott zu kommen. Der Satz »die Männer Ninives faßten Vertrauen zu Gott« (V. 5a) beschreibt die Wirkung der Drohung Jonas (V. 4b), indem er zusammenfaßt, welche Konsequenzen die Glaubenden für sich ziehen (V. 5b–8) und was sie von Gott erwarten (V. 9) und erfahren (V. 10).

Voraussetzung des Glaubens ist das ergangene Botenwort. So uneingeschränkt und ausschließlich es den Untergang ansagt, so deutlich ist es doch Vorankündigung, die einen befristeten Raum freigibt, »als ein Ultimatum, nicht als ein ultimum« (KHMiskotte, Wenn die Götter schweigen, 1963, 428). Die Zerstörung der Blutstadt erfolgt nicht kraft der den menschlichen Untaten selbst innewohnenden Gesetze, sondern durch freie Verfügung des Herrn, der sich zur Sprache brachte. So schafft sein dem Unheil vorausgesandtes Wort (vgl. Am 3,7) Raum, in dem Glauben möglich wird.

Die erste Konsequenz des Glaubens ist die Annahme des verdienten Gerichts. Sie zeigt sich in den Selbsterniedrigungsriten des Verzichts auf alltägliche Nahrung und Kleidung durch Fasten und Anlegen des Trauerschurzes (V. 5b). Durch mehrere Züge wird die Vollkommenheit der Buße Ninives herausgestellt. Der König ist darin ein extremes Vorbild, daß er im Gegensatz zu Jojakim von Jerusalem den Thronsitz gegen den Sitz im Staube der Ärmsten eintauscht (V. 6 s.o.S. 126). Daß selbst das Vieh an den Bußriten teilnimmt (V. 7b–8a), mag den Leser daran erinnern, daß sich unter den Fremden Ochs und Esel (Jes 1,2f., wie Storch und Schwalbe Jer 8,7) besser auf Umkehr verstehen als die Menschen in Israel.

Was aber die Menschen im heidnischen Ninive betrifft, so wendet sich ausdrücklich jeder einzelne, vom Größten bis zum Kleinsten (V. 5b.8b), von den Gewalttätigkeiten ab. So ist mit den kultischen Demutsriten als zweite Konsequenz des Glaubens die Besserung des alltäglichen Verhaltens gegen die Mitmenschen verbunden. Beides zusammen kann aber noch nicht Rettung vor dem Gericht bewirken.

Die dritte, ganz spezifische Konsequenz des Glaubens zeigt sich schon im Schreien zu Gott an (V. 8a) und findet ihre konkrete Gestalt in V. 9: Sie ehrt Gottes Freiheit (מי יודע s.o.S. 128), in der allein die Entscheidung zur Rettung fallen kann; sie wagt sie aber zu erhoffen auf Grund dessen, was in Israel von Gott bekannt geworden ist (Ex 32,12–14; Jer 18,7f. und o.S. 129). Ninives konsequenter Glaube zeigt sich als verwegener Unglaube gegenüber der unentrinnbaren Folge von Tat und Schicksal; zugleich bekundet er, daß Gottes Gnade wirklich freie Gnade ist.

Die Erzählung endet damit, daß solcher Glaube die Wandelbarkeit Gottes zu seinen Gunsten erfährt. Da das Gerichtswort seine Hörer neu ausgerichtet hat, muß es sich nicht mehr im Gerichtsvollzug erfüllen. Der deuteronomische Satz, daß das prophetische Wort sich als Jahwewort nur in der Erfüllung erweist (Dtn 18,18–22), mag Jona, wie er sich in Kap. 4 zeigt (s.u.S. 141 zu 4,2), beherrschen und für das Heilswort zutreffen (Jer 28,8f.); das Gerichtswort aber will in seiner lebendigen Beziehung zum Hörer begriffen sein (Ez 3,16–21; 18,21–23; Jer 18,7–10; vgl. JJeremias 83ff.; 109ff.). Es führt zum Triumph des Mitleids Gottes mit der gewalttätigen Welt.

Woher nimmt der Erzähler die Kühnheit, solchen begnadigten Glauben gerade von Ninive zu erzählen? Hat er verspürt, daß spätestens seit den Propheten der exilischen und nachexilischen Zeit (s.o.S. 126) ein großes Lachen der Hoffnung in der Luft liegt? Dokumentiert er die große Vorfreude auf eine neue Welt mit seinem Erzählen inmitten einer noch bösen Umwelt? Wahrscheinlich provoziert er vor allem mit seinen grotesken Überzeichnungen von Ninives Umkehr seine zeitgenössischen Landsleute, die weit entfernt sind von solcher Umkehr und doch Gottes Erwählung allein für sich reklamieren, ohne Hoffnung für die Welt.

Mag die Niniveszene für das alte Israel eine schwer zumutbare Satire gewesen sein, sie wird in der Verkündigung Jesu zu einem Vorbild des Glaubens, der sich in der Umkehr ereignet (Mt 12,41), und durch die Verkündigung des Auferstandenen alsbald zur realisierten Hoffnung. Die heutige Welt, deren Tage gezählt sind, und die Kirchen in ihr werden sich neu prüfen müssen, ob ihr Glaube und ihre Hoffnung mit Ninive konkurrieren kann.

Anklage wegen Mitleids

(4,1–11)

Literatur

HWinckler, s.o.S. 118. – HSchmidt, Die Komposition des Buches Jona: ZAW 25 (1905) 285–310. – ThBoman, Jahve og Elohim i Jonaboken: NTT 37 (1936) 159–168. – AFeuillet, Les sources du livre de Jonas: RB 54 (1947) 161–186. – Ders., Le sens du livre de Jonas: a.a.O. 340–361. – GvRad, Der Prophet Jona (1950) = Gottes Wirken in Israel (1974) 65–78. – HRosin, The Lord is God (1956) 6–33. – RMartin-Achard, Israël et les nations: CTh 42 (1959) 45–48. – NLohfink, Jona ging zur Stadt hinaus (Jona 4,5): BZ NF 5 (1961) 185–203. – KHeinrich, Parmenides und Jona (1966) 61–128. – OKaiser, Wirklichkeit, Möglichkeit und Vorurteil. Ein Beitrag zum Verständnis des Buches Jona: EvTh 33 (1973) 91–103. – LSchmidt, De Deo. Studien zur Literarkritik und Theologie des Buches Jona, des Gesprächs zwischen Abraham und Jahwe in Gen 18,22ff. und von Hi 1: ZAWBeih 143 (1976). – GHDavies, The Uses of רעע Qal and the Meaning of Jonah 4:1 (Mskr.). – TEFretheim, Jonah and Theodicy (Mskr.).

Text

1 Das aber brachte einen großen Mißmut[a] über Jona, und er wurde zornig. 2 Er schrie auf zu Jahwe und sprach: »Ach, Jahwe! War das nicht mein Gedanke, als ich noch[a] in meiner Heimat war? Darum wollte ich das erste Mal[b] nach Tarschisch flüchten. Denn ich wußte, daß du ein gnädiger und gütiger Gott bist, zögernd im Zorn und reich an Huld, der das Unheil bedauert. 3 So nimm denn nun, [a]Jahwe, mein Leben von mir! Denn Sterben ist besser für mich als Leben[b].« 4 Aber Jahwe sprach[a]: »Ist es richtig[b], daß du zornig bist?« 5 Jona war (nämlich) aus der Stadt herausgegangen[a] und hatte sich östlich von der Stadt niedergelassen. Er machte sich dort eine Laubhütte und ließ sich in ihrem Schatten[b] nieder, bis er sähe, was in der Stadt geschähe.

6 Da bestellte Jahwe[a]-Gott eine Rizinusstaude. Sie wuchs über Jona auf, um seinem Kopf Schatten zu spenden, [b]um ihn aus seinem Mißmut herauszureißen[b]. Da kam Jona zu einer großen Freude[c] wegen der Rizinusstaude. 7 Aber der Gott bestellte einen Wurm, als das erste Morgenlicht am folgenden Tage aufstieg. Der stach die Rizinusstaude, und sie welkte dahin. 8 Als aber die Sonne aufging, bestellte Gott einen sengenden[a] Ostwind. Da schlug die Sonne auf Jonas Kopf, und er wurde ganz schwach. So erbat er sich zu sterben und sprach: »Sterben ist besser für mich als Leben«[b]. 9 Aber Gott sprach zu Jona: »Ist es richtig, daß du wegen der Rizinusstaude zornig bist?« Er sprach: »Es ist richtig, daß ich zu Tode zornig bin.« 10 Da sprach Jahwe: »Du hast Mitleid mit der Rizinusstaude, um die du keine Mühe gehabt und die du nicht großgezogen hast, die innerhalb[a] einer Nacht entstand und innerhalb[a] einer Nacht verging. 11 Und ich[a] dürfte nicht Mitleid haben mit Ninive, der großen Stadt, in der es mehr als[b] hundertzwanzigtausend[c] Menschen gibt, die zwischen rechts und links nicht zu unterscheiden wissen, und viele Tiere?«

1 **1a** Die vom Erzähler geliebte (vgl. 1,10.16; 4,6b) figura etymologica nimmt
hier als inneres, effiziertes Objekt (vgl. Ges-K § 117 p.q und o.S. 92f. zu 1,10) aus
Kap. 3 das Stichwort רעה auf, das in 3,8.10a das böse Verhalten der Niniviten
bezeichnet, von dem sie sich abwandten, und in 3,10b das Unheil, das Gott zwar
angedroht hatte, aber nicht heraufführte. Subjekt des Satzes ist der Inhalt von
3,10, der besagt, daß Gott das Gerichtswort zurücknahm (vgl. GHDavies). Kap.
4 wird nun von der Frage bestimmt, ob die רעה Jonas wie die der Niniviten und
die Gottes (vgl. 4,2b) zu überwinden ist; vgl. V. 6aβ! In V. 1 meint die Wendung
konkret das Mißfallen an Gottes Entscheid (3,10); ähnlich Neh 2,10; vgl. aber
2 u.S. 138. – **2a** Es ist nicht nötig, nach *G* (ἔτι) עוֹד zu lesen (so ABEhrlich), da עַד
c.inf. »solange als« bedeutet; vgl. Ri 3,26 und KBL 680. – **b** קדם pi. c.inf. c. ל ist
hier als verbum relativum in adverbialer Bedeutung zu verstehen (»zuerst etwas
3 tun«, vgl. Ges-K §§ 114n.120a). – **3a** *G* (δέσποτα κύριε) setzt אדוני יהוה voraus;
T (ייי) *V* (Domine) stützen *M*. – **b** Wörtlich: »Besser ist mein Sterben als mein
4 Leben.« – **4a** *G* ergänzt πρὸς Ιωναν. – **b** היטב steht hier als inf.abs. in adverbialer
Bedeutung (BrSynt § 93d); σ' (δικαιως) α' ϑ' u.a. (καλως) *V* (bene) treffen den
Sinn besser als *G* (σφόδρα) = *T* (לַחֲדָא), wie vor allem der Kontext von V. 9
5 (10f.!) zeigt. – **5a** Zum nachholenden Stil vgl. NLohfink, auch Textanm. 2,1a;
3,6a u.u.S. 142. – **b** Die *G* – Überlieferung (durchweg ἐν σκιᾷ, vgl. Ziegler) ge-
stattet nicht, בצל als sekundär anzusehen (KMarti) und so das Problem der Du-
6 blette zu 6bα zu lösen; vgl. GHCohn, Johna 18f. – **6a** Beachte die verschiedenen
Gottesbezeichnungen als Subjekt des gleichen Verbum in 2,1;4,6.7.8; dazu s.u.S.
137. – **b–b** Der zweite Infinitivsatz, ohne Kopula dem ersten zugefügt, ist seit
Wellhausen oft als sekundär angesehen worden, bezieht sich jedoch recht sinn-
voll auf V. 1; bei Streichung des ersten Infinitivsatzes würde die Dublette zum
»Schatten« in V. 5 entfallen (so HWinckler), er ist aber durch V. 8 als unentbehr-
lich ausgewiesen. *G* gleicht beide Infinitivsätze einander an, indem sie להציל mit
τοῦ σκιάζειν übersetzt und so wahrscheinlich לְהָצֵל (III צלל) liest. – **c** Die figura
etymologica (s.Textanm. 4,1a) stellt den Gegensatz von »Mißmut« (V. 6a.1a)
8 und »Freude« heraus. – **8a** Den Sinn des Wortes dürfte *G* (συγκαίοντι) eher tref-
fen als *T* (שתיקתא = »ruhig, schwül«). In 1 QH 7,4f. erscheint das Wort zur Be-
zeichnung eines »wilden Sturmes« (בְּזַעַף חֲרִישִׁית), in dem ein Schiff gefährdet
wird (zu זַעַף vgl. 1,15). Danach ist es am besten von חרשׁ »pflügen«, »schneiden«,
10 »stechen« abzuleiten. – **b** S. Textanm. V. 3b. – **10a** Zur Relativpartikel שֶׁ s.
Textanm. 1,7a; בִּן ist eine seltenere cstr.-Form zu בֵּן (vgl. auch Ex 33,11; Dtn 25,2
und Ges-K § 96, S. 295); »Sohn einer Nacht« bezeichnet hier eher die »Zugehö-
rigkeit« des Entstehens und Vergehens zu zwei aufeinanderfolgenden Nächten
als das »Alter« einer Nacht; vgl. V. 6f. und KBL^{3} בֵּן Nr. 7 und 8 sowie HHaag,
11 ThWAT I 676. – **11a** Die Interrogativ-Partikel kann auch bei rhetorischen Fra-
gen fehlen; Sinnzusammenhang, Anschluß an den vorhergehenden Satz mit ו
und Modulation der Rede geben den Satz als Frage zu erkennen; vgl. Meyer^{3} III
§ 111,2c. – **b** הַרְבֵּה inf.abs.hi. von רבה, hat hier nominale Funktion als Subjekt
(vgl. 2Sam 1,4 »eine Menge«); folgendes מִן vor der Zahl deutet komparativisch
auf die Differenz (»mehr als«; vgl. Ri 18,26b; 1Kön 5,10 und BrSynt § 111g). – **c**
Zur Bildung der Zahlwörter s. Meyer^{3} II § 59,1.5 und WRudolph z.St.

Form

Der Szenenwechsel von 3,10 her ist abrupt. Plötzlich ist Jona wieder auf dem Plan, von dem seit 3,4 nicht mehr die Rede war. Bis zum Ende bleibt er jetzt der einzige Partner, mit dem Gott redet und handelt. Dabei ist der Schauplatz ein anderer. Verlor der Leser Jona zuletzt mitten in Ninive aus dem Auge, so findet er ihn jetzt draußen vor der Stadt in einer Laubhütte auf Beobachtungsposten (V. 5).

So ist die Szene zwar neu, aber deutlich auf das Vorangehende bezogen und damit als Schlußteil einer kunstvollen Novelle erwiesen. Denn Ninive bestimmt nicht nur wie bisher in Abkehr (1,2ff.) und Zuwendung (3,1ff.) den Standort Jonas und sein Interesse (»was in der Stadt geschähe« V. 5), es ist auch einziger Gegenstand seines Dialogs mit Jahwe. Denn wie die Schlußfrage in V. 11 ausdrücklich Ninive, genauer: Jahwes Verhalten zu Ninive betrifft, so ist dasselbe Verhalten logisches Subjekt des ersten Satzes der Szene (s.Textanm. V. 1a), der sich nämlich genau auf den Inhalt von 3,10 bezieht. Darüber hinaus greift der Dialog in V. 2a bis auf die Fluchtszene zurück (1,3ff.) und klärt damit das Grundmotiv von Jonas Verhalten überhaupt auf. So hebt der Novellist durch übergreifende und zusammenfassende Szenenrückblicke den Gipfel seiner Erzählung heraus. Besonders bedeutsam für die Problemerkenntnis ist die dreifache Stichwortverknüpfung des neuen Szenenanfangs mit dem Schluß der vorangehenden Szene. Die רעה, von der sowohl Ninive (3,8b.10a) wie Jahwe (3,10b) Abstand genommen haben, greift nun auf Jona über (V. 1a, vgl. V. 6aβ); der Zorn, von dem Jahwe sich abwendete (3,9b חֲרוֹן אַפּוֹ), entbrennt in Jona (V. 1b ויחר; vgl. 4.9); das Bedauern (Mitleid) Gottes (נחם 3,9a.10b) wird zum Hauptthema des Dialogs mit Jahwe (V. 2b; vgl. 10f. חוס).

Fragt man nach der Gliederung der Szene, so ist die dialogische Struktur zunächst am fünffachen Wechsel der Subjekte Jona und Jahwe zu erkennen (V. 1–3 + 4; 5 + 6a; 6b + 7–8a; 8b + 9a; 9b + 10f.). Im ersten, vierten und fünften Subjektwechsel liegen Rede und Gegenrede vor, im zweiten und dritten schweigendes Agieren und Reagieren. So ergeben sich drei formal verschiedene Phasen. Doch ist der erste Redewechsel nach der Aktionsphase (V. 8b + 9a) ausschließlich auf diese bezogen (V. 5–8a). Da er mit einer Frage Jahwes in V. 9b schließt, die den Wortlaut von V. 4 aufnimmt und abwandelt, ergeben sich drei Teile: V. 1–4; 5–9a; 9b–11; der erste schärft das Problem; der zweite führt ein Paradigma durch; der dritte sucht das Problem mit Hilfe des Paradigmas zu klären.

Doch damit ist nur die formale Basis der eigentlichen Kunst des Erzählers angedeutet. Die didaktische Tendenz der Novelle zeigt sich in der entscheidenden Schlußszene vor allem darin, daß Jona, der sein Problem nur im Zorn angeht, von Jahwe in den Redeteilen ausschließlich Fragen vorgelegt bekommt (V. 4.9a.10f.); in der Aktionsphase bringt Jahwe Jona dazu, daß er selbst ein fast zwingend belehrendes Paradigma liefern muß (vgl. V. 6–8 mit 9 und 10). Da die Schlußfrage (V. 11) offenbleibt, sieht sich der Leser am Ende zum Nachdenken und Antworten herausgefordert.

Die Antwort soll ihm leicht werden, da das Beispiel, das Jona darstellen muß, und damit die Wiederholung von Jahwes Frage nach dem Recht seines Unmuts voll saftiger Satirik ist. Schon darin klingt Ironie an, daß Jona zürnt und sterben will, obwohl seine Predigt größte Wirkung erzielte. Der Todesernst des religiösen Helden wird dann mit Spott übergossen. Verfällt er doch nach kurzer Freude wieder in lebensmüdes Selbstmitleid, wenn nur der Schatten einer Staude schwindet, während er nicht verstehen will, daß Jahwe der Großstadt Ninive wegen mitleidig wird. Die Einzelerklärung muß zeigen, wie hier Ironie in der Erzählkunst zur theologischen Weisheit anleitet.

Ort Doch es stellt sich die Frage, ob die Schlußszene eine ursprüngliche literarische Einheit ist oder ob nicht einige Sätze von einem anderen literarischen Ort her irrtümlich oder absichtlich in den jetzigen Zusammenhang hineingebaut worden sind.

V. 5 wird seit HWinckler (s.o.S. 119) oft aus dem Zusammenhang der Schlußszene ausgeschieden. Man meint, diese Sätze kämen hier viel zu spät. Denn »was in der Stadt geschieht« (bβ), sei schon 3,5–10 berichtet worden; zur Einführung passe 4,5 vorzüglich unmittelbar vor diesem Abschnitt und hinter dem Bericht von Jonas Predigt (3,4). Daß die Sätze erst nachträglich und irrtümlich hinter 4,4 versetzt worden seien, zeige sich auch daran, daß hier Jona bereits in seiner Laubhütte den Schatten genieße, den er nach V. 6 erst durch die Rizinusstaude erhält. Zu der Zeit zwischen 3,4 und 5 habe der Schatten der frischen Laubhütte seinen Sinn gehabt; nach den umständlichen Vorgängen von 3,5–10 in der riesigen Stadt, für die ja ein Zeitraum von 40 Tagen zur Verfügung stand, habe das welke Laub keinen ausreichenden Sonnenschutz mehr geboten.

Doch ist schon fraglich, ob man unserem Erzähler solche nicht ausgesprochenen Gedankengänge (über frisches und welkes Laub) unterstellen darf. צל ist bei ihm צל und würde von Kap.3 her ebenso ein Problem für 4,6 ergeben wie am jetzigen Ort. Wichtig bleibt nur die Frage nach der zeitlichen Einordnung. Sie aber muß von der erzählerischen Folge deutlich unterschieden werden (vgl. NLohfink). Wir sahen zu 3,4 (o.S. 120), daß es der Erzählweise unseres Novellisten entspricht, nach den entscheidenden Ereignissen und Redestücken zuerst die innere Grundreaktion zu berichten; das geschah mit 3,5 nach 3,4 ebenso treffend wie in 1,10 nach 1,9, in 1,16 nach 1,15 und auch in 4,1 nach 3,10. Andere äußere Daten hingegen wurden an der Stelle nachgetragen, wo es im Fortschritt der Erzählung unaufschiebbar oder zur Explikation dienlich erschien; so waren 1,5b.10b; 2,1 und 3,6 als Nachholungen zu erkennen. Demnach entspricht die Konsequenz des Erzählens in der Schlußszene ganz der Eigenart der Novelle. Jonas seelische Reaktion auf das Ninivegeschehen wird als erstes berichtet (V. 1); sie wird durch die Klage vor Jahwe verdeutlicht (V. 2f.). Nach der Rückfrage Jahwes in V. 4 und besonders vor der Einführung des Rizinus-Exempels (V. 6ff.) ist der Nachtrag des Auszugs aus der Stadt (V. 5) unaufschiebbar. Er bekommt mit der Angabe der Absicht, zu sehen, »was in der Stadt geschähe«, im Zusammenhang eine sinnvolle Funktion. V. 5 nimmt jetzt den Platz einer Antwort auf Jahwes Frage in V. 4 ein; vgl. HGunkel, RGG² III 367; JDMagonet, Form 105f.; LSchmidt, De Deo 29f.106. So tritt ein literaturwissenschaftliches Verstehen von V. 5 im jetzigen Erzählzusammenhang an die Stelle einer allzu schwach begründeten literarkritischen Operation.

Ein anderes literarkritisches Problem brach an der Beobachtung des merkwürdigen Wechsels der Gottesbezeichnungen innerhalb des 4. Kap. auf, zuerst bei WBöhme, Die Composition des Buches Jona: ZAW 7 (1887) 224–284, dann bei HSchmidt, ZAW 25 (1905) 285–310 u.a. und neuerdings bei LSchmidt, De Deo. Während V. 2.4.10 wie 1,1 – 3,3a von »Jahwe« sprechen, findet sich in V. 6 יהוה אלהים, in V. 7 האלהים (wie in 3,9f.; vgl. 1,6), in V. 8 und 9 אלהים (wie in 3,3b.5.8). Hinzu trat die Dublette von V. 3 und 4 in V. 8b und 9 sowie die doppelte Aussage über den Schatten in V. 5b und 6a. Zusammen mit einigen inhaltlichen Beobachtungen haben diese Feststellungen LSchmidt zu der Hypothese geführt, daß vor allem in Kap. 3 und 4 eine »Grundschicht« vorliege. Zu ihr rechnet er »1,2; 3,3a (ohne ›gemäß dem Wort Jahwes‹); 3,3b–10; 4,1.5a.6aα (ohne ›Jahwe‹); 4,6b–11 (mit ›Elohim‹ statt ›Jahwe‹ in V. 10)« (32, vgl. 47). Das übrige soll im wesentlichen einer »Bearbeitung« zugehören: »1,1.3–16 (ohne V. 8aβ.10bβ); 2,1.11; in 3,3a: ›gemäß dem Wort Jahwes‹; 4,2–4.5b; in 4,6aα ›Jahwe‹ und 4,6aβ« (125). In der Tat weist insbesondere der auffällige Wechsel der Gottesbezeichnungen in Kap. 4 darauf hin, daß der vorliegende Text schon fest geprägte Formulierungen in sich aufgenommen hat. Darf man darüber hinaus von einer rekonstruierbaren literarischen Quelle (»Grundschicht«) sprechen, von der man eine »Bearbeitung« abheben könnte? Vgl. o.S. 57f. (Einleitung § 3)!

Die Abgrenzung der angenommenen literarischen Schichten und ihr Wortlaut erscheinen zu unsicher. Das gilt vor allem von dem in 1,2 und 3,3a gesuchten Anfang und dem in 4,10f. angenommenen Ende der »Grundschicht«, die heute fest mit dem Jahwenamen verbunden sind. »Grundschicht«, »Bearbeitung« und Redaktionsarbeit fließen hier wie in 4,6 unabgrenzbar ineinander. Ferner läßt sich innerhalb der zur »Grundschicht« gerechneten Stücke in Kap. 3 und 4 verschiedenartig vorgeprägtes Gut finden. In 4,6–9 wirken deutlich Elijaüberlieferungen nach (s.u.S. 141ff.), während wir in 3,8–10 unabweisbar jeremianisch-deuteronomistisches Gut aufgenommen fanden. Dabei zeigen sich theologische Spannungen; Jahwes Erbarmen findet in 4,11 nicht nur ein anderes Stichwort (חוס) als in 3,10 (נחם), vielmehr tritt jetzt als Begründung der Schöpfungsgedanke an die Stelle der in Kap. 3 kräftig unterstrichenen, nun aber überhaupt nicht erwähnten Umkehr auf Grund des verkündigten Gerichtswortes. Der Zusammenhang von 3,3b–10 mit 4,6ff. wird ohne die Explikation von 4,1 in 4,2ff. nicht verständlich. Die überlieferungsgeschichtlichen und thematischen Differenzen innerhalb von Kap. 3f. sind von nicht geringerer Bedeutung als die gegenüber Kap. 1f. (vgl. LSchmidt, De Deo 124ff.). Schließlich kann die Wiederaufnahme von V. 4 in 9 ebensowenig als literarkritisches Prinzip gelten wie im Verhältnis von 3,1f. zu 1,1f. (s.o.S. 106), zumal hier das Moment der Steigerung noch deutlicher ist; vgl. HWWolff, Studien 59–64. Auch 4,1–11 wird also insgesamt von jenem Erzähler her zu verstehen sein, der recht verschiedenartiges Material mit vorgeprägten Formulierungen in die einzelnen Szenen seiner Novelle eingebracht hat. Auch innerhalb der Schlußszene sind literarkritische Hypothesen im deutlichen Abstand zu 2,2–10 (s.o.S. 104ff.) zu unsicher; wir werden versuchen müssen, die einzelnen Aussagen vom Standort jenes einen Novellisten aus zu verstehen, der gerade hier alle voraufgehenden Szenen zum Ziel führt.

Wort 1 Der erste Satz ist syntaktisch enger mit dem voraufgehenden verknüpft als alle anderen Szenenanfänge. Denn sein Subjekt kann weder Jona noch die רעה sein, sondern muß in dem Geschehen von 3,10b gesucht werden, in Jahwes Widerruf des Unheilswortes; s.Textanm. V. 1a. Was wird von diesem Subjekt ausgesagt? רעע *ḳ* bedeutet »schlecht, schädlich, untauglich sein«. Ohne explizites Subjekt heißt es meist »schädlich erscheinen«, »mißfallen«. So wird es denn auch zumeist an unserer Stelle wiedergegeben; das zugefügte innere Objekt רעה גדולה wird dann nur als Intensivierung solchen Mißfallens gedeutet. Doch damit wird man der Wortwahl des Erzählers kaum gerecht. Denn schon die praep. אל ist bei רעע *ḳ* singulär. »Mißfallen« heißt durchweg רעע בְּעֵינֵי (Gen 48,17; Jes 59,15; 1Chr 21,7 u.ö.), zweimal רעע לְ (Neh 2,10 auch mit innerem Objekt und 13,8). אֶל hingegen unterstreicht das Ziel einer Bewegung (BrSynt § 108a). Nimmt man hinzu, daß רעע nicht nur »böse sein« und »böse erscheinen«, sondern auch »Böses bringen« bedeuten kann (mit לְ in 2Sam 20,6; Ps 106,32), so wird man daran in der Verbindung mit אֶל am ehesten zu denken haben. Nur so kann zur Geltung kommen, daß mit dem inneren Objekt רעה גדולה das in 3,8b.10a.b dreimal betonte Stichwort רעה aufgenommen wird. Gemeinsam ist dem in der Verbindung mit Ninive, Gott und Jona dreifach (als Bosheit, Unheil und Mißgunst) variierenden Wortsinn die Bedeutung »Schadenswille« (s.o.S. 127f.). Auf Schaden waren Ninives gewalttätiges Verhalten und Gottes Untergangsdrohung aus; nun, da sie sich davon abwandten, kommt dieser Schadenswille über Jona. Insbesondere ergreift ihn nun Ninives Bosheit, nachdem Gott die Unheilsandrohung zurücknahm. So schärft die Stichwortaufnahme nicht nur Jonas Widerspruch zu Gottes Urteil ein, sondern auch seinen Rollentausch mit Ninive. Es ist höchst erregend und satirisch, daß gerade Gottes Erbarmen die »große Bosheit über Jona bringt«. – b beschreibt das Ergebnis von a. Der elliptische Ausdruck sagt nur, daß »ihm heiß wurde«, denkt aber אַפּ[וֹ] als Subjekt zu חרה (impf.cons.) mit: »sein(e Nase=Schnauben=)Zorn entbrannte ihm«; vgl. Gen 44,18 und BrSynt § 127. So knüpft auch dieser Satz an die voraufgehende Szene an, nämlich an die in V. 10 erfüllte Erwartung von V. 9b, daß Gott sich von der Glut (חָרוֹן) seines Zorns abwandte. Mit diesem betonten Widerwillen Jonas zum Ergebnis der Niniveszene ist die Spannung des Lesers gleich eingangs erregt, wenn auch das Hauptproblem damit nur angekündigt wird.

Im folgenden Gebet entfaltet es Jona. Es wird als Klageflehen einge- 2
führt (פלל hitp. wie im Nachtrag 2,2) und mit dem Aufschrei eines Verstörten eröffnet; genauso begann das Gebet der heidnischen Matrosen in 1,14; zu אנה s.o. Textanm. 1,14b und S. 95. Daß jetzt die Generalfrage der Novelle zur Sprache kommt, zeigt der Erzähler mit einem verblüffenden erzählerischen Kunstgriff. Er blendet in die erste Szene zurück, in die Berufungsstunde (»als ich noch in meiner Heimat war«); Jona erinnert an seinen Plan, »nach Tarschisch zu fliehen«. In jener ersten Szene führte der Novellist einen hart schweigenden Jona vor (1,3); seine Gedanken blieben dem Leser völlig verborgen. Jetzt, da die vergebliche Flucht und das Ergebnis der Ninive-Predigt erzählt sind, enthüllt Jona, was er in der Stunde des Aufbruchs sich selbst sagte. Jetzt führt die Nachholung zu dem dramatischen Effekt, Gottes gesamtes Handeln mit Jona in Frage zu stellen (vgl. GMLandes, Kerygma 13).

Die Frage, »war dies nicht mein Wort, als ich noch in meiner Heimat war?«, zeigt nicht nur einen arroganten Rechthaber, der es immer schon wußte; sie enthüllt zugleich, daß ein derart Wissender in hoffnungsloser Verzweiflung endet. Ob es dem Erzähler bewußt war (so JDMagonet, Form and Meaning, 1973, 137) oder nicht, die Frage הלוא־זה דברי erinnert an Ex 14,12, die Frage des von Ägypten verfolgten Israel in der Wüste an Mose: הֲלֹא־זֶה הַדָּבָר »War das nicht das Wort, das wir dir in Ägypten sagten: laß uns in Ruhe! Wir wollen Ägypten dienen. Denn besser ist es für uns, Ägypten zu dienen, als in der Wüste zu sterben.« »Gab es in Ägypten keine Gräber?« (V. 11; vgl. o.S. 125 zur Erinnerung der Sprache von 1,16a und 3,5a an Ex 14,31). Um den Tod früher oder später, auf der Flucht (1,12) oder vor Ninive (4,4) geht es nun auch bei Jona. In Ex 14 verzweifelt Israel am Sinn des Exodus. Unser Jona verzweifelt am Sinn seiner Berufung und seiner Sendung in der Welt.

Der besondere Grund (כי) von Jonas Verzweiflung wird von ihm selbst erst aufgedeckt mit dem Zitat seines »Wissens«. »Denn ich hab's gewußt« – wie hebt sich dieses ידעתי als der Satz eines Sicheren von jenem מִי־יוֹדֵעַ, dem verwegen hoffenden »wer weiß?« in 3,9 ab! Jona wußte, was Ninive nicht wußte. Aber da er sein Wissen nicht wahrhaben wollte – so wenig wie damals, als er vor demselben Jahwe übers Meer entfloh, den er als Schöpfer des Meeres bekannte (1,9f.) –, hat er mit seinem Wissen aufgehört zu hören und zu hoffen, kann er nur noch sterben wollen (V. 3).

Was weiß denn dieses verleugnete Wissen, diese gewußte Verleugnung? Nichts anderes, als was Israel seit je bekennen konnte und was es mit den vorliegenden Worten weithin nachweisbar in nachexilischer Zeit bekannt hat. Im liturgischen Gebrauch hat es mehr und mehr seine feste Prägung erfahren; vgl. Ps 86,15; 103,8; (111,4); 145,8; Ex 34,6; (Num 14,18; Nah 1,3); Neh 9,17.31; Joel 2,13 und JScharbert, Formgeschichte und Exegese von Ex 34,6f.: Bibl 38 (1957) 130–150; WZimmerli, ThWNT IX 368f.; LSchmidt, De Deo 89ff. Obwohl die Reihe mehr von Gottes Eigenschaften als von Gottes Handeln spricht, dient sie doch nach Ausweis der jeweiligen Kontexte dem kontrahierten Bekenntnis zu Gottes Taten und ist daher nicht als spezifisch weisheitlich zu bestimmen, sondern als typisch gottesdienstlich; vgl. gegen RCDentan, The Literary Affinities of Exodus XXXIV 6f.: VT 13 (1963) 34–51 LPerlitt, Bundestheologie im Alten Testament: WMANT 36 (1969) 213f. So ist neben dem Bekenntnisstil (Ps 103,8; 145,8; Ex 34,6; Joel 2,13) der Anredestil des Gebets mit einleitendem **אתה** wie hier auch in Ps 86,15; Neh 9,17 zu finden.

Jonas Zitat der gottesdienstlichen Rühmung Gottes klingt von vornherein zynisch, da es seinen Unwillen gegen Gott erklären muß. Von Prädikat zu Prädikat wird es deutlicher. **חנון** meint den sich gnädig zum Niedrigen und Hilfsbedürftigen herabneigenden Gott, der seine Überlegenheit zugunsten des Unterlegenen einsetzt (vgl. WZimmerli, ThWNT IX 367f.), **רחום** den gütig Fürsorglichen, der mütterlich (**רֶחֶם** = Mutterschoß) gefährdetes Leben schützt und erhält (vgl. AJepsen, KuD 7, 1961, 261–271). Das gereimte Wortpaar **חנון ורחום** findet sich in ähnlich langen Ruhmessätzen öfter in umgekehrter Reihenfolge (Ps 86,15; 103,8; Ex 34,6), jedoch in der späteren Literatur meist in der auch hier vorliegenden Form (Ps 145,8; Neh 9,17.31; 2Chr 30,9; Joel 2,13; Ps 111,4; vom Menschen Ps 112,4). **ארך אפים** macht deutlicher, warum für Jona die Rühmung Gottes zur Anklage wird. Für den Erzähler berührt hier die liturgische Formel (vgl. Ex 34,6; Ps 86,15; 103,8; 145,8; Neh 9,17; Joel 2,13) erstmalig den Zusammenhang wörtlich: An die Stelle der »Glut des Zorns« Gottes (3,9) tritt der »Verzug seines Zorns«, seine »Langmut« (**ארך** = »lang hinziehen«; vgl. GSauer, THAT I 220–224.222!); damit ist jenes geduldige Aussetzen des verdienten Zorns gemeint, in dem Gott den Schuldigen nicht vernichtet (Jes 48,9). Schon für Jeremia (15,15) wird Jahwes »Langmut« mit seinen Verfolgern zur Anfechtung. In dieser Richtung wird in Jonas Mund das Lob göttlicher Geduld zum Vorwurf. Damit fällt auch auf **רב חסד**, die »Fülle von Huld« schon ein Schatten. **חסד** gehört zu den häufigsten Ruhmestiteln Jahwes (WZimmerli, ThWNT IX 374); mit ihr stiftet und erhält Jahwe Gemeinschaft mit seinem Volk. Aber die »Fülle« (רב) oder auch die »Größe« (גְּדָל־חֶסֶד Ps 145,8) übersteigt alle Grenzen und wendet sich allen Geschöpfen zu (vgl. Ps 145,9!). Es ist bezeichnend für die gesamte liturgische Formel, daß sie kein eingrenzendes Element enthält, das Jahwes Verhalten auf Israel beschränken würde.

Das gilt insbesondere auch vom Schlußglied des zitierten »Wissens«: »ihm tut das Unheil leid«. Damit wird die den Unwillen Jonas entscheidend erregende Aussage aus 3,(9) 10 aufgenommen, die Jahwes Widerruf der Unheilsansage für Ninive berichtete und also die Zurücknahme des von Jona nach 3,4 verkündeten Wortes; zur Worterklärung s.o.S. 128; נחם meint den mitleidigen Widerruf, רעה die verkündigte Zerstörung. Zu beachten ist, daß dieses Schlußglied unter jenen Doxologien, die die voraufgehenden vier Glieder bringen (Ex 34,6; Neh 9,17; Ps 86,15; 103,8; 145,8), nur in Joel 2,13 zu finden ist (im nachbiblischen Schrifttum vgl. OrMan 7); was dort aber auf Jerusalem bezogen ist, gilt jetzt Ninive (s.o.S. 128). In Ex 34,6 und Ps 86,15 findet sich als fünftes Glied der Reihe אֱמֶת; dieser Hinweis auf Gottes zuverlässige Treue findet bei Joel und Jona eine ähnliche Interpretation wie in Ps 103,8f. (»er richtet nicht auf immer«) 145,8f. (»allen ist Jahwe gütig«; vgl. Neh 9,17b »du hast sie nicht verlassen«); nur ist sie bei Joel und Jona präzis auf das zuvor verkündete Drohwort bezogen, das durchzuführen Gott aus Mitleid unterläßt (vgl. die Vorweginterpretation in 3,10b).

Damit liegt der wesentliche Grund für Jonas Verzweiflung am Tage, indem er Israels Lobpreis Gottes zum Vorwurf erhebt: Gott steht nicht zu seinem Gerichtswort; er stellt sich vielmehr mit seinem Erbarmen auch zu den unbarmherzigen Feinden Israels. Damit vertritt Jona die Stimme derer, mit denen Maleachi sich auseinandersetzt: »Es ist sinnlos, Gott zu dienen« (3,14f.). Was für ein Unterschied ist denn »zwischen dem, der Gott dient, und dem, der ihm nicht dient« (3,18)? »Wo bleibt der Gott des Gerichts?« (2,17). Das Schlußsätzchen von V. 2 markiert genau das Problem, an dem Jona meint zerbrechen zu müssen.

»Der Verlust der zerstörerischen Gewißheit hat selbstzerstörerische 3
Konsequenz: er möchte lieber tot sein als leben« (KHeinrich 108). EBikkermann, RHPhR 45 (1965) 239 zitiert Hieronymus zu Jona 1,3: »scit propheta . . . quod poenitentia gentium ruina sit Judaeorum.« ועתה eröffnet die Konsequenz (vgl. Gen 3,22; 47,4; Am 7,16; Mal 3,15 u.ö.): Er erbittet den Tod. Unverkennbar legt ihm der Erzähler Worte der Elijatradition in den Mund (1Kön 19,4bβ: עַתָּה יהוה קַח נַפְשִׁי; zumal später in V. 8b 1Kön 19,4bα aufgenommen wird! Ist es Zufall, daß auch bei Elija vom Weg eines Tages [1Kön 19,4a; vgl. Jon 3,4a] und von 40 Tagen [und Nächten 1Kön 19,8; vgl. Jon 3,4b] die Rede ist und daß in 1Kön 19,9ff. ein großer Dialog folgt wie hier? Vgl. AFeuillet 168f. und JDMagonet, Form 124.201). נפש, zunächst das Organ, das Leben ermöglicht, bezeichnet

hier das Leben selbst; vgl. חיים in b, Ps 7,6; 26,9 und o.S. 96 zu 1,14. Die Aufnahme der Bitte Elijas entbehrt nicht der Ironie. Elija leidet unter Verfolgung, Jona unter unerwünschtem Erfolg. Elija sieht sich nicht besser als seine Väter; Jona leidet unter Gottes unberechenbarem Schwanken. Er verzweifelt an Gottes Gerechtigkeit und am Sinn seines Dienstes (vgl. V. 4.9b). Die Erklärung »Sterben ist besser für mich als Leben« erinnert noch einmal an das verzweifelte Israel in Ex 14,12 (s.o.S. 139), das seine Sklaverei und seinen Tod (V. 11) in Ägypten besser findet als sein Sterben in der Wüste. So ist das Problem der Gültigkeit des Wortes Gottes und der Gerechtigkeit Gottes für Jona zum Existenzproblem geworden. Dabei ist jedoch eine merkwürdige Verschiebung zu bemerken: Einerseits tritt das Ereignis der Umkehr Ninives als Voraussetzung des Erbarmens Gottes (3,8–10) gar nicht in seinen Horizont; und andererseits rückt er sein Ich (neunmal in V. 2f.) selbstquälerisch in den Vordergrund.

4 So aufgedunsen die schamlose Anklagerede des sonst so wortkargen Jona ist, so knapp läßt der Erzähler Jahwe antworten. Er versteht den Wortschwall entsprechend V. 1b als »Zorn« (»dir wurde heiß«, zur Ellipse s.o.S. 138f.) und stellt kurz in Frage, ob solcher Zorn passend, angebracht, in Ordnung sei (zu יטב hi. inf.abs. s.Textanm. V. 4b). Die Partikel הֲ muß nicht interrogative Bedeutung haben; sie hat gelegentlich exklamativen Sinn; Joüon, Gr § 161 b übersetzt: »Tu es bien en colère.« Doch dieses Verständnis geht wohl davon aus, daß V. 4 keine Entgegnung mit Worten in V. 5 findet. Jedoch ist die genaue Parallele von V. 4 in 9 sicher als Frage zu erkennen, die auch beantwortet wird. Demnach wird man V. 4 besser ebenso als Frage verstehen und in V. 5 den Ersatz einer Antwort sehen müssen (s.u.). Ob Jahwes Frage die Formulierung an Kain in Gen 4,6f. anklingen lassen will (WRudolph 328 und JDMagonet, Form 192) und so auf Kains Neid gegen Abel anspielt, ist nicht recht deutlich. In jedem Falle ist die erste Reaktion Jahwes auf Jonas resignierte Rebellion von geradezu zarter Freundlichkeit, die sich anschickt, den Trotzkopf zur sachgemäßen Selbstprüfung zu bringen.

5 Um eine direkte Belehrung Jonas einführen zu können, muß der Novellist zunächst nachtragen (s.o.S. 136f.), daß Jona längst aus der Stadt hinausgegangen war, offenbar gleich nach Erledigung seines Auftrags in 3,4, und daß er sich ostwärts der Stadt in einer selbsterbauten Laubhütte niederließ, während sich Ninives König in den Staub setzte (vgl. וישב in aβ und bα mit 3,6bβ). Wenn jetzt als Ziel dieser Aktion herausgestellt wird, daß er »im Schatten«, d.h. auch in aller Ruhe wartete, »bis daß er sähe, was in der Stadt geschähe«, dann ist darin von V. 4 her eine Antwort auf Jahwes Frage zu erkennen; ohne Worte entgegnet er trotzig mit seiner Haltung: wir werden sehen, ob mein Zorn in Ordnung ist! Sein Hohn gegenüber Jahwe liegt jetzt darin, daß er nicht sich selbst überprüft, son-

dern auf eine Änderung »in der Stadt« wartet. Zum dritten Mal ist (nach aα und β) in bγ von »der Stadt« die Rede. Rechthaberisch richtet sich nur auf sie sein Interesse. Wird sie bald in ihre alte Bosheit zurückfallen? Wird Jahwe dann doch einschreiten? Er will unbedingt etwas anderes »sehen« als was Jahwe »sah« (vgl. bβ mit 3,10aα). Im Erzählduktus ist nicht nur V. 5a zur Vorbereitung von V. 6ff. unentbehrlich, sondern auch V. 5b als Reaktion auf V. 4. Doch die Bezüge sind so wenig direkt, daß eine überzeugende Zuordnung zu verschiedenen literarischen Schichten nicht gelingt (s.o.S. 137; anders LSchmidt, De Deo 27ff.). Nach der vorliegenden Erzählung hat Jahwes gütige Vermahnung (V. 4) in Jona bis zum Ende von V. 5 nur das hartnäckige Gegenteil einer Zustimmung zur Verschonung Ninives gefunden.

Doch Jahwe überläßt den auf Ninive stierenden Jona nicht sich selbst 6
und folgt auch nicht seinem Blick. Allerdings hört nun auch er auf, ihm mit Worten zu entgegnen. Der Schöpfer aller Dinge beginnt ein Spiel mit ihm, wie die Weisheit als sein Liebling auf dem Erdenrund spielt (s.o.S. 107 zu 2,1)[1]. Wie er in 2,1 den großen Fisch »bestellte« (s.o.S. 107), so »bestellt« er jetzt eine Rizinusstaude. Mit dem Übergang zu dieser pädagogischen Aktion ist zugleich der einfache Name »Jahwe« (V. 2.4; vgl. 2,1) verabschiedet. Das Subjekt zu וימן heißt in V. 6 יהוה אלהים, in V. 7 האלהים, in V. 8 אלהים (ebenso noch in V. 9). Die Vermutung einer vom Erzähler benutzten Vorlage drängt sich auf (s.o.S. 137). Dagegen läßt sich nicht behaupten, der Wechsel im Gottesnamen verfolge eine theologische Absicht, [ה]אלחים weise auf den verborgenen Gott, wie er an den Heiden handle (vgl. ThBoman, HRosin, HWWolff, Studien 81f.); Kap.1 spricht zu deutlich dagegen. Mehr leuchtet ein, daß der Erzähler wie oft (s.o.S. 138) vorgeprägten Stoff aufnimmt. Dabei unterscheidet er hier wie in 3,3b–10 nicht erkennbar zwischen אלהים und האלהים. יהוה־אלהים hat überleitende Bedeutung (zwischen V. 4 und 7; vgl. Gen 2,4b – 3,24, dazu CWestermann, BK I/1, 270f. und 1Chr 17,16f.); auch ist bei der erstmaligen Nennung des göttlichen Subjekts zu וימן in der Schlußszene daran zu denken, daß 2,1 וימן יהוה formulierte. Ob die Rizinusstaude als Gegenstück zum Ginsterbusch gewählt ist, unter dem sich Elija nach 1Kön 19,4 den Tod wünschte, bleibt wegen der Anknüpfung von V. 8b (V. 3a) an denselben Text erwägenswert (vgl. AFeuillet 168f., der auch Jonas Hütte in V. 5 von Elijas Höhle in 1Kön 19,9 erzählerisch angeregt sieht).

קיקיון ist mit hoher Wahrscheinlichkeit der Rizinus communis (so

[1]MLuther, WA 19, 242,14ff.: »Das nu Jona gestillet wurde und auch hett, das er seynen zornigen Juden darauff antwortet, spielet Gott mit yhm und gibt yhm ein zeychen, gleich wie er Petro thet Act. x da er auch gleych ynn Jonas meynunge stund, Und gab yhm ein gesichte vom hymel, ein leynen tuch mit allerley thieren und sagt zu yhm, Es were alles reyn, So es doch eytel heyden waren on gesetze Mosi etc.«

α'ϑ' κικεών), wenn auch *G* (κολοκύνϑα)[1] und *S* an den Flaschenkürbis, σ'(κισσός) und *V* (hedera) an Efeu denken. Denn der Rizinus wächst schnell, spendet mit seinen pfannengroßen Blättern reichen Schatten, stirbt aber auch leicht ab (vgl. V. 7.10); Dalman (AuS I 65) hat am Jordan 3 – 5 m hohe Stauden gesehen. So wird man auch im nachexilischen Israel diese ungewöhnliche Pflanze gekannt haben. Jahwe läßt sie als Schattenspender über Jona emporwachsen. Daß so bald nach dem Schatten der Laubhütte (V. 5b) vom Schatten des Rizinus gesprochen wird, mag mit der Kombination verschiedener Überlieferungsstoffe zusammenhängen. Jedenfalls denkt der Erzähler im folgenden nur noch an den durch Jahwe gestifteten Schatten. Er gilt Jonas Kopf, der seiner besonders bedarf. Davon, daß der Schatten der Hütte unzureichend gewesen wäre, zumal wenn sie älter wurde (vgl. Dalman, AuS II Abb. 13–16 und VI Abb. 15), ist nicht die Rede. Von den beiden asyndetisch nebeneinander gestellten Infinitivsätzen ist der erste für den Fortgang in V. 7–9 keinesfalls zu entbehren. Aber auch den zweiten sollte man nicht zu schnell streichen, da er auf V. 1a zurückgreift und so Jahwes Exempelspiel mit dem Anlaß der Unterweisung verbindet, nämlich Jonas böser Mißgunst. Die Doppelung kann wieder auf die Übernahme geprägten Gutes zurückgehen. Die Asyndese erklärt sich aus der Freude unseres neuen Erzählers an der Alliteration (להיות צל . . . להציל . . .); vgl. außerdem BrSynt § 133c: Asyndese bei der Folge von Ursache und Wirkung. Wenn die Absicht der Schattenspende ausgesprochen wird, Jona aus seinem großen Groll herauszureißen, dann tritt der rasche Erfolg von Gottes Experiment mit Jonas Psyche um so strahlender heraus: die »große Freude« über den Rizinus ergreift Jona. Die formal an V. 1 erinnernde Satzbildung mit effiziertem Objekt vom gleichen Verbalstamm (s.o.S. 92f. zu 1,10 und Textanm. 4,1a), in der jetzt allerdings Jona Subjekt ist, läßt den Leser die Wende kräftig genießen. Dabei ist die Ironie nicht zu überhören: die Wende bezieht sich keineswegs auf Ninive und das Problem von Gottes Wort und Gottes Gerechtigkeit, sondern auf sein kleines eigenes Wohlbehagen.

7 Gottes Spiel geht weiter. Zur großen Wunderpflanze »bestellt er« den winzigen Wurm, die Made, die schon das Manna am Sabbat verdarb (Ex

[1]Die frühen römischen Jona-Darstellungen auf Sarkophagen aus der 2. Hälfte des 3.Jh. zeigen einen nackten Jona in einer Kürbislaube; sie kombinieren 4,5 + 6 (*G*). Jona zeigt dabei durchaus nicht eine gespannte Erwartung (»was in der Stadt geschähe«), sondern liegt geschwächt dort wie einer, der – nach dem Todeserleben im Fisch – gerade zum neuen Leben erwacht. Die Kürbislaube stellt das Haus dar, das Gott selbst dem vom Tode Erretteten erbaut (2Kor 5,1ff.). Ikonographisch ist eine Abhängigkeit von dem in einer Weinlaube liegenden Dionysos unverkennbar. Vgl. die Abbildungen in RGG³ IV, Tafel 52 Abb. 1 u. 2; EStommel, Zum Problem der frühchristlichen Jonasdarstellungen: JAC 1 (1958) 112–115; HRohden, Architektonische römische Reliefs der Kaiserzeit (1911) Tafel 8a.

16,20). Vom Aufzug des ersten Morgenlichts an bestimmt dieses neue Geschöpf gleich den folgenden Tag: Der Wurm sticht den Rizinus, so daß er hinwelkt; נכה hi. für tödliches Verwunden z.B. 2Sam 10,18; vgl. Lev 24,18. So ist der Grund der »großen Freude« in Kürze hingerafft.

Was geschieht nun? Der Leser möchte schon die Folgen bei Jona er- 8
fahren. Doch die Zeitlupe retardiert. Vom ersten Frühlicht am östlichen Morgenhimmel bis zum Sonnenaufgang vergeht kaum eine Stunde; vgl. Dalman, AuS I 601. Da beordert Gott das nächste Geschöpf zum Dienst: den Ostwind, der mit חרישית (s.Textanm. V. 8a) wohl als der Israel bekannte glühende Schirokko charakterisiert sein soll, der aus der Wüste kommt (Noth, WAT⁴, 29f.; EMGood, Irony 52 meint wahrscheinlich mit Recht, unser Autor sei wohl nie in Mesopotamien gewesen). So werden also zwei Angriffe auf Jonas »große Freude« gestartet: durch den Wurm und durch den Sturm. Entspricht das dem doppelten Schatten von V. 5b und V. 6a? HWinckler 265 meinte, der Ostwind habe die Laubhütte umgerissen. Doch davon sagt der Text nichts. Allerdings wird die Wirkung des Doppelangriffs auch in zwei Sätzen beschrieben. Zunächst: die Sonne schlägt auf Jonas Kopf. ותך ist aus V. 7b wiederholt (s.o.); נכה hi. mit der Sonne als Subjekt meint den »Sonnenstich« wie in Ps 121,6; Jes 49,10; die Sonne »trifft« den Kopf des Menschen wie die gezielten Pfeile eines Kriegsbogens (1Kön 22,34; 2Kön 9,24). Die besondere Erwähnung von »Jonas Kopf« erinnert an die Zweckbestimmung des Rizinusschattens in V. 6aα. Zum zweiten wird gesagt, daß Jona »sich ganz schwach fühlt«; dabei wird an das Zusammenwirken der Sonnen-Schläge (vgl. 2Kön 4,18–20) und des Schirokko gedacht sein; vgl. Am 8,13 und BK XIV/2, 380f. So geht Jonas große Freude schnellstens in völliger Erschöpfung unter. Damit ist der Dialog des Schweigens (V. 5–8a; s.o.S. 135) beendet. Der Erzähler nimmt wieder wie in V. 3 (s.o.S. 141) Worte der Elijageschichte auf (1Kön 19,4bα וַיִּשְׁאַל אֶת־נַפְשׁוֹ לָמוּת וַיֹּאמֶר) und läßt Jona sich das Sterben erbitten mit dem Sätzchen aus V. 3b. So hat ihn das gezielte Spiel des Schöpfers genau an den Ort seiner Anklage zurückgeführt.

Doch wenn Gott nun auch seine Rückfrage aus V. 4 wörtlich auf- 9
nimmt, so kann er sie nach dem Zwischenspiel neu beziehen, nämlich auf Jonas Zorn über die Rizinusstaude (die unveränderte Wiederaufnahme der Frage Jahwes an Elija in 1Kön 19,9.13 ist anders zu beurteilen; vgl. LSchmidt, De Deo 32 zu AFeuillet 168f.). Jetzt kann über dem weisheitlichen Paradigma Einsicht erfragt werden. Hatte zuvor Jonas Empörung Jahwes Mitleid mit Ninive gegolten, so kommt sie jetzt aus seinem Selbstmitleid. Will er nun des Schattenausfalls wegen sterben, so deckt der Satiriker damit auf, daß auch seine erste Unwillensäußerung zutiefst im Selbstmitleid und nicht in einer wirklichen Sorge um die Gültigkeit des Wortes und der Gerechtigkeit Gottes gründet. War er damals nach der Richtigkeit seines Zorns im Blick auf Gottes Güte für die Weltstadt Ni-

nive gefragt, so jetzt im Blick auf Gottes Zerstörung des persönlichen Freudenstifters.

Wie wird Jona auf diese neue Frage antworten? Verneint er, so würde er das Unrecht seines Zorns eingestehen. Denn er hatte ja keinerlei Anspruch auf den Schatten des Rizinus und also auf das freie Geschenk der Freude. Dann müßte er aber zugleich Gottes Freiheit zur Begnadigung Ninives eingestehen. Beharrt er jedoch auf seinem Recht zum Zorn wegen des Rizinus, dann beansprucht er für sich auf Dauer Gottes Freundlichkeit und kann sie Ninive nicht gut absprechen. So ist der Schöpfer in seinem weisheitlichen Spiel mit dem Rebellen zu seinem unabweisbaren Lehrmeister geworden, ob er nun auf seine Frage ja oder nein antwortet; vgl. TEFretheim.

Jona sagt, sein Zorn sei »bis zum Tode« in Ordnung. עד־מות als Superlativ sagt mehr als »äußerst« (so KBL^3; vgl. DWThomas, VT 3, 1953, 220 und WRudolph z.St.); es deutet als letztes Wort Jonas noch einmal auf seinen Todeswunsch (V. 3b.8b) hin. Konnte er sich nach Jahwes letzter Frage so oder so nur zu dessen freiem Mitleid bekennen, so will er doch eben mit diesem Gott nicht leben. Es ist paradox: zuerst wollte er nicht unter der Regierung der freien Gnade sein (V. 1–3), und jetzt will er nicht unter einer Regierung ohne Gnade sein (V. 7–9). Wenn leben heißt, mit einem Gott leben, der frei ist zum Mitleid, dann wählt er die endgültige Trennung von ihm, den Tod. Er denkt, im Lande der Vergessenheit kenne man das in V. 2b zitierte und verhöhnte Bekenntnis nicht mehr (Ps 88,11–13), obwohl Jahwe ihn schon im Tode eingeholt hatte (2,1ff.). So unvernünftig verrennt sich der Protest gegen Gottes Souveränität des Erbarmens.

10 Doch Jahwe läßt seinen ausweglosen Jona noch nicht los. Er knüpft ein zweites Mal an sein Exempel in V. 6–8 an und trifft eine Feststellung auf Grund von Jonas Reaktion in V. 8b.9b. Dazu bedient sich der Erzähler des Wortes חוס, das auch in V. 11 eine entscheidende Bedeutung bekommt. Es kommt im Alten Testament 24mal vor, dabei ist 15mal das Auge Subjekt: Gen 45,20; 5mal im Dtn (z.B. 7,16), Jes 13,18 und 8mal bei Ez (z.B. 5,11). Die Vorstellung vom »Fließen« = »Tränen« des Auges (vgl. KBL^3) ist nicht mehr deutlich zu erkennen, wohl aber die vom betrübten, traurigen Blick. Der Anlaß der Betrübnis wird 7mal nicht direkt angegeben (doch sind im Kontext immer Israeliten gemeint) und 17mal mit על angeführt; dabei betrifft das Wort 15mal Menschen (z.B. Ps 72,13; Jer 21,7), so daß die Bedeutung »Mitleid haben« mitschwingt, und nur 2mal Sachen (Gen 45,20 zurückgelassenen Hausrat, Jon 4,10 den verwelkten Rizinus), so daß »traurig sein«, »leiden« anzunehmen wäre. Doch ist es in unserem Falle wahrscheinlicher, daß der Novellist »mitleidig trauern« sagen will. Denn er verwendet חוס hier bewußt parallel zu V. 11, wo es eindeutig auf Menschen bezogen ist; damit schließt er sich an

den fast (bis auf die Ausnahme Gen 45,20) ausschließlichen Gebrauch von חוס im Blick auf Menschen an. Daß im Regelfall eine Betrübnis ausgesagt wird, die zugleich Mitleid bedeutet, geht daraus hervor, daß im Dtn חוס zugleich ein milderndes Urteil bewirken würde (19,13.21; 25,12), also nicht nur »betrübt blicken«, sondern »mitleidig dreinschauen« heißen muß; ferner findet sich synonym parallel zu חוס oft חמל »Mitleid empfinden«, »verschonen« (Dtn 13,9; Ez 7,4.9; 8,18; 9,5.10; [16,5]) oder רחם pi. (»sich erbarmen« Jes 13,18) oder beides (Jer 13,14; 21,7).

So läßt der Erzähler Jahwe Jonas Verhalten als ein mitleidiges Trauern um den Rizinus charakterisieren. Damit zeigt er noch einmal seine Kunst der Ironie. Denn er meint ja das Gegenteil von dem, was Jahwe sagt: Jona leidet gar nicht mit der verwelkten Pflanze, er vermißt nur sein eigenes Wohlergehen, so wie er zuvor statt um Ninive wegen seines theologischen Prestiges litt (vgl. MBurrows, Category 99). Doch der Rizinus hatte sein Selbstmitleid ausgelöst. Dazu sagt ihm Jahwe, daß er sich um diese Pflanze selbst gar nicht »gemüht« habe; das Verb עמל kommt erst spät für mühsames Arbeiten, für körperliches (Spr 16,26; Koh 2,11; Ps 127,1 Bauarbeiten) und geistiges (Koh 2,19–21) Schaffen vor (außer an den genannten Stellen nur noch bei Koh insgesamt 8mal); der Rizinus ist ihm als ein reines Geschenk Jahwes zugewachsen. Dasselbe unterstreicht die Fortsetzung: »du hast sie nicht großgezogen«; גדל pi. wird auch sonst nicht nur für das »Großziehen« von Kindern (Jes 1,2; 49,21), sondern auch für das von Pflanzen gebraucht (Jes 44,14; Ez 31,3f.). Bei diesem Rizinus aber war Jona ganz und gar nicht am Werden und Wachsen beteiligt. Schließlich wird die Kurzlebigkeit des Gewächses betont, um das Jona zu trauern scheint. Innerhalb einer Nacht entstand es, und innerhalb einer Nacht verging es. Zu שֶׁ s.Textanm. 1,7a, zu Form und Bedeutung des zweimaligen בִּן s.Textanm. V. 10a; zur Sache vgl. V. 6a und 7: beim ersten Morgenlicht, also vor Sonnenaufgang (V. 8a) und also noch innerhalb der Nacht nach dem Tag der großen Freude welkte die Staude. Hier heißt es: אבד, »sie kam um«. Damit wird das Stichwort aufgenommen, mit dem in 1,6.14; 3,9 die Heiden erhoffen und erbitten, daß sie »nicht umkommen«. Was eine Abweisung solcher Hoffnung bedeutet, hat Jona am Rizinus-Exempel erfahren können. Wie er sie für sich beklagt, so sollte er sie auch für Ninive nicht mehr wünschen. Dabei betont der Schlußsatz, wie geringfügig der Gegenstand ist, der Jona plötzlich so heftig betrübt. Genau dadurch aber sollte er für Jahwes große Sache Verständnis gewinnen (vgl. die Zurückweisung der Klagen Jeremias und Baruchs in Jer 12,1–5; 45,3–5; dazu SHBlank, Doest Thou Well to be Angry – A Study in Self-Pity: HUCA 26, 1955, 29–41).

Eine letzte Frage sucht das Einverständnis endlich zu erwirken. Als 11
rhetorische Frage (s. Textanm. V. 11a) bringt sie eine verstärkte Aussage, die jedoch Besinnung und Zustimmung erheischt. Sie nimmt V. 10 mit

dem Leitwort auf: »Du hast Mitleid mit dem Rizinus . . ., und ich dürfte nicht Mitleid haben mit Ninive . . .?« חוס wird wie hier weitere 10mal (von insgesamt 24mal) von Jahwe ausgesagt, davon 7mal negativ: Jahwe erweist sich als Herr, indem er sich nicht von Mitleid bewegen läßt (Jer 13,14; Ez 5,11; 7,4.9; 8,18; 9,10; 24,14). Ebenso wird von den großen Eroberern ausgesagt, daß sie nicht mitleidig dreinschauen (חוס Jes 13,18; Jer 21,7); auch die Richter Israels sollen es nicht (Dtn 13,9; 19,13.21; 25,12). Jedoch wird es einmal für den König Israels mit unserem Wort erbeten, daß er mit dem Armen Mitleid habe (Ps 72,13). Nur ein einziges Mal berichtet das Alte Testament, daß Jahwe חוס vollzogen habe (Ez 24,14), und zweimal wird er darum gebeten. Diese beiden Texte stehen dem Jonaschluß sachlich und zeitlich nahe. In Neh 13,22 erbittet Nehemia von seinem Gott Mitleid (חוּסָה) nach seiner reichen Huld (כְּרֹב חַסְדֶּךָ); danach entspricht Jahwes חוס dem von Jona in V. 2 zitierten großen חֶסֶד. Jona wird also zu einer neuen Einstellung zu jenem Bekenntnis bewegt. Ein zweites Mal findet sich die Bitte חוּסָה in Joel 2,17. Hier geht sie auf den prophetischen Zuspruch in Joel 2,13f. zurück, der einmal Israel mit den gleichen Gottesprädikationen ermutigt (V. 13b), die wir in Jon 4,2b wörtlich wiederfanden, und zum andern mit der Hoffnung auf Jahwes mitleidigen Widerruf der Gerichtsdrohung (V. 14a), die wir ebenso wörtlich in Jon 3,9 antrafen. In beiden Parallelen lautet das entscheidende Stichwort (עַל־הָרָעָה) נִחַם. Dieses Wort von der mitleidigen Zurücknahme des Drohwortes (vgl. 3,10) hatte Jona in V. 2f. besonders empört. Daran knüpft die Schlußfrage an, ob Jahwe nicht חוס üben dürfe. In der Wortbedeutung liegt eine kleine Verschiebung vor: נחם bezieht sich im theologischen Gebrauch immer auf eine frühere Tat, einen früheren Plan oder ein früher ergangenes Wort Jahwes (s.o.S. 128); חוס hingegen ist ganz auf den aktuellen Erreger des Mitleids ausgerichtet. So ist es denn auch in V. 10 von der unmittelbar erlebten Rizinusszene angeregt und behält ebenso in V. 11 nur das gegenwärtige Ninive vor Augen. Weder wird an das Drohwort erinnert, das zurückgenommen ist, noch an die Umkehr der Stadt (vgl. 3,8–10), noch auch an die in 4,10 implizit angedeutete Tatsache, daß Ninive ein Geschöpf Jahwes ist. Nur das wird erwähnt, was Jahwes Mitleiden gegenwärtig erregt.

Zuerst wird erstaunlicherweise die Größe der Stadt angeführt. Sie war zur Eröffnung in 1,2 genannt und in 3,3b verdeutlicht; jetzt wird – bis zum Schluß hält der Novellist seine Leser durch Neuigkeiten in Spannung – die genaue Zahl von 120000 Einwohnern genannt (s. Textanm. 11c). Die Zahl dürfte die ungefähre Größenordnung des aus dem 7.Jh. bekannten neuassyrischen Ninive treffen. Die Bevölkerung wurde für die Zeit Sanheribs (704–681) auf etwa 300000 geschätzt (ATOlmstead, History of Assyria, 1960, 326); nach einer Stele Assurnasirpals II. (883–859) wohnten in Kalach, das nur halb so groß wie Ninive war, 69574 Menschen (DJWiseman, A New Stele of *Assurnaṣirpal* II: Iraq 14, 1952, 28). אדם meint natürlich alle Bewohner. Nur an die Kinder zu denken, erlaubt der Relativsatz nicht. Er erklärt es vielmehr als weitere Ursache des Erbarmens Jahwes, daß unter den Niniviten das Unterscheidungs- und Urteilsvermögen noch nicht in dem Maße ausgebildet ist, wie Jona es erwarten möchte. Zu ידע בין ... ל = unterscheiden vgl. 2Sam 19,36; Ez 22,26; 44,23. Noch einmal ist ein Schuß Ironie zu spüren: Was Jona zu verachten geneigt ist, wird für Jahwe ein Grund mehr zum Mitleid. Das gilt schließlich von der Menge Vieh (vgl. 3,7f.!). Fürsorge und Liebe gegenüber Tieren wird im Alten Testament selten erwähnt: Dtn 22,6f.; 25,4; Spr 12,10; vgl. 1Kor 9,9; 1Tim 5,18; hier hat das Vieh für Jahwes Entscheid zum Mitleid Mitbestimmungsfunktion. Das Vieh steht wesentlich dichter bei den Menschen als die Pflanzen, wie der priesterschriftliche Bericht aufs deutlichste zeigt; vgl. Gen 1,11f. mit 24f. So schließt die Schlußfrage bis zuletzt vom Geringeren (Mitleid mit dem Rizinus) aufs Größere und möchte so Jona mit guten Gründen überwinden.

Jona antwortet nicht mehr. Der Leser, so denkt unser Novellist, sollte die Frage mitnehmen, bedenken und gut entscheiden.

Das Problem der letzten Szene ist Jonas Zorn. Erzählerisch wird es gleich im ersten Satz (V. 1) mit der Seelenskizze des »Helden« eingeführt, mit der wiederholten Frage Jahwes (V. 4.9a) wachgehalten und mit der Antwort Jonas in V. 9b als die entscheidende Frage bis zum Schlußsatz bestätigt. Jahwes Fragen und Jonas Antwort bestimmen das Problem genauer: Ist Jonas Zorn berechtigt? Aufgebrochen ist es in aller Schärfe dadurch, daß Jahwes Zorn von Ninive gewichen war, nachdem Ninive sich von seiner Bosheit abgewendet hatte (s. zum Verhältnis von 4,1 zu 3,8–10 o.S. 138). Ziel

Worin sieht der Erzähler Jonas Zorn begründet? Dem Anschein nach quält ihn das Theodizee-Problem, in Wahrheit geht es um seine Selbstbehauptung. Die Satire zeigt, wie die Theorie vorgeschoben ist. Im Rückblick auf Ninives Grausamkeiten (חָמָס 3,8) empört den Gerichtsprediger (3,4) der Widerruf seiner Untergangsdrohung. Er entschuldigt nachträglich die in Kap. 1 geschilderte Flucht (4,2a). Denn Gottes Mitleid kam nicht überraschend. Die Theologie des in V. 2b zitierten Bekenntnisses ließ ihn nichts anderes erwarten. Es ist unheimlich, wie Jona mit Israels Erfahrung von Jahwes Barmherzigkeit umgeht. Dieses Bekenntnis mit seiner Konsequenz für das feindliche Heidentum stellt für ihn Israels Glauben und seinen Dienst in der Welt völlig in Frage. Der Erzähler macht Jona zum Sprecher jenes mürrischen Gemurmels unter den »Gottesfürchtigen« der nachexilischen Zeit, die es unsinnig finden, Gott weiter zu dienen, und nutzlos, nach seinen Geboten zu fragen (Mal

3,14ff.), nachdem man angesichts des Glücks der Bösen vergeblich fragt: »Wo bleibt der Gott des Gerichts?« (Mal 2,17; s.o.S. 141). So lag auch Jona vergeblich auf der Lauer nach Ninives verdientem Untergang (V. 5b). Da Gottes Gerechtigkeit ausfällt, erscheint Jonas Zorn berechtigt. Wünschenswert ist nur noch der Tod, d.h. die Existenz fern von dem unberechenbaren Gott.

Doch der Erzähler enthüllt die theologischen Scheingefechte. Schlagend tut er es durch die Rizinusstaude, die in Kürze mit ihrem Schatten Jonas Zorn in große Freude verwandelt (V. 6), ohne daß sich bei Gott oder in Ninive irgend etwas geändert hätte. Was hier satirisch grell sichtbar wird, gibt schon die große Anklage in V. 2f. und schließlich der Rückfall in den Zorn nach dem Welken der Staude in V. 8f. zu erkennen: entscheidend ist sein großes Ich (s.o.S. 145). Seine Selbstbehauptung klammert sich an eine unbewegliche Theologie und macht es ihm unmöglich, den Wandlungen Gottes zu folgen. So ist er auch unfähig, die Fakten theologisch zu verarbeiten, vor allem, daß Jahwes mitleidiger Widerruf seines Gerichtsworts auf die Umkehr Ninives zurückgeht (3,10). Was er selbst in Ninive gesagt hat, ist ihm wichtiger als das, was Gott dadurch bewirkte. In größter Lustlosigkeit trennt er sich vom Wirken des Wortes Gottes. In stocksteifer Arroganz bleibt er nur auf sich selbst bezogen. Damit ist in Wirklichkeit Jona und das Recht seines Zorns das Problem.

Wichtiger als die psychologische Meisterskizze dieses unheimlich trotzigen Theologen Jona ist dem Novellisten die Frage, wie Jahwe mit ihm umgeht. Sein Ziel zeigt er in V. 6aβ deutlich genug: Er möchte Jona um jeden Preis aus seiner eigenwilligen Bosheit herausreißen. Er tut es auf doppelte Weise: Einmal bewegt er ihn nicht weniger als dreimal mit Fragen und nur mit Fragen, die sein selbstkritisches Nachdenken anregen wollen, zur Prüfung seines Unwillens (V. 4.9a) und zum Vergleich seines eigenen Rechts mit dem Gottes (V. 10f.). Jona gebärdet sich in seinen Forderungen (V. 3.8b), als sei er fertig mit Gott; Jahwe aber ist ganz und gar nicht fertig mit Jona; ihm gilt die gleiche Freundlichkeit wie Ninive. Er unterstreicht es mit seinem stillen Handeln. Das Spiel mit der Rizinusstaude ist in seiner Auswirkung auf Jona ein Schabernack. Eben weil Jahwe Jona von seinem Ingrimm befreien möchte, wie er Ninive befreit hat, nimmt er Jonas Bosheit nicht allzu ernst. Sein Tun ist nicht ohne Komik. Der Erzähler läßt Gott das theologische Vokabular seines Rebellen gar nicht aufnehmen. Besonders bemerkenswert ist, daß er in seinen Rückfragen insofern auf Jona eingeht, als auch er die Umkehr Ninives als Voraussetzung seines Widerrufs des Unheils gar nicht zur Sprache bringt. Zum Verständnis der völlig freien Gnade leitet er an. Die Hilflosigkeit der Riesenstadt ist nach V. 11 ein ausreichendes Argument für das Mitleid (vgl. Am 7,2.5 und BK XIV/2, 343f.; s.o.S. 148f.). Indem Jahwe in Jona selbst »Mitleid« erzeugt hat, sucht er sein Verständnis für sein

Mitleid mit Ninive; zur semasiologischen Unterscheidung von נחם und חוס s.o.S. 148. Den verkrampften Theologen sucht Gott durch eigene Erfahrung zu befreien, indem er dem Verschlossenen zugleich sein eigenes Herz öffnet.

Jahwes Frage ist das letzte Wort des Erzählers an seinen Leser. Die Antwort wird ihm nicht abgenommen. Was wird Israel sagen in einer Welt, in der es selbst zu leiden hat und in der die Großreiche florieren? Wie wird es sich zu Gottes vollem Erbarmen mit der weiten Welt verhalten? Nirgendwo wird im Alten Testament diese Frage so scharf und zugleich so freundlich gestellt wie in der Jona-Erzählung.

Sie lebt im Neuen Testament neu auf. Wie werden die Nächsten Jesu denken über seine Güte zu den Fernsten? Das Gleichnis von den Tagelöhnern im Weinberg (Mt 20,1–16) nimmt das Problem Jonas inhaltlich genau auf. Da rebellieren die Arbeiter der ersten Stunde gegen die Gleichstellung mit denen der elften Stunde. Auch diesem Trotz begegnet der Herr mit freundlichen Fragen: »Steht es mir nicht frei, zu tun, was ich will, mit dem, was mein ist? Schaust du böse drein, weil ich gütig bin?« Die letzte Szene des Jonabuchs kann den Jüngern Jesu noch etwas drastischer vor Augen führen, daß »die Kirchlichen, wenn sie schlimm sind, schlimmer, zwiespältiger, unzuverlässiger, unedler, inhumaner sind als die gewöhnlichen Menschen« (KHMiskotte, Wenn die Götter schweigen, 1963, 432). Sie zeigt aber auch, wie ihr Meister sie daraus befreit.

Häufige Abkürzungen zu Obadja und Jona

RBach, Aufforderungen	–, Die – zur Flucht und zum Kampf im alttestamentlichen Prophetenspruch: WMANT 9 (1962)
JRBartlett, Edomites	–, The Moabites and the –: Peoples of Old Testament Times, ed. DJWiseman (1973) 229–258
JRBartlett, Rise	–, The – and Fall of the Kingdom of Edom: PEQ 104 (1972) 26–37
JABewer	–, Obadiah: ICC (1911.[3]1948)
JABewer	–, Jonah: ICC (1912.[3]1951)
MBurrows, Category	–, The Literary – of the Book of Jonah: Festschr HGMay (1970) 80–107
GHCohn, Jona	–, Das Buch – im Lichte der biblischen Erzählkunst: SSN 12 (1969)
AFáj, Stoic Features	–, The – – of the Book of Jonah: AION 34 (1974) 309–345
GFohrer, Obadja	–, Die Sprüche –s: Studia Biblica et Semitica (Festschr ThCVriezen 1966) 81–93
EMGood, Irony	–, – in the Old Testament (1965)
AJepsen, Anmerkungen	–, – zum Buche Jona: Festschr WEichrodt (1970) 297–305
JJeremias, Kultprophetie	–, – und Gerichtsverkündigung in der späten Königszeit: WMANT 35 (1970)
OKaiser, Wirklichkeit	–, –, Möglichkeit und Vorurteil. Ein Beitrag zum Verständnis des Buches Jona: EvTheol 33 (1973) 91–103
CAKeller	–, Joël, Abdias, Jonas: CAT XIa (1965)
UKellermann, Edom	–, Israel und –. Studien zum Edomhaß Israels im 6.–4. Jahrhundert v.Chr.: HabilSchr Münster (1975)
GMLandes, Kerygma	–, The – of the Book of Jonah: Interp 21 (1967) 3–31
JDMagonet, Form	–, – and Meaning. Studies in Literary Techniques in the Book of Jonah: Diss. Heidelberg (1973)
KMarti	–, Das Dodekapropheton (1904)
JMMyers, Edom	–, – and Judah in the Sixth-Fifth Centuries B.C.: Near Eastern Studies in Honor of WFAlbright (1971) 377–392
GvRad, Jona	–, Der Prophet – (1950) = GvRad, Gottes Wirken in Israel – Vorträge zum Alten Testament, hg. OH Steck (1974) 65–78
ThHRobinson	–, Hosea bis Micha: HAT I/14 ([3]1964)
WRudolph	–, Joel–Amos–Obadja–Jona: KAT XIII/2 (1971)
HSchmidt, Jona	–, –. Eine Untersuchung zur vergleichenden Religionsgeschichte: FRLANT 9 (1907)
LSchmidt, De Deo	–, – –. Studien zur Literarkritik und Theologie des Buches Jona, des Gesprächs zwischen Abraham und Jahwe in Gen 18,22ff. und von Hi 1: ZAW Beih 143 (1976)
JDSmart	–, Jonah: IB VI (1956)

USteffen, Mysterium	–, Das – von Tod und Auferstehung. Formen und Wandlungen des Jona-Motivs (1963)
JAThompson	–, Obadiah: IB VI (1956)
MWagner, Aramaismen	–, Die lexikalischen und grammatikalischen – im alttestamentlichen Hebräisch: ZAWBeih 96 (1966)
HWWolff, Anthropologie	–, – des Alten Testaments (1973.³1977)
HWWolff, Studien	–, – zum Jonabuch (1964.²1975)

Dem Benutzer unbekannte *Abkürzungen* erklärt im allgemeinen Siegfried Schwertner, Internationales Abkürzungsverzeichnis für Theologie und Grenzgebiete (Berlin/New York 1974).

Die Abkürzungen der *biblischen Bücher* und die Schreibung *biblischer Eigennamen* folgen dem Ökumenischen Verzeichnis der biblischen Eigennamen nach den Loccumer Richtlinien (Stuttgart 1971).

Register der Bibelstellen

Register der Namen und Sachen

Register der hebräischen Wörter